長崎方言からみた語音調の構造

ひつじ研究叢書〈言語編〉

第 92 巻　バントゥ諸語分岐史の研究　　　　　　　　　　湯川恭敏 著
第 93 巻　現代日本語における進行中の変化の研究　　　　新野直哉 著
第 95 巻　形態論と統語論の相互作用　　　　　　　　　　塚本秀樹 著
第 96 巻　日本語文法体系新論　　　　　　　　　　清瀬義三郎則府 著
第 97 巻　日本語音韻史の研究　　　　　　　　　　　　　高山倫明 著
第 98 巻　文化の観点から見た文法の日英対照　　　　　　宗宮喜代子 著
第 99 巻　日本語と韓国語の「ほめ」に関する対照研究　　金庚芬 著
第 100 巻　日本語の「主題」　　　　　　　　　　　　　　堀川智也 著
第 101 巻　日本語の品詞体系とその周辺　　　　　　　　　村木新次郎 著
第 103 巻　場所の言語学　　　　　　　　　　　　　　　　岡智之 著
第 104 巻　文法化と構文化　　　　　　　　　　　　秋元実治・前田満 編
第 105 巻　新方言の動態 30 年の研究　　　　　　　　　　佐藤髙司 著
第 106 巻　品詞論再考　　　　　　　　　　　　　　　　　山橋幸子 著
第 107 巻　認識的モダリティと推論　　　　　　　　　　　木下りか 著
第 108 巻　言語の創発と身体性　　　　　　　　　　児玉一宏・小山哲春 編
第 109 巻　複雑述語研究の現在　　　　　　　　　　岸本秀樹・由本陽子 編
第 110 巻　言語行為と調整理論　　　　　　　　　　　　　久保進 著
第 111 巻　現代日本語ムード・テンス・アスペクト論　　　工藤真由美 著
第 112 巻　名詞句の世界　　　　　　　　　　　　　　　　西山佑司 編
第 113 巻　「国語学」の形成と水脈　　　　　　　　　　　釘貫亨 著
第 115 巻　日本語の名詞指向性の研究　　　　　　　　　　新屋映子 著
第 116 巻　英語副詞配列論　　　　　　　　　　　　　　　鈴木博雄 著
第 117 巻　バントゥ諸語の一般言語学的研究　　　　　　　湯川恭敏 著
第 118 巻　名詞句とともに用いられる「こと」の談話機能　金英周 著
第 119 巻　平安期日本語の主体表現と客体表現　　　　　　高山道代 著
第 120 巻　長崎方言からみた語音調の構造　　　　　　　　松浦年男 著

ひつじ研究叢書
〈言語編〉
第120巻

長崎方言からみた
語音調の構造

松浦年男 著

ひつじ書房

目　次

第1章 序論　　1
  1. 研究の背景と目的　　1
  2. 長崎方言の音調体系と類型論的位置付け　　4
    2.1 長崎方言の音調体系　　4
    2.2 類型論的に見た長崎方言の音調　　5
  3. 本書の概要　　10
    3.1 長崎方言における音調の音声学的特徴　　10
    3.2 長崎方言におけるトーンの規則性　　11
      3.2.1 外来語のトーンに見られる規則性　　11
      3.2.2 複合語のトーンに見られる規則性　　13
      3.2.3 二字漢語、人名、アルファベット関連語彙のトーンに見られる規則性　　15
      3.2.4 和語におけるトーンの分布　　17
  4. 調査について　　18
    4.1 話者の情報　　18
    4.2 調査方法　　18

第2章 語音調の音響音声学的記述と音声表示　　21
  1. 語音調の音声的記述に見られる問題点　　21
  2. 長崎方言の音声実現　　24
  3. 調査手順　　25
    3.1 録音資料　　26
    3.2 手順　　26
    3.3 F0の分析方法　　27
  4. A型の音響音声学的記述　　28
    4.1 韻律語が2モーラの場合　　28
    4.2 韻律語が3モーラ以上の場合　　28
    4.3 A型の音声表示　　30
  5. B型の音響音声学的記述　　32
    5.1 ピークの位置　　32

	5.2	初頭2モーラ間の上昇	33
	5.3	末尾2モーラ間の上昇	34
	5.4	F0の幅	35
	5.5	B型の音声表示	35
6.	音声表示の提案　まとめ		37

第3章　外来語の音調現象とアクセント規則　41

1. 諸方言における外来語音調の分布　41
   - 1.1 外来語音調の通言語的傾向　下降調の優位性　41
   - 1.2 鹿児島方言の外来語トーン　43
2. 長崎方言における外来語トーンの分布　44
   - 2.1 外来語トーンに関する調査概要　44
   - 2.2 外来語トーンと語の長さ　46
   - 2.3 長崎方言の外来語トーンと東京方言のアクセント　47
3. 外来語のトーンと音韻構造　50
   - 3.1 コピーか規則か？　51
     - 3.1.1 東京方言における外来語の平板式条件　51
     - 3.1.2 平板式条件と長崎方言のトーン　54
     - 3.1.3 基本アクセントによる説明とその問題点　57
   - 3.2 音節構造と外来語のトーン　59
     - 3.2.1 音節構造と東京方言のアクセント　60
     - 3.2.2 音節構造と長崎方言のトーン　62
   - 3.3 特殊モーラの聞こえ度と外来語のトーン　65
     - 3.3.1 特殊モーラの聞こえ度と東京方言のアクセント　66
     - 3.3.2 特殊モーラの聞こえ度と長崎方言のトーン　68
   - 3.4 語末音節の母音の聞こえ度と外来語のトーン　70
     - 3.4.1 語末音節の母音の聞こえ度と東京方言のアクセント　70
     - 3.4.2 語末音節の母音の聞こえ度とトーン　73
   - 3.5 次末音節の母音の聞こえ度と外来語のトーン　75
     - 3.5.1 次末音節の母音の聞こえ度と東京方言のアクセント　75
     - 3.5.2 次末音節の母音の聞こえ度とトーン　76
   - 3.6 まとめ　77
4. 規則による記述　78
   - 4.1 外来語トーンの基底形　78
   - 4.2 外来語トーンの規則と派生　80
5. 外来語におけるトーンの分布と音韻規則　まとめ　83

第4章 複合語の音調現象と境界アクセント　87

1. 例外的複合語トーンに関する2つの仮説　87
   - 1.1 平山の法則と例外的複合語トーン　87
   - 1.2 全体仮説　89
   - 1.3 前部要素仮説　89
2. 複合語のトーンを決める要因　90
   - 2.1 話者　90
   - 2.2 調査語彙　90
   - 2.3 予測　93
   - 2.4 調査結果と仮説の評価　93
     - 2.4.1 全体仮説の評価　94
     - 2.4.2 前部要素仮説の評価　94
   - 2.5 まとめ　95
3. 規則による記述　95
   - 3.1 例外的複合語における3つの問題点　95
   - 3.2 複合語と外来語のトーン　96
4. 複合語に関する規則群　まとめ　104
   - 4.1 まとめ　104
   - 4.2 今後の課題　104

第5章 音調現象と語彙的指定　107

1. 問題点の整理　107
   - 1.1 鹿児島方言における平山の法則　107
   - 1.2 後部要素とアクセント　110
2. 二字漢語のトーン　112
   - 2.1 調査1　実在語　112
     - 2.1.1 調査概要　112
     - 2.1.2 前部要素のトーンと二字漢語のトーン　114
     - 2.1.3 後部要素とトーン　114
   - 2.2 調査2　臨時語　116
     - 2.2.1 調査概要　116
     - 2.2.2 前部要素とトーン　116
     - 2.2.3 後部要素とトーン　117
   - 2.3 二字漢語の基底形と規則　118
3. 人名のトーン　120
   - 3.1 人名のトーンの規則性　121
     - 3.1.1 調査概要　121

VII

3.1.2	全体の長さとトーン	121
3.1.3	前部要素とトーン	122
3.1.4	後部要素とトーン	123
3.2	人名のトーンの基底形と規則	125
3.2.1	基底形	125
3.2.2	派生	126
3.3	まとめ	129
4.	アルファベット関連語彙のトーン	129
4.1	他方言におけるアルファベット関連語彙の音調	130
4.1.1	標準語	130
4.1.2	鹿児島方言	131
4.2	アルファベット頭文字語のトーン	133
4.2.1	方法	133
4.2.2	結果	133
4.2.3	考察	133
4.3	アルファベット複合語のトーン	135
4.3.1	方法	135
4.3.2	結果	136
4.4	アルファベット関連語彙の基底形と規則	137
4.5	まとめ	142
5.	形態素に対するアクセント指定と音韻規則　まとめ	143

第6章 和語の音調現象　147

1.	和語における語音調の規則性	147
1.1	類別語彙	147
1.2	音節構造、形態構造、聞こえ度とアクセント	148
2.	長崎方言の和語におけるトーンの分布	149
2.1	調査概要	149
2.2	東京方言のアクセントとの対応関係	150
2.3	音節構造とトーン	152
2.4	母音の聞こえ度とトーン	153
3.	まとめ	155

第7章 語音調の音韻過程　まとめと今後の課題　157

1.	長崎方言における語音調の構造	157
2.	今後の課題	163
2.1	オノマトペの音調現象	163

2.2　世代差および標準語（東京方言）との対応　164
  2.3　句レベルの音調現象　166
  2.4　音調の類型論　166

付録　169

引用文献　217

あとがき　223

索引　229

第1章
序論

1. 研究の背景と目的

　私達は書かれた単語や文を発音するとき、そこには書かれていないにも関わらず、声の高さをある特定のパターンにしている。たとえば（1）の地名について考えてみよう。
(1) a.　ロンドン、スーダン、カンザス
　　 b.　アフリカ、メキシコ、ナホトカ
ピッチの上昇を［で、下降を］で示すと、東京方言では（1a）の地名は、［ロ］ンドン、［ス］ーダン、［カ］ンザスのように最初のモーラだけ高くし、それより後ろは低く発音する。一方、（1b）の地名は、ア［フリカ、メ［キシコ、ナ［ホトカのように、最初のモーラだけ低くし、それより後ろは高く発音する。また、英語ではimportという単語の最初の音節を強く発音すると「輸入」という名詞になるのに対して、第2音節を強く発音すると「輸入する」という動詞になる。ここでは、子音や母音を分節音と呼ぶのに対して、このような声の高さや強さといった特徴を、早田（1999）に倣って音調と呼ぶ。さらに音調を、単語レベルの語音調と、文・句レベルの句音調に分け、本書では、このうち語音調を重点的に扱う。
　語音調のパターンには単語によって語彙的に決まっているものがある。たとえば、ハシガという音連続が［ハ］シガ（箸が）、ハ［シ］ガ（橋が）、ハ［シガ（端が）のどのパターンになるかは個別に覚える必要がある。その一方で、音調のパターンには規則的に決まっている側面もある。たとえば、「子」で終わる名前は原則として「［○］○コ」というパターンで発音され（2a）、「美」で終わる名前は原則として「○［○ミ」というパターンで発音される（2b）。
(2) a.　［か］ずこ（和子）、［よ］しこ（良子）、［な］つこ（夏子）

I

　　　　b. か[ずみ（和美）、よ[しみ（良美）、な[つみ（夏美）
これだけを見ると、「和子」や「和美」という名前はなじみがあるため、それぞれ個別に音調のパターンを記憶していて、それがたまたま一致したという可能性も考えられる。しかし、ほとんどなじみのないと思われる人名を作り、それを発音した場合でも（2）と同じ規則性が観察される。

　（3）a. ［の］どこ（喉子）、［か］べこ（壁子）、［ふ］ねこ（船子）
　　　　b. の[どみ（喉美）、か[べみ（壁美）、ふ[ねみ（船美）
（3）のように、ほとんどなじみのないと思われる名前でも、既存の名前と同じ規則性が観察されるということは、「子」や「美」がついた名前の音調のパターンに関わる規則性は、具体的な言語経験に基づく知識というよりも、何らかのアクセント規則の反映だと考えるべきである。このような音調に関わる規則には、ある特定の方言や、日本語特有のものもあれば多くの言語で見られる一般的なものもある。そのような言語一般に見られる音調の規則を1つ1つ明らかにすることによって、人間の音声に関わるメカニズムが解明されていくはずである。ただし、そのためにはまず、いずれかの言語・方言について様々な語種の音調現象を広く観察し、どこにどのような規則性が見られるかを明らかにしていかなければならない。

　そこで、本書ではその端緒として、長崎方言を対象にして、外来語（例：アンテナ、マクドナルド）、複合語（例：雪祭り、アメリカ人）、二字漢語（例：王位、加担）、人名（例：敏男、敏也）、アルファベット頭文字語（例：AO、SL）、アルファベット複合語（例：D型、Fチーム）、和語（例：桜、形）の音調を調査し、これらの語彙にどういった規則性が見られるかを明らかにし、その規則性を記述するのに必要な基底形と音韻規則を提案する。

　ここで、それぞれの語種の言語的特性について見ていく。以下では、中野（1973）による延べ約100万語からなる新聞の語彙調査データの報告に基づいて、日本語の和語、漢語、外来語の音韻論的特徴について概観する。

　まず、長さの点に注目する。和語は2・3・4モーラが90%以上を占める。ただし、形態素単位に区切ると2モーラが最も多い。漢

語は単語単位で見ると2・3・4モーラが約98％を占める。一方、形態素単位に区切るとほとんどが1・2モーラになる。これは漢字一字の中国語における発音が1音節となることによるものである。外来語の場合、3・4モーラが最も多いが、他の語種に比べ長い語も見られるという特徴を持つ。これらの特徴を（4）にまとめる。

(4) 和語・漢語・外来語の長さ
　　a.　和語：単語＝2・3・4モーラが多い、形態素＝2モーラが多い。
　　b.　漢語：単語＝2・3・4モーラが多い、形態素＝原則として1・2モーラのみ。
　　c.　外来語：単語、形態素＝3・4モーラが多いが、長い語も多く見られる。

次に、音節構造に注目する。和語の特徴としては軽音節が多いことが挙げられる。一方、漢語や外来語では重音節が多い。以上から、語種の特徴は（5）のようにまとめることができる。

(5) a.　和語：軽音節が多く、長くならない。
　　　　蚊、蝿、猫、犬、花火、瓦、うさぎ、雷
　　b.　漢語：重音節を含み、長くならない。
　　　　自己、不備、加速、短期、予報、眺望
　　c.　外来語：重音節を含み、比較的長くなることも許す。
　　　　ミルク、ロボット、ボーナス、ブーメラン、シーラカンス、ナイチンゲール

和語、漢語、外来語といった語種によって音韻構造にばらつきが多いことから、様々な語種にわたる調査を行うことにより、ある方言における音調の特徴がより詳しく分かることが期待される。

　和語や漢語は4モーラまでのものがほとんどであり、外来語も長い単語は多いものの、やはり4モーラまでのものが多い。そうすると、和語、漢語、外来語を問わず、5モーラ以上ある単語は複合語が多いということになる。複合語は語境界を必ず含んでおり、語境界や形態素境界は語音調に強く影響することが他の方言の研究において知られている（上野1997）。長崎方言についても、複合語、複合的に作られた人名やアルファベット頭文字語などを調べることに

より、語境界と音調の関係を明らかにすることが期待できる。

2. 長崎方言の音調体系と類型論的位置付け

2.1 長崎方言の音調体系

長崎方言は九州地方の長崎県下で話されている方言の1つである。坂口（1998）によれば、音調の面から見ると、長崎県本土の中南部に分布する九州西南部式音調、壱岐・対馬に分布する筑前式音調、県北部と平戸島、五島列島に分布する一型式音調に分かれるという*1。本書が対象とする長崎方言は（6a）の九州西南部式音調を持つ。

(6) 長崎県の方言区画（坂口1998に基づく）
    a. 九州西南部式音調（地図中の黒色の区域）
    b. 筑前式音調（地図中の灰色の区域）
    c. 一型式音調（地図中の白色の区域）

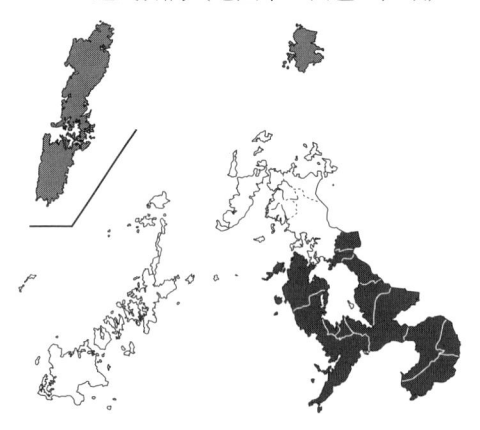

九州西南部式音調とは、語の長さに関わらずA型とB型という2つのパターンしか持たない体系のことを指す。このような体系は二型音調、二型アクセントとも呼ばれる。九州地方で二型音調を持つ方言は、分布する地域が鹿児島県から熊本県、佐賀県、長崎県の有明海沿岸に分布している（木部2000）*2。

長崎方言は、音声的には（7）のように、A型は第2モーラ（ただし、2モーラ語の場合には第1モーラのみ）が高く実現し、B型

は全体的に平板に実現する（Polivanov 1928、平山 1951）*3。

(7) 長崎方言の二型音調（平板であることを示すために語末に＝を付す）

　　A型：［ア］メ（飴）、ク［ル］マ、ト［モ］ダチ、バ［イ］オリン

　　B型：アメ＝（雨）、オトコ＝、ムラサキ＝、パイナップル＝

2つの型は、動詞、形容詞でも見られる。

(8) 動詞における二型音調

　　A型：［き］る（着る）、ま［げ］る（曲げる）、わ［す］れる（忘れる）

　　B型：みる＝（見る）、さがる＝（下がる）、かくれる＝（隠れる）

(9) 形容詞における二型音調

　　A型：う［ま］か（旨い）、あ［ま］か（甘い）、あ［ぶ］なか（危ない）

　　B型：わるか＝（悪い）、あおか＝（青い）、おしか＝（惜しい）

次節では、このような長崎方言の二型音調の類型論的な位置付けを見る。

2.2　類型論的に見た長崎方言の音調

　早田（1977、1999）やHayata（1999）は、音調をアクセントとトーンという2つに分けて類型化している。アクセントは位置が弁別的な音調で、トーンは種類が弁別的な音調である。アクセントのみを持つ言語の典型例としては、東京方言が挙げられる。東京方言は2音節に3パターン、3音節に4パターンというようにn音節につきn+1個のパターンを区別する。

第1章　序論　　5

(10) 東京方言におけるアクセントの音声形*4

　　　1音節　　　　2音節　　　　　3音節
　　　ひ[が（陽）　は[しが（端）　わ[たしが
　　　[ひ]が（火）　[は]しが（箸）　[か]ぶとが
　　　　　　　　　は[し]が（橋）　あ[な]たが
　　　　　　　　　　　　　　　　　お[とこ]が

(10)に見られる共通点として、初頭2モーラの高低と、低くなった後のパターンを挙げることができる。どのパターンにおいても、第2モーラが高ければ第1モーラは低く実現し、第2モーラが低ければ第1モーラが高く実現する。すなわち、初頭2モーラ間で高低が異なっているのである。また、「は[し]が（橋）」や「あ[な]たが」、「お[とこ]が」のように、一度低から高になったのち、高から低になるパターンは見られるが、反対に高から低になり、その後、低から高になるパターンは見られない（McCawley 1968、Shibatani 1972)。

(11) 東京方言におけるアクセントパターンに関わる制約
　　a. 初頭2モーラの高低は異なっていなければならない。
　　b. 高から低になったら二度とあがらない。

(11)の制約があれば、(10)の指定はより少ないものとなり、東京方言は基底形では高から低に下がる位置、すなわちアクセントの位置さえ表示されていればよいことになる。

(12) 東京方言におけるアクセントの基底形

　　　1音節　　　　2音節　　　　　3音節
　　　ひが⁰（陽）　はしが⁰（端）　わたしが⁰
　　　ひ⌐が（火）　は⌐しが（箸）　か⌐ぶとが
　　　　　　　　　はし⌐が（橋）　あな⌐たが
　　　　　　　　　　　　　　　　　おとこ⌐が

　　（⌐でアクセントを、上付きの0で平板式であることを表す。）

トーンのみを持つ言語の典型例としては、北京語を挙げることができる。北京語は1つの音節に4つの音調のパターンがある。おなじmaという分節音でも、高平調（一声）ならば「母親」、上昇調（二声）であれば「麻」、低調（三声）であれば「馬」、下降調（四

6

声）ならば「罵る」となる。

(13) 北京語の音調パターンと意味（分節音 = ma）
　　　母親（高平）
　　　罵る（下降）
　　　麻（上昇）
　　　馬（低）

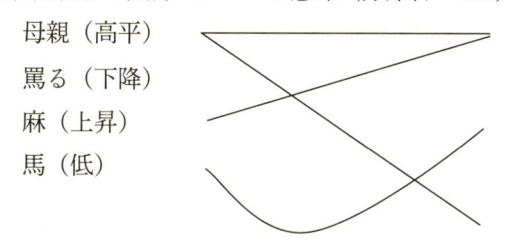

　これは音節内のどこで上昇や下降があるかという位置が問題なのではなく、音節の音調パターンがどの形であるかという種類が重要なのである*5。

　また、早田の類型論では、アクセントとトーンは異なる素性であるが、これらはある言語がアクセントのみ、トーンのみを持つという排他的な関係ではなく、言語によってはアクセントとトーンを両方持つという共存（可能）的な関係である。そのようなアクセントとトーンが共存する方言の1つに京都方言がある。京都方言は、ピッチの下降の有無と位置が弁別的であるという点で標準語と同じくアクセントの特性を持つ。たとえば、「勢い」「物音」「アメリカ」という語はどれも高く始まるという点で共通する。だが、「勢い」は第2モーラの後ろ、「物音」という語は第3モーラの後ろにそれぞれ下降がある。一方、「アメリカ」という語は下降がない。これは助詞がついても同じである。

　さらに、京都方言では語頭のピッチが高いか低いかも弁別的である。たとえば、「スペイン」という語は「勢い」と同じく第2モーラの後でピッチが落ちるが、第1モーラは低い。

(14) a.　［イキ］オイ、［イキ］オイが（勢い）、［モノオ］ト、
　　　　［モノオ］トが（物音）
　　b.　［アメリカ、［アメリカが（アメリカ）、ス［ペ］イン、ス
　　　　［ペ］インが（スペイン）

この高く始まるか低く始まるかは、複合語の音調規則にも反映される。たとえば、「選挙」という語は単独では高く始まるが、「社会」という語は単独ではピッチが低く始まる。そして、これらを前部要

素に含む複合語では、語頭の高い、低いという特徴がアクセントによる下降の位置（この場合は「運動」の「ウ」）まで持続する。

(15)京都方言の複合語音調
  a.　[セ]ンキョ＋[ウ]ンドー→[センキョウ]ンドー
  b.　シャ[カ]イ＋[ウ]ンドー→シャカイ[ウ]ンドー
（データは平山（1960）から）

早田（1977など）はピッチの下降をアクセントと見なす一方、高く始まるか低く始まるかはトーンと考え、(16)のように音韻表示として区別している。

(16)京都方言の音調の音韻表示
  ʜイキ⌐オイ、ʜモノオ⌐ト、ʜアメリカ⁰、ʟスペ⌐イン、
  ʜセ⌐ンキョ、ʟシャカ⌐イ、ʜウンドー⁰
  （語頭のH、Lは高く始まるか低く始まるかを表す）

このように、アクセントとトーンは１つの言語の中で共存できるのである。

　一方で、アクセントもトーンも持たない言語が存在する。宮崎県の小林方言では音韻語の最終音節だけが高いピッチになる。たとえば、(17a)において、オハン（あなた）という名詞は単独ではハンという音節が高くなるが、助詞が後続するとその助詞の最終音節が高くなる。同様のことが動詞の活用でも見られ、(17b)では、動詞の活用形は全て語末音節が高くなっている。

(17)小林方言の音調
  a.　オ[ハン、オハン[が、オハンか[ら、オハンから[が
   （あなた）
  b.　イ[ゴッ、イゴ[カン、イゴ[タ、イゴケ[バ（動く）
（佐藤（2005）より）

つまり、この方言では音調の違いは弁別的ではないのである。そして、音調が音声的には１つの特定のパターンでしか実現しないため、一型音調（アクセント）と呼ばれる。

　一型音調方言と類似している方言として熊本方言のようないわゆる無型音調方言（無アクセント方言）がある。熊本方言の場合、高低の山が複数の語にまたがることがあるという点で小林方言とは異

なる (Uwano 1998a, b)。ただ、いずれにしろ一型音調方言も無型音調方言も音韻論のレベルで語に対して音調の指定を持たないという点では共通している。

以上をまとめると (18) のようになる。

(18) 早田 (1977) などに基づく語音調の類型

	アクセント	トーン
東京方言	+	−
京都方言	+	+
北京語	−	+
小林方言、熊本方言	−	−

本書ではA型とB型はトーンの対立と考える。なぜなら、A型の下降調は単語全体での特徴として見られるからである。たとえば、A型の2モーラ語は単独では第1モーラが高いが、名詞に助詞がついたときや、2モーラ動詞が活用して3モーラ以上になったとき、高いピッチは第2モーラに移る。

(19) 2モーラ名詞、2モーラ動詞のピッチパターン
    a. ［ア］メ、ア［メ］が、ア［メ］から、ア［メ］からが（飴）
    b. ［キ］ル、キ［ヨ］ル、キ［ト］ル、キ［レ］バ（着る）

これは長崎方言の下降調があくまで単語（音韻語）全体で下降調であることが重要なのであって、どこで下降するかが本質的でないことを示している。もし、「2モーラ語は第1モーラが高く、第2モーラが低くなる」という位置の情報が重要ならば、助詞がついたり活用したりした場合にピークの位置が移ることはないはずである。このことから、長崎方言はトーンの性質のみを持つと考える。

(20) 語音調の類型における長崎方言の位置付け

	アクセント	トーン
東京方言	+	−
京都方言	+	+
北京語、**長崎方言**	−	+
小林方言、熊本方言	−	−

第1章 序論

このように、類型論の点から見たとき、長崎方言の二型音調は下がるかどうかが弁別的であり、下がる位置は余剰的な情報である。したがって、2つのトーン（下降調と非下降調）を持つトーン言語に分類される。

3. 本書の概要
3.1　長崎方言における音調の音声学的特徴
　前節における音声形の記述は、それぞれの調査者の知覚に基づいて行われたものである。より客観的な形でこの2つの型の音声表示を確定するには、音響音声学的な実現を明らかにすることが望ましいと考える。調査者の知覚は専門的な訓練を行っているとは言えどもあくまで聴覚的な段階であり、音響的な実現を調べるには大がかりな機材や労力を要した時代とは異なるのだから、それに先立つ音響的な実現を無視する理由もないだろう。そこで、第2章では、単語の単独形（一部は文から抜き出したもの）について、その音響音声学的側面として、F0（基本周波数）の推移を観察する。韻律語が3モーラ以上の場合について見てみると、A型はB型よりも初頭2モーラが高く実現し、その後は語末に向かって直線的な下降が見られる。一方、B型は第2モーラで少し上昇し、その後は平坦に実現する。5モーラ語での模式図を（21）に示す。

(21) 5モーラ語におけるF0推移の模式図

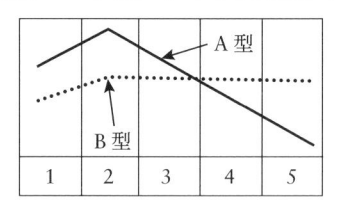

A型は第2モーラがF0の頂点になっており、また、B型よりも高く実現する。そして、そのあとには下降が続く。このような音声の特徴を表すために提案した音声表示は、記述的に述べると（22）のようになる。

　(22) a.　B型の第2モーラは、第1モーラよりも高くなるように

指定されている。
b. A 型の第 2 モーラは、B 型の第 2 モーラよりも高くなるように指定されている。
c. A 型は、第 3 モーラ以降に下降をもたらすように指定されている。

A 型の第 1 モーラが B 型の第 1 モーラよりも高くなるのは、A 型の第 2 モーラの F0 が高くなり、それに引きずられたと解釈することで捉えることができる。

3.2　長崎方言におけるトーンの規則性

それでは、長崎方言におけるトーンの分布にはどのような規則性が見られるのだろうか。本書では、外来語、複合語、人名などに焦点を当てて調査を行い、規則性を探る。そして、それぞれの語種における基底形と規則を提案し、規則性を記述するのに必要な基底形と音韻規則を提案する。

3.2.1　外来語のトーンに見られる規則性

東京方言や京都方言、盛岡方言など日本語の多くの方言において、外来語の音調は下降調で実現する（楳垣 1944）。しかし、長崎方言における外来語のトーンは、長くなると非下降調の B 型が優勢になる（﨑村 2006、森 2004）。一方、短い外来語では下降調の A 型が優勢になる。つまり、長さによって優勢になる型が異なるのである。

(23) 長崎方言における外来語の音調と語例
A 型：［バ］ス、マ［ン］ト、ア［ル］ペン、ク［ッ］キー、セ［レ］モニー、チュ［ー］リップ…
B 型：パノラマ=、マカロニ=、コスタリカ=、カドミウム=、ポリエチレン=、ナイチンゲール=…

このように、長さによって優勢となる型が変わり、しかも、外来語で非下降調が多く出現する理由については、従来の研究ではほとんど考察されてこなかった。そこで、第 3 章では外来語トーンの分布がどのように一般化できるかを考察する。まず、東京方言のアクセントの位置と、長崎方言のトーンの型を対照すると、(24) の対応

関係が見られる。

(24) a. 東京方言で初頭2モーラにアクセントがあれば、長崎方言ではA型で実現する。
   b. 東京方言でそれ以外のアクセントパターンならば、長崎方言ではB型で実現する。

(25) 東京方言のアクセントと長崎方言のトーンの対応関係

東京方言	第1モーラ	第2モーラ	第3モーラ	平板式
	テ⌐クニック	プレ⌐ゼント	オルゴー⌐ル	ポリネシア⁰
長崎方言	テ[ク]ニック	プ[レ]ゼント	オルゴール=	ポリネシア=
	A型		B型	

しかし、このような対応関係が見られるからといって、長崎方言のトーンが東京方言のアクセントを直接参照することで記述できるということにはならない。なぜなら、高頻度の外来語において例外が見られるからである。東京方言における外来語アクセントの多くは、(26) の規則に従っていると言われている（Kubozono 1996）。

(26) 次末音節が重音節ならばそこに、軽音節ならばもう1つ前の音節にアクセントを付与せよ。

(27) ア⌐ンカー、カ⌐ルチャー、エ⌐ントリー、キャ⌐ンパス、カド⌐ミウム…

ところが、外来語の中には (28) のように、外来語アクセント規則 (26) に外れて、語彙的にアクセントが決まっている単語がある。

(28) ガラス⁰、コップ⁰、ボール⁰、キャラメル⁰、ピストル⁰、メートル⁰…

もし、東京方言の音声形に基づいて長崎方言のトーンが決まるならば、これらの単語は (24b) に該当するため (29) のようにB型で発音されるはずである。

(29) ガラス=、コップ=、ボール=、キャラメル=、ピストル=、メートル=…

しかし、(28) のような外来語の多くは、長崎方言においてA型で発音される。

(30) ガ[ラ]ス、コ[ッ]プ、ボ[ー]ル、キャ[ラ]メル、ピ[ス]トル、メ[ー]トル…

このことは、長崎方言の外来語のトーンが東京方言のアクセントを直接参照して決まるのではないことを示している。

　本書の提案を記述的に示すと、長崎方言の外来語は、(26)のアクセント規則によってアクセントの位置が決まった後、そのアクセントの位置に基づいてトーンの型が決まるというものである。

(31) 長崎方言における外来語音調の音韻過程
　　　規則1：東京方言と共通の外来語アクセント規則を適用してアクセントを付与せよ。
　　　規則2：アクセントの位置に基づいて、初頭2モーラにアクセントがあればA型、それ以外ならばB型のトーンを付与せよ。

(32) a.　アレルギー → アレ⌐ルギー → ア[レ]ルギー（A型）
　　 b.　シンデレラ → シンデ⌐レラ → シンデレラ ＝（B型）

この提案に基づくと、(28)のような外来語は、外来語アクセント規則(26)によって初頭2モーラにアクセントが置かれるため、長崎方言ではB型で実現することが導ける。

(33) a.　ガラス → ガ⌐ラス → ガ[ラ]ス
　　 b.　コップ → コ⌐ップ → コ[ッ]プ
　　 c.　キャラメル → キャラ⌐メル → キャ[ラ]メル
　　 d.　ピストル → ピス⌐トル → ピ[ス]トル

つまり、長崎方言は基底形でアクセントを持たないが、派生の途中段階ではアクセントが現れ、その位置に基づいてトーンの型が決まるのである。

3.2.2　複合語のトーンに見られる規則性

　従来の研究では、西南部九州二型音調方言では、複合語のトーンは前部要素のトーンと同じになるという法則（平山1951）が成り立つと言われている。すなわち、前部要素がA型ならば、複合語全体もA型になり、前部要素がB型ならば、複合語全体もB型になるのである。しかし、長崎方言の複合語では、例外的なパターン

第1章　序論　　13

が多く見られる。これらの例外的なパターンに共通するのは、前部要素がA型であるにも関わらず、複合語全体はB型で実現するという点である。では、どういったときに、この例外的な複合語トーンが現れるのだろうか。

　従来の研究では、全体が長くなると例外的な複合語トーンが現れるという仮説（全体仮説）が提案されたのに対し、前部要素が長くなると例外的な複合語トーンが現れるという仮説（前部要素仮説）も提案されている。第4章では、この2つの仮説のうちどちらが妥当かを明らかにすべく、聞き取り調査を行う。そして、長崎方言では前部要素が3モーラ以上のときに例外的な複合語トーンになるということを示す。この結果は、前部要素仮説を支持するものである。

　それでは、なぜ長崎方言の複合語は前部要素が長いとB型になるのだろうか。この過程においても東京方言の複合語アクセント規則と同じ規則が密接に関係する。東京方言や他の方言では、複合語のアクセントは語境界に置かれやすい（上野1997など）。そこで、長崎方言における複合語のアクセント規則として（34）のように語境界の直前のモーラにアクセントを付与する規則を提案する。

（34）複合語アクセント規則
　　　　語境界の直前のモーラにアクセントを付与せよ。

（34）の規則によって、前部要素が2モーラ以下のときは、初頭2モーラにアクセントがあり（35a）、前部要素が3モーラ以上のときは、第3モーラ以降にアクセントがあることになる（35b）。

（35）複合語の派生1
　　　a.　アカ＋エンピツ→アカ⌐＋エンピツ（赤鉛筆）
　　　b.　インド＋ジン→インド⌐＋ジン（インド人）

そして、（31）規則2によって、前部要素が2モーラ以下ならば、前部要素のトーンが複合語全体のトーンになり、前部要素が3モーラ以上ならば、複合語全体はB型になる。

（36）複合語の派生2
　　　a.　アカ⌐＋エンピツ→ア［カ］エンピツ（赤鉛筆、A型）
　　　b.　インド⌐＋ジン→インドジン＝（インド人、B型）

このように、外来語と同様、複合語も派生の途中段階ではアクセン

トが現れ、その位置に基づいてトーンの型が決まるのである。

3.2.3 二字漢語、人名、アルファベット関連語彙のトーンに見られる規則性

長崎方言と同じく九州西南部二型音調方言である鹿児島方言では、複合語だけでなく、二字漢語、人名、アルファベット関連語彙でも、前部要素のトーンが語全体のトーンになるという規則性が見られる。しかし、長崎方言では、複合語において鹿児島方言とは異なる規則性が見られる。そのため、第5章では、これらの語彙について、複合語トーンの法則に従うか、従わないのならばどのような規則性が見られるのか調査を行う。

東京方言では二字漢語は後部要素が2モーラであるか、もしくは前部要素に促音を含むならば平板式になり、それ以外ならば初頭2モーラにアクセントが来る傾向にある。長崎方言における二字漢語のトーンについても、(24)の対応関係が観察される。すなわち、二字漢語のトーンは、後部要素が2モーラであるか、もしくは前部要素に促音を含むならばB型になり、それ以外ならばA型になるのである。

(37)二字漢語の語例
    a. 後部要素が1モーラ：運河、運輸、実利、実母
    b. 後部要素が2モーラ：運賃、運転、実況、実印
    c. 前部要素に促音：実施、実感

同様の対応関係は、人名でも見られる。東京方言において、人名のアクセントは後部要素によって決まる部分が大きい。たとえば「子」で終わる名前は（2a）で見たとおり第1モーラにアクセントが置かれ、「美」で終わる名前は（2b）で見たとおり平板式になる。

(2) a. ［か］ずこ（和子）、［よ］しこ（良子）、［な］つこ（夏子）
    b. か［ずみ（和美）、よ［しみ（良美）、な［つみ（夏美）

第5章では、長崎方言においても、「子」で終わる名前はA型に、「美」で終わる名前はB型になることを指摘する。

アルファベット関連語彙は、アルファベットのみからなるアルファベット頭文字語と、アルファベットを前部要素に含むアルファベ

ット複合語からなる。長崎方言におけるアルファベット頭文字語は、ほぼ全てB型で実現する。東京方言におけるアルファベット複合語のアクセントは、後部要素の音節数によって、平板式になる、もしくは最後部要素に置かれるが、どのアクセントパターンになっても初頭2モーラにアクセントが来ることはない。そのため、(24) と同じ対応関係がここでも観察される。

このように、二字漢語、人名、アルファベット頭文字語でも、長崎方言のトーンと東京方言のアクセントの間に (24) と同じ対応関係が観察される。これらのうち、二字漢語のアクセントは東京方言で仮定されているアクセント規則によってアクセントが決まり、(31) 規則2によってトーンの型が決まる。

(38) a. うん+が→う⌐んが→う[ん]が（運河、A型)
b. ぜつ+ぼう→ぜつぼう⁰→ぜつぼう=（絶望、B型）
c. にっ+き→にっき⁰→にっき=（日記、B型）

人名の後部要素は、全体のアクセント指定に関して (38) の3種類のいずれかの特性を持つと仮定することで、人名のトーンの分布について適切な一般化ができる。

(39) 人名の後部要素に指定されているアクセント情報
a. 前部要素に関わらず全体を平板式にする。
b. 前部要素の形態素によっては全体を平板式にする。
c. 無指定である。

(40) a. かず+み→かずみ⁰→かずみ（和美、B型）
b. すぎ+た→す⌐ぎた→す[ぎ]た（杉田、A型）
おお+た→おおた⁰→おおた=（太田、B型）
c. かず+こ→か⌐ずこ→か[ず]こ（和子、A型）

アルファベット頭文字語の場合は、A型が全く現れないため、アルファベット頭文字語ならば平板式にするという規則を仮定することで記述できる。

(41) a. エー+オー→エーオー⁰→エーオー=（AO、B型）
b. エフ+エム→エフエム⁰→エフエム=（FM、B型）

一方、アルファベット複合語は、後部要素によって、全てA型になるもの、全てB型になるもの、前部要素が2モーラのアルファベ

ットならばA型、前部要素が3モーラ以上のアルファベットならばB型になるものの3種類あることを指摘する。アルファベット複合語の後部要素は、複合語全体のアクセント指定に関して(42)の3種類のいずれかの特性を持つと仮定することで記述できることを示す。

(42) (アルファベット) 複合語の後部要素に指定されているアクセント情報
 a. アクセント規則にとって不可視である。
 b. 全体を平板式にする。
 c. 無指定である。

(43) a. エフ（＋さん）→エ⌐フ（さん）→エ[フ]さん（Fさん、B型）
 b. エフ＋かた→エフかた⁰→エフがた＝（F型、B型）
 c. エフ＋せき→エフ⌐せき→エ[フ]せき（F席、A型）
  アール＋せき→アール⌐せき→アールせき＝（R席、B型）

第5章で用いるアクセントの規則、トーンの規則は、基本的に第3章と第4章で提案されたものである。このことから、第3章、第4章で用いてきた規則が、外来語や複合語といった特定の語種に限られたものでなく一般的なものであることを支持している。

3.2.4　和語におけるトーンの分布

日本語の様々な方言における和語の音調の分布を比較した研究では、ある方言において同じ音調パターンで発音される和語が、別の方言でも同じグループをなすということが言われている（金田一1937など）。それに対して、一方言内における和語の音調の分布を予測することは難しいと言われている。

本書では、3モーラの和語について調査を行い、トーンの分布が音節構造、形態構造、分節音の配列のいずれとも強い関係があるとはいえないことを示す。一方、同じ前部要素を共有する和語について、前部要素の形態素と、和語全体のトーンが同じになる傾向が見られた。これは、2つの形態素からなる和語において、複合語で見

られる法則が働いていることを示唆している。

4. 調査について

本節では、本書の調査における話者の情報と調査の方法について述べる。

4.1 話者の情報

本書の調査にご協力いただいた話者は9名である。世代別に分けると、高年層1名、中年層5名、若年層3名である。ただし、これらの話者は全員が全ての語種の調査に参加したのではない。以下に話者の生年と初回調査時の年齢を記す。

(44) a.　高年層：OF-05（1929年生、78歳）
　　 b.　中年層：MM-01（1949年生、57歳）、MM-02（1945年生、62歳）、MM-04（1940年生、66歳）、MF-06（1947年生、59歳）、MF-07（1953年生、53歳）
　　 c.　若年層：YF-09（1984年生、22歳）、YF-10（1985年生、21歳）、YF-11（1984年生、22歳）

本書では、全ての話者に対して単語100語の音調の調査をした。その結果（付録1参照）を簡単に述べると、高年層と中年層は話者の間では、6名の話者のうち5名以上が同じ型で発音した語は91語となっていた。このことから、話者間のゆれが比較的小さいと言える。一方、若年層話者の場合、東京方言に似た音声形で発音する話者もおり、また、同世代内で話者間のゆれが見られた。

4.2 調査方法

アクセントの調査方法については上野（1984b）や木部（2003）に詳しく記されている。アクセントの調査では単語や短文のリストを話者に読み上げてもらうのが一般的であるが、本書では、「○○を探しているの？」「○○を調べているの？」などの文を自分が友達と話すときの表現に直してもらい、それに単語を埋め込んだ形を

読んでもらい、そのあと単独での形を読んでもらうという方法を取った。これは、単語のままでは若年層の多くと、中年層の一部で標準語的な形が現れるためである。これはIgarashi（2014）によるイントネーション調査の方法を踏襲したものである。ただし、調査に習熟した後は、一般的な単語、短文の読み上げにしている。

＊1　坂口（1998）では「アクセント」という用語が使われていたが、ここでは音調に変えている。
＊2　木部は「西南部九州二型アクセント方言」と呼んでいるが、ここでは音調に変えている。
＊3　B型の音声形に関する記述は研究者によって分かれる。たとえば、Polivanov（1928）では語全体に渡って上昇すると述べているのに対して、平山（1951）は語末が高くなるとしている。ここでは第2章の結論を先取りして平板と記述している。
＊4　（10）では全ての単語が軽音節からなるため、nモーラにつきn+1個のパターンがあるかのように見えるが、東京方言では、少なくとも基底形において特殊モーラがアクセントを持つことは無いため、基底形では音節単位でアクセントを区別すると考えられる。
＊5　北京語にはストレスアクセントも関係しているが、語構成からストレスのある位置が予測できる。

第2章
語音調の音響音声学的記述と音声表示

　本章では、長崎方言における語音調が音響音声学的にどのように実現するか観察する。これまで報告されてきた調査者の聴覚印象に基づく研究と、本書の結果の違いについても検討する。そして、長崎方言の語音調に関してトーン連鎖モデルに基づく音声表示を提案する。

1. 語音調の音声的記述に見られる問題点

　音調の音声形をどう記述するかについては多くの議論がある。論点はいくつかあるが、ここではいかにして物理的な実現を必要十分に記述できるかということに焦点を置いて考えたい。まず、従来の日本語の方言音調の研究で多く見られたのは、音調の高低をモーラ単位で記述するものであった*1。たとえば、東京方言については3音節語に4つの音調パターンがあり、高い部分に上付き線を付して（1）のように記述される。
（1）東京方言の音調の音声形
　　a.　‾ハナビが
　　b.　ヒ‾ト‾リが
　　c.　オ‾トコが
　　d.　ワ‾タシが‾
このような記述は、調査者の知覚に基づいて行われていたため、同じ方言であっても、研究者によってある音が高いか低いかなどの評価が異なるということがありうる。また、基本的には高低という二段階で表示するため、その結果が必ずしも物理的な実現とは一致しないことがある。たとえば、ワタシ（私）やミナミ（南）のような平板式の語は、（1d）を見る限り第2モーラから最終モーラまで高

いという表示になっている。しかし、F0（基本周波数）の動態を観察すると、(2) のように第 2 モーラから最終モーラにかけて緩やかな下降が見られる（杉藤（1982）、Pierrehumbert and Beckman (1988) など）。

(2)「南も」（平板式）の F0

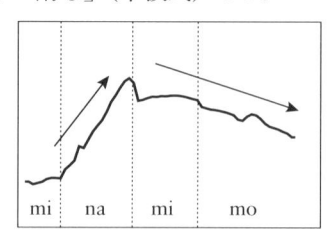

```
mi  na  mi  mo
```

この下降を肺からの呼気が少なくなることによって起こる自然下降と見なす考え方もありうるがそれは間違いである。もし自然下降（declination）ならば、下降の傾斜の角度は一定になるはずである。しかし、この下降の傾斜は語が長くなるにつれて緩やかになっていく。したがって、平板式における下降は自然下降ではなく、句の特性として現れた言語学的な現象である。

起伏式の語では、句頭で上昇した後、ほぼ平坦で進み、アクセントのあるモーラから次のモーラにかけて急激な下降がある。

(3)「南青山」（中高型）の F0

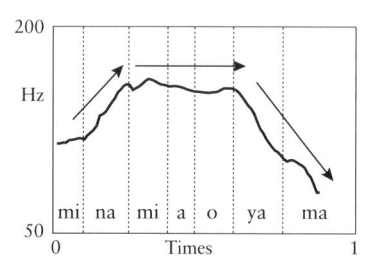

```
200
Hz


        mi na mi a o ya ma
 50
  0         Times         1
```

このように句による下降とアクセントによる下降は傾斜を見ても別のものであることが分かる。しかし、(1) に示したような高と低という 2 段階のみを区別する記述ではこのような違いを表示できておらず、その意味で現実の音声を反映しているとは言いがたい。音声形が音韻過程の出力形であるならば、これらは記述し分けられる

必要があろう。

この区別はHaraguchi（1977）に代表される自律分節音韻論の研究においてもなされていない。(4)に示すように高（H）や低（L）といったメロディーが全てのモーラに指定されていると考えられている。

(4) Haraguchi（1977）による表示

```
みなみカリフォルニア        みなみあおやま
 | |////              | |\ |
 L H                  L H L
```

全てのモーラに対して高低のメロディーを指定し、それをつないでいくと、平板式や起伏式のアクセントより前にも下降が見られることは表示できない。もちろん、平板式や起伏式のアクセントより前の下降が極めて音声的なもので、後からまとめて指定するという考え方もありうる。しかし、やはりそのような考え方でも平板式の句による下降に見られる長さとの相関を捉えられないだろう。

このような音声表示に対して、Pierrehumbert and Beckman（1988）はトーンメロディーが単語レベルだけではなく、句レベルにも指定されていると考え、さらに音声表示のレベルでも音調に関して未指定の要素を認めるモデル（トーン連鎖モデル）を提案した。彼女らの提案する音声表示を簡略化して（5）に示す。

(5) Pierrehumbert and Beckman（1988）の音声表示*2

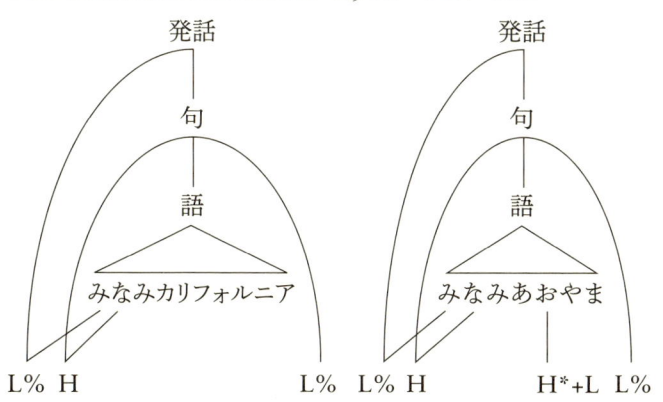

発話
　句
　　語
　　みなみカリフォルニア
L% H   L%

発話
　句
　　語
　　みなみあおやま
L% H   H*+L L%

(5)の表示において、L%は発話に、HとL%は（アクセント）句に指定されているメロディーであり、アクセント（H*+L）とは区別されている。トーン連鎖モデルでは、LやH%といったトーンメロディーを結合したものがF0となる。ここで、H%やL%は決まったF0として実現すると考えられているため、このモデルでは（6）のように、H%からL%までの距離が長ければ、F0の傾斜は緩やかになることを導くことができる。

(6) F0の模式図

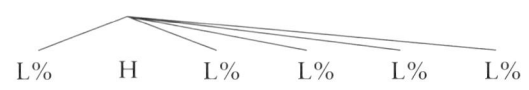

```
              H
L%                L%      L%      L%      L%
```

トーン連鎖モデルはToBI（Tone and Break Indices）という名で多くの言語に適用されている*3。以下、本書も音調の音声表示として、トーン連鎖モデルに基づいて議論する。

2. 長崎方言の音声実現

二型音調における2つの型の違いはどの方言も語内で下降を含むかどうかで、下降を含む型はA型、下降を含まない型はB型と呼ばれる。これまで長崎方言におけるA型、B型の詳細なピッチパターンはおおよそ(7)、(8)のように記述されてきた。

(7) A型の音声実現*4
    a. 韻律語（PW）*5が2モーラならば、第1モーラが高く、第2モーラが低くなる。
    b. 韻律語が3モーラ以上ならば、初頭2モーラ、もしくは第2モーラのみが高く、それより後は低くなる*6。

(8) B型の音声実現
    a. 韻律語の最終モーラのみ高く、それより前は低い。
                                                        （坂口2001）
    b. 韻律語の最終モーラが最も高く、それより前のモーラは徐々に上昇する。 （平山1951）

A型に関しては、筆者も同じ記述である。しかし、「低くなる」

というのが音声的にどのような実体を持つのかは明らかではない。少なくとも、下降には東京方言の起伏式のようにあるモーラ間でのみ急激に下降する場合のほかに、平板式のように頂点から直線的な下降を示す場合の2つが考えられる。

一方、B型に関して、筆者の聴覚印象では、平山（1951）のように全体が徐々に上昇する場合のほかに、平坦に実現する、もしくは第2モーラで少し上昇する場合があるように感じられた。

(9) B型の発話に対して筆者が聞き取ったパターン
    a. 全体が徐々に上昇する。
    b. 全体が平坦になる。
    c. 第2モーラで少し上昇し、その後は平坦になる。

つまり、少なくとも坂口（2001）が記すような最終モーラでのみ上昇するパターンは聞き取れなかったのである。同じ方言の音調の記述において(8)、(9)のようなバリエーションが見られるというのはどういうことだろうか。(8)と(9)はいずれも聴覚のレベルにおける違いが問題となっており、それに先立つ音響的段階については考慮されていない。なお、長崎二型音調の音響分析についてはPolivanov（1928）によるものがあるが、その分析は断片的であり、実態が判明しているとは言いがたい。

そこで、本書では、筆者の発話調査に基づいて、長崎方言の二型音調の音響音声学的な実態を記述する。そして、A型は第2モーラを頂点に、韻律語末に向かって直線的に下降すること、B型は単独か句内かによって個人差が現れることを指摘し、それぞれに合わせた音声表示を提案する。

以下、3節では調査方法について詳述する。そして、4節ではA型の、5節ではB型の調査結果とそれに基づく考察を行う。6節は全体のまとめと今後の課題である。

3. 調査手順

本節では、F0の分析方法と調査の手順について述べる。

3.1 録音資料

調査では、2から5モーラの名詞39語（A型19語、B型20語）を用意した。それぞれの単語は、単独形と一項文の形（以下、埋め込み形と呼ぶ）で提示された。一項文における全用例（ゴシックが調査語）を（10）から（13）に示す。

(10) 2モーラ語

 A型：**真似**がうまい、**右**に行った、**紙**があった、**釜**があった、**ダム**に行った

 B型：**豆**が取れた、**麦**が取れた、**波**が立った、**熊**に会った、**米**が取れた

(11) 3モーラ語

 A型：**南**に行った、**車**があった、**桜**があった、**小鳥**がいた、**寝言**が聞こえた

 B型：**緑**に塗った、**卵**が見つかった、**畑**が荒れた、**夜中**になった、**ネズミ**がいた

(12) 4モーラ語

 A型：**トラブル**があった、**葉桜**になった、**腰骨**が痛い、**ニワトリ**がいた、**鼻水**が出た

 B型：**マカロニ**があった、**書き物**があった、**肩こり**が続いた、**締め切り**が迫ってきた、**骨組み**が壊れた

(13) 5モーラ語

 A型：**雪祭り**に行った、**夏桜**がきれいだ、**ダム作り**が見えた、**虫眼鏡**がなくなった

 B型：**物語**になった、**マグロ釣り**に行った、**花見酒**がなくなった、**車止め**が見えた、**手書き文字**があった

3.2 手順

録音はローランド社製EDIROL R-09にオーディオテクニカ製単指向性マイクAT810Fを接続して、2008年5月に行った。録音はwav形式で16bit、44.1kHzに設定して行った。

話者はMF-06とMF-07である。話者は単語と文を4回ずつ発話し、そのうち提示文に慣れさせるために行った最初の発話を除いた

3回の発話を分析対象とした。

3.3　F0の分析方法

具体的な分析に入る前に、本書が用いる F0 の分析方法について解説する。F0 値は（多くの場合は肺臓からの）気流によって声帯を振動させ、そこで生じた波が口腔内を共鳴した結果出たものである。F0 値は声帯の振動回数をコントロールすることによって変えることもできるが、平均的な F0 値は声帯の大きさによって決まる。男性、女性、幼児の順で声帯は小さくなり、F0 値は大きくなる。また、声帯の大きさは個人でも異なっているため個人差も生じる。

このような個人差を解消する方法として、平均値をとる方法が考えられるが、F0 の幅は個人間で大きく異なっており、平均をとる方法ではこれが反映されない。そこで本書では、キャンベル (1997) で扱われている Z スコアによる正規化を用いる。ある地点の Z スコアは、その地点の F0 から平均値を引き、それを標準偏差で割るという方法で算出される。

（14）　$Z スコア = \dfrac{計測点の F0 - 平均 F0}{標準偏差}$

この方法を用いることにより、話者に依存しない F0 を取り出すことができる。この値は F0 値が正規分布を示すと仮定すると、平均値より標準偏差分だけ高い F0 が 1 に、反対に標準偏差分だけ低い F0 値が − 1 として表される。

それぞれの話者の平均 F0 と標準偏差は以下のとおりである。

(15) 平均 F0 と標準偏差

話者	単独形 平均 F0	標準偏差	埋め込み形 平均 F0	標準偏差
MF-06	209.11	29.5	234.13	24.8
MF-07	225.80	35.4	277.56	46.9

F0 の抽出には Praat ver. 5.0.30 (Boersma and Weenink 2008) を用いた。筆者が作成したスクリプトを用いて各音節（＝モーラ）について母音部分[*7]の 10% ごとの F0 値を抽出し、記録した。

4. A型の音響音声学的記述

4.1 韻律語が2モーラの場合

　従来の記述、筆者の記述いずれにおいても、韻律語が2モーラのときの音声実現は、「第1モーラが高く、第2モーラが低くなる」としてきた。F0の平均値を（16a）に、F0の動態を（16b）に示す。（16a）を見ると、どちらの話者も平均F0が第1モーラのほうが第2モーラよりも高くなっている。また、各話者のF0の詳細な変動（16b）を見ても、第1モーラにピークがあり、第2モーラで下降していることから、従来の観察と一致したものであると考えてよいだろう。

(16) 2モーラ韻律語のF0
　　a.　F0の平均

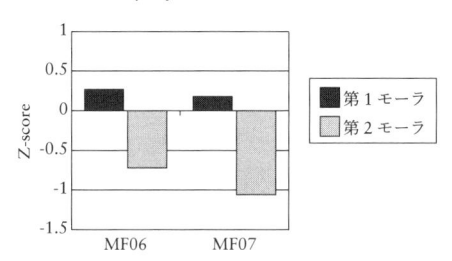

　　b.　話者ごとの結果（■＝話者1、□＝話者2、以下同様）

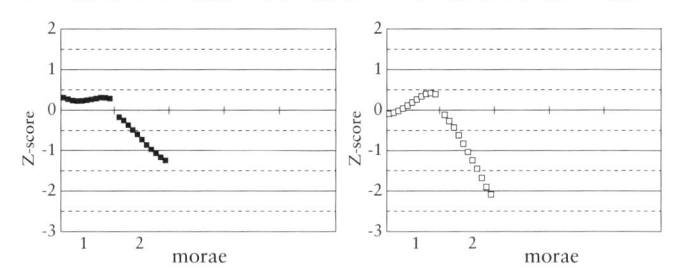

4.2 韻律語が3モーラ以上の場合

　従来の記述、筆者の記述いずれにおいても、3モーラ以上の場合の音声実現について、「初頭2モーラが高く、後は低くなる」とし

てきた。ここで、音声実現としては第2モーラから第3モーラにかけて急激な下降があり、その後なだらかになるというパターン（17a）と、第2モーラから最終モーラにかけて直線的に下降するパターン（17b）が考えられる。

(17) 考えられるF0のパターン

 a. 急激な下降

   μ μ̂ μ μ μ

 b. 直線的な下降

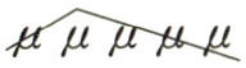

   μ μ̂ μ μ μ

もちろん、これらに対応する音声表示は異なる。

単独形、埋め込み形のF0の推移を（18）、（19）に示す。いずれの場合も第1モーラから第2モーラにかけて顕著な上昇が見られた。そして、第2モーラにピークがあり、韻律語の最終モーラまで直線的な下降が見られた*8。

(18) A型の単独形におけるF0の推移（上段：3モーラ、4モーラ、下段：5モーラ）

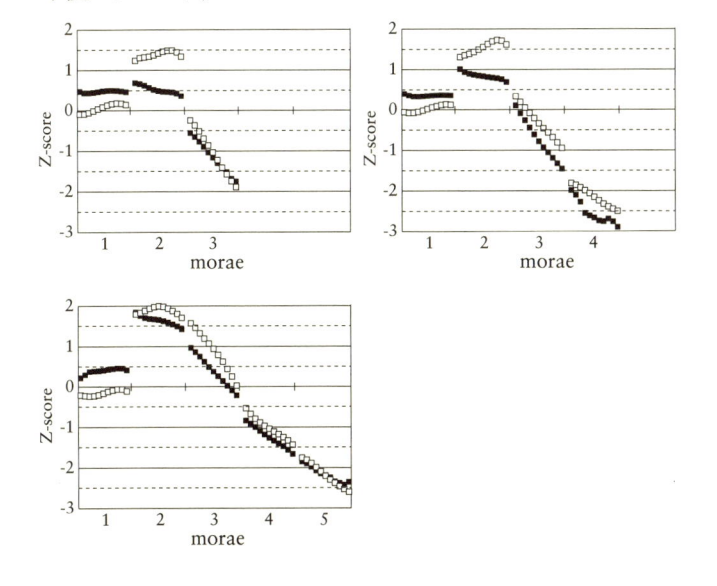

第2章　語音調の音響音声学的記述と音声表示 29

(19) A型の埋め込み形におけるF0の推移（上段：3モーラ、4モーラ、下段：5モーラ、6モーラ）

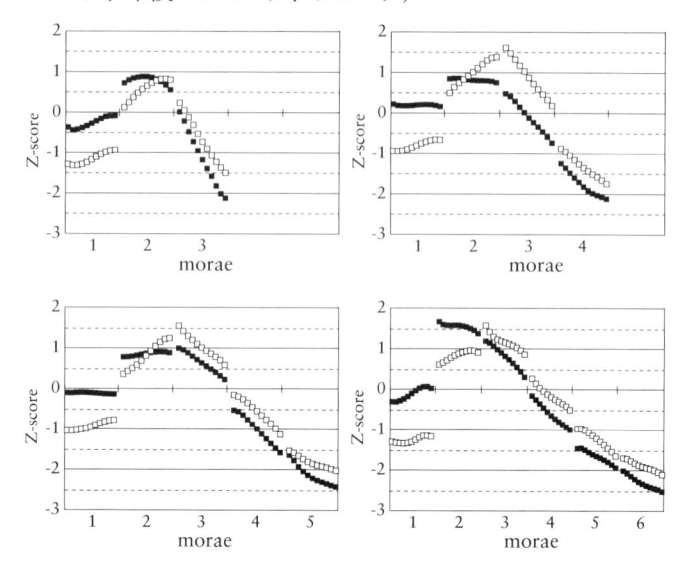

4.3 　A型の音声表示

　A型におけるF0のピークは、韻律語が2モーラのときは第1モーラに、3モーラ以上のときは第2モーラにあった。また、ピークの後は直後のモーラでのみ急激に下降するというよりもむしろ韻律語の最終モーラに向かって直線的に下降していた。

　この結果をPierrehumbert and Beckman（1988）によるトーン連鎖モデルに当てはめて考えてみよう。まず、第1モーラは第2モーラに比べて1SDから2SD前後低いことから、第1モーラにLトーンを指定する*9。次に、3モーラ以上の場合には第2モーラに頂点（peak）があったことから、第2モーラにH*が指定されていると考えてよいだろう。

　次に下降については2つの可能性から考える。まず1つはH*の次のモーラにLが連結されるというものである。これは東京方言の起伏式の音声表示に対応する。

30

(20) 可能性1

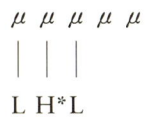

```
μ μ μ μ
│ │ │
L H*L
```

　もう1つはH*の次のLが韻律語の最終モーラに連結されているというものである。これは東京方言における平板式の音声表示にほぼ対応する。

(21) 可能性2

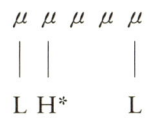

```
μ μ μ μ
│ │   │
L H*  L
```

　前節に示した（18）や（19）を見ると、第2モーラ以降の下降は第3モーラで下降するのではなく、最終モーラに向かって直線的に下降していたので、音声表示としては可能性2が妥当だろう。また、このLメロディーは、第1モーラに指定されたLと値が大きく異なるため、表示の上で区別する必要がある。そこで最終モーラの低いトーンメロディーをL-とする。この表示に基づくと、頂点から最終モーラの間のF0はこれら2つの点を補間することで決まることになる。（22）にA型の音声表示とF0の模式図を重ねて示す。

(22) A型の音声表示と音声実現

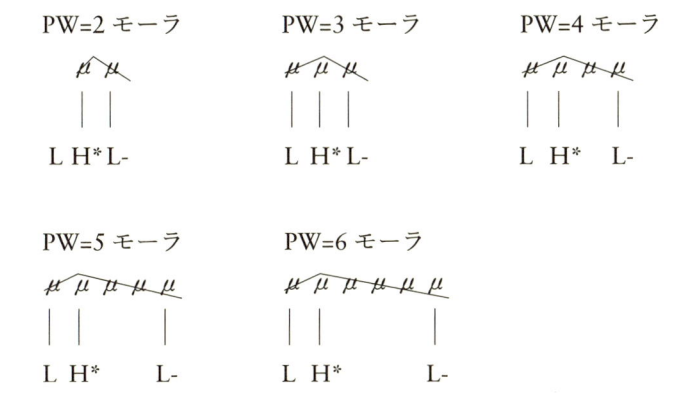

```
PW=2モーラ        PW=3モーラ         PW=4モーラ
 μ μ              μ μ μ             μ μ μ μ
 │ │              │ │ │             │ │   │
 L H*L-           L H*L-            L H*  L-


PW=5モーラ        PW=6モーラ
μ μ μ μ μ         μ μ μ μ μ μ
│ │     │         │ │       │
L H*    L-        L H*      L-
```

第2章　語音調の音響音声学的記述と音声表示　　31

以上、F0を観察した結果に基づき、長崎方言のA型の音声表示として、第1モーラにL、第2モーラにH*、最終モーラにL-（ただし、2モーラの場合、第1モーラにH、第2モーラにL-）を指定するという表示を提案した。

5．B型の音響音声学的記述

5.1　ピークの位置

坂口（2001）や平山（1951）の記述では、B型は最終モーラが高くなるとしている。ところが、単独形では、2モーラの場合を除いて、F0のピークは最終モーラ以外にあった。また、埋め込み形では、話者2の発話において最終モーラにF0のピークがあった。B型の単独形におけるF0を（23）に、埋め込み形におけるF0を（24）に示す。

(23)B型の単独形におけるF0の推移（上段：2モーラ、3モーラ、下段：4モーラ、5モーラ）

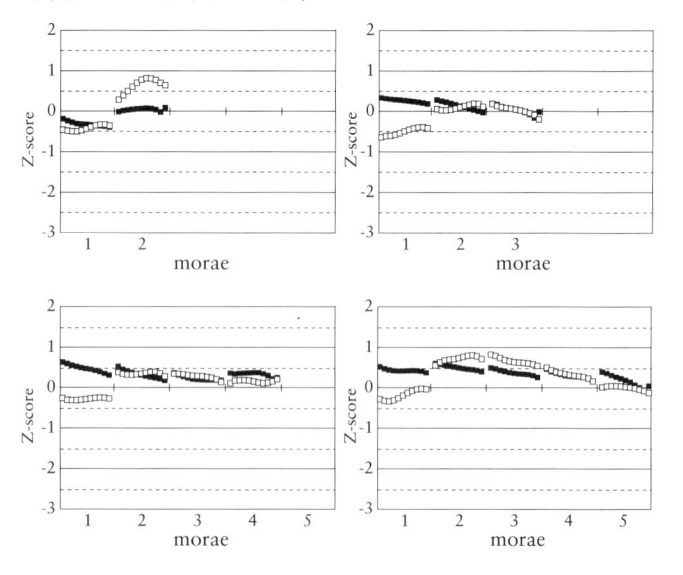

(24) B型の埋め込み形におけるF0の推移（上段：3モーラ、4モーラ、下段：5モーラ、6モーラ）

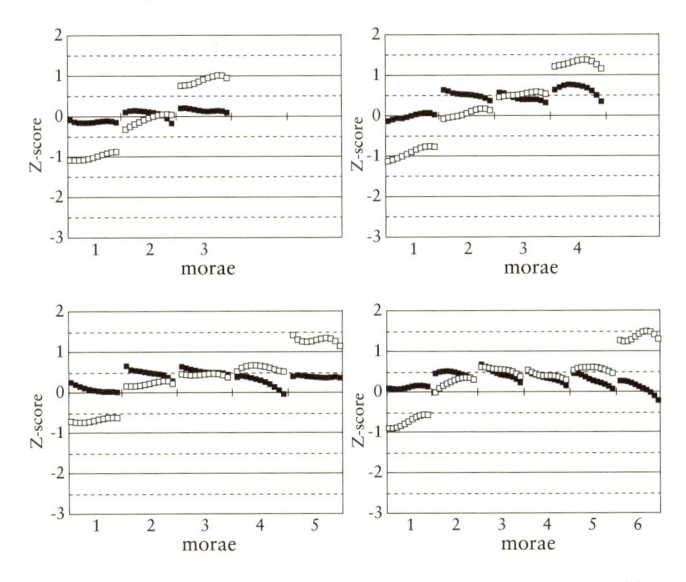

MF-07 の埋め込み形の発話では、最終モーラに F0 のピークが見られた。しかし、その場合でも坂口（2001）が言うような、最終モーラだけが上昇するという形になっていない。

5.2　初頭2モーラ間の上昇

話者2の場合、埋め込み形の最終モーラを除くと、F0は第1─第2モーラ間で上昇し、その後平坦な形か、徐々に下降しながら実現した。第1─第2モーラ間のF0上昇幅と、比較として第2─第3モーラ間でのF0上昇幅をそれぞれ（25）に示す。なお、3モーラ・埋め込み形における上昇は3.3節で議論するように、語末モーラでの上昇現象であり、ここでは問題とならない。

(25) MF-07 のモーラ間の F0 幅（□第 1―第 2 モーラ、■第 2―第 3 モーラ）

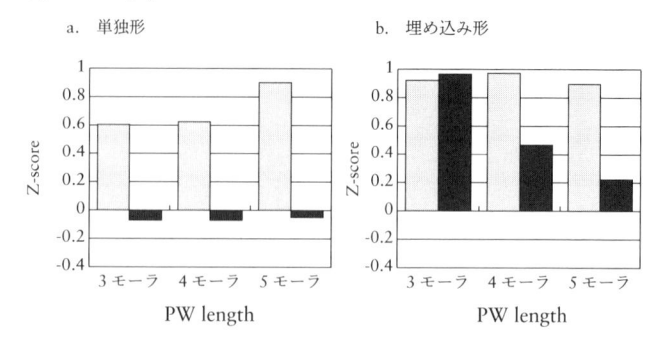

a. 単独形　　　　　　　b. 埋め込み形

このように、第 1―第 2 モーラ間では 0.6 から 1 近くの上昇を示すが、第 2―第 3 モーラ間では F0 はほとんど変動しないことが分かる。

MF-06 の場合、第 1―第 2 モーラ間の上昇は埋め込み形でのみ見られる。単独形と埋め込み形のそれぞれについて、モーラ間の F0 値の幅を比較したものを（26）に示す。

(26) MF-06 のモーラ間の F0 幅（□第 1―第 2 モーラ、■第 2―第 3 モーラ）

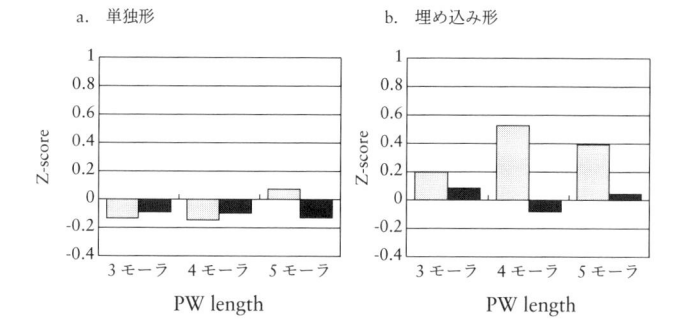

a. 単独形　　　　　　　b. 埋め込み形

MF-06 の場合も、第 1―第 2 モーラ間の上昇は、第 2―第 3 モーラ間のより大きくなる。これは、単語全体で F0 が徐々に上昇しているというよりもむしろ、第 1―第 2 モーラ間で F0 が上昇しているということを示している。

5.3　末尾 2 モーラ間の上昇

（24）における話者 2 の発話を観察すると、第 1―第 2 モーラ間

でF0が上昇し、平坦に進むという点では単独形と変わらないが、埋め込み形ではさらに次末—最終モーラ間でも上昇を示している。MF-07の発話について、第1—第2モーラ間（初頭）、中間の2モーラ間（たとえば第2—第3モーラ間）、次末—最終モーラ間（末尾）のF0幅の平均を（27）に示すとこの観察が正しいことが分かる。

(27) MF-07のモーラ間のF0幅の比較（埋め込み形）

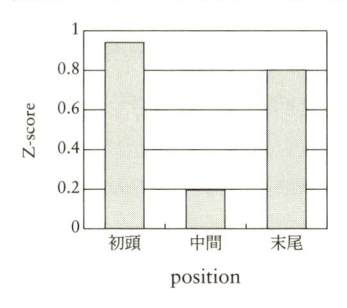

5.4 F0の幅

MF-07の埋め込み形における最終モーラを除くと、単独形、埋め込み形に関わらず、F0は平均付近であまり大きな変動を見せず、F0の幅は、A型に比べて狭い。(28)にA型、B型のF0の変動幅を示す。

(28) F0の変動幅（いずれも小数第3位を四捨五入）

話者	A型・単独形	A型・埋め込み形	B型・単独形	B型・埋め込み形
MF-06	4.74	4.19	1.03	0.98
MF-07	4.59	3.72	1.47	2.62

このように、A型の変動幅の方がB型の変動幅よりも大きいことが分かる。話者2のB型・埋め込み形ではだいぶ高いが、これは最終モーラの上昇によるところが大きい。実際、最終モーラを除くと1.79とA型の半分近くまで下がる。

5.5 B型の音声表示

B型の音声実現として、全体が平坦なパターン、第1—第2モー

ラ間で上昇するパターン、第1—第2モーラ間と次末—最終モーラ間で上昇するパターンという3種類が見られた。以下ではそれぞれの音声実現に対応する音声表示を考えていく。

まず、全体が平坦なパターンは、第1モーラにLを指定し、最終モーラにも同じLトーンを指定してそれを結合するか、他のモーラに拡張（spread）するという2つの可能性が考えられる。(29) に5モーラにおける適用例を示す。

(29) B型の音声表示1：全体が平坦（MF-06 単独形）

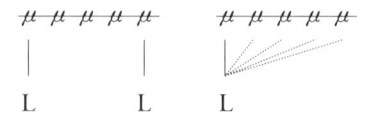

```
μ μ μ μ μ        μ μ μ μ μ
|       |       |       |
L       L       L
```

OCP（必異原理）を考慮に入れるとLが拡張する方が妥当なようにも思えるが、経験的に示すことはできないため、これら2つの優劣についてはこれ以上論じないことにする。

次に、第1—第2モーラ間で上昇するパターンは、(30) のように第2モーラにHメロディー（A型における上昇をもたらすH*とは異なる点に注意）が結合されていると考えられる。また、このパターンも最終モーラにHが結合されているか、Hが拡張するかが問題となるが、これ以上の議論は行わない。

(30) B型の音声表示2：第1—第2モーラ間で上昇（MF-06 埋め込み形・MF-07 単独形）

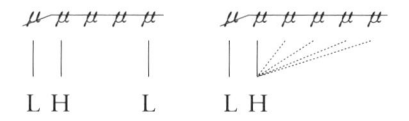

```
μ μ μ μ μ        μ μ μ μ μ
| |     |       | |
L H     L       L H
```

最後に、次末—最終モーラ間でもF0が上昇するパターンについては、(31) のように第2モーラにHメロディーが結合され、さらに、最終モーラには別種のF0上昇を促すトーンメロディー（H+メロディー）が結合されていると考えられる。

(31) B型の音声表示3：第1—第2モーラ間と次末—最終モーラ
　　間で上昇（話者2埋め込み形）

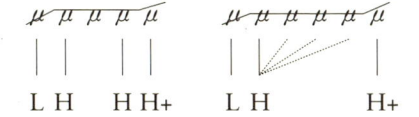

```
    μ μ μ μ μ     μ μ μ μ μ
    | |   | |     | |       |
    L H   H H+    L H       H+
```

　3つの音声表示（(29)、(30)、(31)）のどれが適切かを決めることは難しい。しかし、(30) を基本的な形とし、(29) は単独形で発話全体が短かったため十分に上昇できなかった（アンダーシュートを起こしたもの）、(31) について、(30) が基本にあって、それにH+が強調上昇調（郡1997）として加わったという解釈が可能である*10。以下ではこの解釈を採用する。

6. 音声表示の提案　まとめ

　本章では長崎方言における音調についてその音響音声学的な実現を観察し、音声表示を提案した。その結果、A型は第2モーラを頂点、最終モーラを谷間とする下降調であると記述した。一方、B型は全体が平坦、第1—第2モーラ間で上昇し、後は平坦、第1—第2モーラ間で上昇し、平坦に進んだ後、次末—最終モーラ間で上昇するという3つのパターンを記述した。そして、この結果に基づいて (32) の音声表示を提案した。

(32) 提案した音声表示
　　A型：第1モーラ = L、第2モーラ = H*、最終モーラ = L-
　　B型：第1モーラ = L、第2モーラ = H、（または最終モーラにも H）

　これらの調査結果及び考察から分かることは、長崎方言におけるB型の音調の音声実現は少なくとも鹿児島方言におけるB型の音調の音声実現とは大きく異なることである。Ishihara (2004) が記述しているように、鹿児島方言ではB型は音響音声学的に観察しても最終音節のみ高くなるが、長崎方言ではそのような音調は観察されない。したがって、音声表示も異なるものになる。

今後の課題としては以下の3点が挙げられる。第1に、今回の調査では文構造が単純で、フォーカスの制御も特に行わなかった。この点を改めた調査文が必要である。特にフォーカスを制御することでB型の（31）におけるH+が強調によるものなのかを明らかにできる。

　第2に、調査は筆者が用意した文を、方言として自然な形に修正した上で読み上げてもらう方法で行った。この方法ならば、通常の朗読に比べて方言としての自然さも上がるが、独話なり談話なりの自発性の高い発話資料を用いた検討を行うことで、より自然な音声データに基づく分析が可能になる。

　最後に、今回の調査で用いた調査語は全て軽音節から構成される単語であった。長崎方言の場合、第2モーラにピークが来るとされていたが、それがどの程度安定したものなのかについても明らかになっていない。たとえば、東京方言ではアクセントは特殊モーラに置かれないのに対して、長崎方言では「カーテン」のようにA型で第2モーラに特殊拍を含む場合でもピークが第2モーラに来るものが多い。このような第2モーラに特殊モーラがある単語を用いた調査も行うことで、長崎方言の音調の音声的側面をよりいっそう明らかにできるだろう。

　第3章以降では、様々な語種を観察し、そこで見られる音調現象の規則性をもとに、基底形と音韻規則について考察する。

---

*1　背景については杉藤（1982）にまとめられている。
*2　この表示はPierrehumbert and Beckmanによるものと若干異なる。彼女たちの表示ではフレーズや発話に指定されているトーン（句のHやL）と語に指定されているトーン（語アクセントのH（HL））は区別されていなかったが、ここでは見やすさのためにこれらを区別している。
*3　具体的な適用例はJun（ed.）（2005）所収の論文を参照のこと。
*4　韻律語が1モーラの場合についてはここでは扱わない。
*5　2モーラ名詞に助詞が付くと、単独時とは異なり、初頭2モーラ（もしくは第2モーラのみ）が高くなることから、東京方言と同じく、原則として名詞

＋助詞で1つの韻律語を形成すると仮定する。

*6　第1モーラの高低について、平山（1951）は丁寧な発話では第1モーラも高くなり、そうでない発話では第1モーラは低くなるという観察を報告している。一方、坂口（2001）は、中・若年層では第1モーラが低くなることがあると報告している。

*7　埋め込み形のうち「～にいった」や「～があった」のように同じ母音が連続する場合、次の方法で2つの音の境界を決めた。（i）音声波形上に2つピークが認められればその山の間の谷の部分、（ii）音声波形上のピークが1つならば中間点。

*8　埋め込み形ではピークが遅れて第3モーラに実現している場合もあるが、ここでは扱わない。

*9　ただし、第1モーラのF0を見ると、話者2の埋め込み形を除いて平均（0）付近にあり、第1モーラにおいて、特にF0の制御をせず発話していると考えると、トーンに関して指定がないという可能性もある。なお、この問題について鹿児島方言の音調を対象とした同様の議論がIshihara（2012）にある。

*10　(31)について、筆者の印象では助詞が「の」の場合にはあまり上昇がないように感じられたが、個人の印象の域を出ない。より統制した文で句レベルの音調記述を進める必要がある。

第3章
外来語の音調現象とアクセント規則

　本章ではまず長崎方言の外来語のトーンについて行った調査結果を報告する。次に、世代を通じて東京方言の外来語アクセントと高い一致を示すことを示す。そして、東京方言と共通のアクセント規則と、長崎方言特有のトーンメロディー規則を用いることによって外来語の規則性が記述できることを示す。

1. 諸方言における外来語音調の分布

1.1　外来語音調の通方言的傾向　下降調の優位性

　標準語（東京方言）を見たとき、アクセントの分布は語種により異なった分布を示す。東京方言のアクセントは大きくアクセントがあるパターンとアクセントがないパターンに分かれる。東京方言のアクセントは音声的にはピッチの急激な下降によって実現するため、これらはそれぞれ起伏式と平板式と呼ばれる。

　語種によってアクセントの分布がどのように異なるのかを、長さを3モーラと4モーラに限定して概観していこう。田中（2008）は和語（3414語）、漢語（11840語）、外来語（1636語）の数量的傾向を示している*1。それによると、和語では3モーラ、4モーラともに平板式が優勢になっており、割合も平板式が7割前後で長さによって大きく変わることはない。次に漢語では3モーラでは起伏式と平板式がほぼ半数になっているのに対し、4モーラでは平板式が9割近くを占め、圧倒的に多くなる。それに対して外来語では3モーラでも4モーラでも起伏式が多数を占める。ただし、4モーラの場合はその割合が低くなる。

(1) 3、4モーラ語のアクセントの分布

		起伏式	平板式	合計
和語	3モーラ	283 (31.6%)	613 (68.4%)	896
	4モーラ	593 (23.6%)	1925 (76.4%)	2518
漢語	3モーラ	2427 (49.1%)	2512 (50.9%)	4939
	4モーラ	740 (10.7%)	6161 (89.3%)	6901
外来語	3モーラ	721 (95.1%)	37 (4.9%)	758
	4モーラ	676 (77.0%)	202 (23.0%)	878
合計		5440 (32.2%)	11450 (67.8%)	16890

(田中（2008）より作成)

このように、アクセントの分布は語種によって異なり、外来語では起伏式の方が平板式よりも優勢になるという特徴を持っている。

 それでは、標準語ではなく方言を見たとき、外来語音調はどのような分布になっているだろうか。方言の外来語音調については楳垣（1944）、奥村（1955）、秋山（2000）、木部・橋本（2003）、柴田（1994）、中井（1988）、﨑村（2006）などで報告されている。このうち楳垣（1944）は（2）に示す14地点における外来語音調の分布について報告している。

(2) 楳垣（1944）の調査地点
　　青森県弘前市、岩手県盛岡市、山形県西置賜郡長井市、東京、神奈川県横浜市鶴見区、富山県西礪波郡石堤村、福井県福井市、三重県四日市々外、京都市、和歌山市、岡山県小田郡矢掛町、広島県広島市、山口県下関市、熊本県玉名郡八嘉村

楳垣はこれらの地点の調査結果をもって、どの方言でも語中に下降を持つものが優勢になっているが、4モーラでは全て高ピッチになるものが優勢になっていると指摘している。また、柴田（1994）は東京方言の他に京都方言、秋田方言、鹿児島方言について3000語あまりのデータを提示し、どの方言でも下降を含む型が圧倒的に優勢であることを報告している。同様の傾向は他の方言についても言え、少なくとも上に挙げた文献を見る限り外来語は大勢として下

降を持つ型が優勢で、4モーラの場合には下降を持たない型の割合が増えている。このように、標準語、方言を問わず、外来語の音調は下降調が優勢という傾向を持っているのである。

1.2 鹿児島方言の外来語トーン

前節において方言を問わず、外来語の多くが下降を含む型で発音されることを確認した。この傾向は2つしか型を持たない鹿児島方言でも同じである。まず、鹿児島方言は（3）に示すように、A型は次末音節のみ高く、B型は末尾音節が高く発音される（平山1951、木部2000）。

(3) 鹿児島方言の音調体系（上昇を [、下降を]で示す）
　　A型：[ミ]ズ、サ[カ]ナ、カゴ[シ]マ、オル[ゴー]ル
　　B型：ヤ[マ、オト[コ、トー[キョー、アルコー[ル

柴田（1994）によると、鹿児島方言の外来語は97.5％がA型だとしていた。また、木部・橋本（2003）によれば、鹿児島方言では外来語の約90％がA型で発音され、残りの約10％はB型で発音されるという。

それでは鹿児島方言の外来語トーンはどのようにして予測できるのだろうか。すなわち、鹿児島方言においてB型で発音される10％あまりの外来語は、どのような特徴を持つのだろうか。木部・橋本（2003）は3000語あまりの外来語を調査し、外来語音調の分布に世代差が見られることを指摘している。まず、外来語音調について、中・高年層話者と若年層話者を比べると、若年層話者においてB型の割合が増加している。そして、中・高年層話者においては東京方言のアクセントとそれほど相関を示していないのに対し、若年層の鹿児島方言と東京方言の外来語音調を比べると、(4)に示すように、鹿児島方言の若年層がA型で発音する外来語は東京方言では起伏式（下降があるパターン）で発音され、鹿児島方言の若年層がB型で発音する外来語は東京方言では平板式（下降がないパターン）で発音される傾向が強く現れる（Kubozono（2007）も参照のこと）。

（4） 東京方言と鹿児島方言の外来語音調の比較

東京方言	[テ]クニック プ[レ]ゼント オ[ルゴ]ール ア[メリカ
	起伏式　　　　　　　　　　　　　　　　　　平板式
鹿児島方言	テク[ニッ]ク プレ[ゼン]ト オル[ゴー]ル アメリ[カ
	Ａ型　　　　　　　　　　　　　　　　　　　Ｂ型

　この事実より、木部・橋本（2003）は鹿児島方言の若年層話者は外来語に関して標準語化を起こしており、東京方言における下降の有無を鹿児島方言の音調体系に反映させた結果、中・高年層に比べてＢ型で発音する外来語が多く見られると結論づけている。

　以上、本節では鹿児島方言の若年層において、外来語音調の分布が東京方言におけるアクセントの有無と対応していることを確認した。

2. 長崎方言における外来語トーンの分布

　長崎方言も鹿児島方言と同じく、下降を持つＡ型と、下降を持たないＢ型の2つの型しかない。もし鹿児島方言と同じ対応関係が長崎方言でも見られるならば、東京方言で起伏式で発音される外来語は長崎方言ではＡ型で発音され、東京方言で平板式で発音される外来語は長崎方言ではＢ型で発音されるはずである。しかし、長崎方言ではこのような対応関係が見られない。そもそも多くの方言で成り立っていた「外来語は下降を含む型が優勢になる」という一般化が長崎方言では成り立たないのである。以下では﨑村（2006）や森（2004）による調査結果について検討しつつ本書の行った調査の結果を延べる。

2.1 外来語トーンに関する調査概要

　九州の二型音調方言における外来語音調の分布については﨑村（2006）が報告している。﨑村（2006）は鹿児島市方言、出水市方言（鹿児島県）、枕崎市方言（鹿児島県）、三角町方言（熊本県）、北方町方言（佐賀県）、諫早市方言（長崎県）、島原市方言（長崎

県）といった二型音調方言において約200語の外来語トーンを調査し、その結果、鹿児島市方言、出水市方言、枕崎市方言では多くの外来語がA型で発音されたのに対して、三角町方言、北方町方言、諫早市方言、島原市方言では短い外来語はA型、長い外来語はB型が優勢であると報告している。しかし、長さの境界となるはずの5モーラ、6モーラの調査語数がそれぞれ39語と20語であり、判断に十分な量だとはいえない。この方言の外来語トーンの規則性を検討するには、5・6モーラの外来語が特に重要である。そのため、本書では5・6モーラに重点を置いて、外来語を計755語選定した。調査語彙の長さと語数を（5）に示す。

(5) 調査語彙の長さと語数

長さ	2モーラ	3モーラ	4モーラ	5モーラ	6モーラ	7モーラ	8モーラ	合計
本書	23	31	187	349	132	11	22	755
﨑村	15	58	62	39	20	8	5	207

また、調査語彙は音節構造や特殊モーラにバリエーションを持たせることで、音韻構造がトーンにどのように影響を及ぼすのかを明らかにできるよう配慮した。

話者は高年層1名、中年層3名、若年層3名である。それぞれの生年と初回調査時の年齢を（6）に示す。

(6) a. 高年層：OF-05（1929年生、78歳）
    b. 中年層：MM-04（1940年生、66歳）、MF-06（1947年生、59歳）、MF-07（1953年生、53歳）
    c. 若年層：YF-09（1984年生、22歳）、YF-10（1984年生、22歳）、YF-11（1984年生、22歳）

調査は2007年3月、9月、10月の3回行われた。MF-04、MF-06、MF-07は3回とも参加し、他の話者は3月の調査のみ参加した。そのため、7名の話者全てに対してリストにある755語を調査したわけではない。話者別の調査語数を（7）に示す。

(7) 話者別の調査語数

	OF-05	MM-04	MF-06	MF-07	YF-09	YF-10	YF-11
調査語数	584	751	752	749	369	348	369

2.2 外来語トーンと語の長さ

まず、語の長さによって外来語トーンの分布が変わるかについて検討する。(8) に、モーラ数と外来語トーンの分布を示す。

(8) 長崎方言におけるモーラ数とトーンの分布（単位：トークン）

	高年層		中年層		若年層		合計	
	A型	B型	A型	B型	A型	B型	A型	B型
2モーラ	22 (95.7%)	1 (4.3%)	66 (95.7%)	3 (4.3%)	62 (88.6%)	8 (11.4%)	150 (92.6%)	12 (7.4%)
3モーラ	31 (100.0%)	0 (0.0%)	89 (97.8%)	2 (2.2%)	80 (86.0%)	13 (14.0%)	200 (93.0%)	15 (7.0%)
4モーラ	137 (73.3%)	50 (26.7%)	392 (70.0%)	168 (30.0%)	146 (72.6%)	55 (27.4%)	675 (71.2%)	273 (28.8%)
5モーラ	110 (53.4%)	96 (46.6%)	617 (59.1%)	427 (40.9%)	180 (54.9%)	148 (45.1%)	907 (57.5%)	671 (42.5%)
6モーラ	24 (22.6%)	82 (77.4%)	95 (24.0%)	301 (76.0%)	65 (21.5%)	237 (78.5%)	184 (22.9%)	620 (77.1%)
7モーラ	0 (0.0%)	10 (100.0%)	0 (0.0%)	30 (100.0%)	0 (0.0%)	30 (100.0%)	0 (0.0%)	70 (100.0%)
8モーラ	1 (4.8%)	20 (95.2%)	2 (3.2%)	60 (96.8%)	3 (4.8%)	60 (95.2%)	6 (4.1%)	140 (95.9%)
合計	325 (55.7%)	259 (44.3%)	1261 (56.0%)	991 (44.0%)	536 (49.3%)	551 (50.7%)	2122 (54.1%)	1801 (45.9%)

(8) を見ると、世代を問わず4モーラ以下ではA型が優勢で、6モーラ以上はB型が優勢になっていることが分かる。5モーラではA型とB型がほぼ半数ずつである点を除くと一応短ければA型、長ければB型という傾向は見られる。ただし、ある長さを境界とし、そこで明確に分布が偏るというよりも、長くなるにつれてB型の割合が高くなるという分布である。

(9) 外来語における語の長さとA型の割合

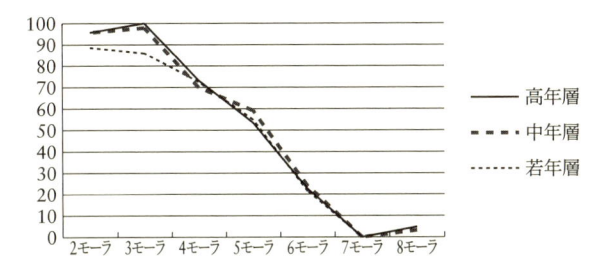

　東京方言におけるアクセントの分布は起伏式が圧倒的に優勢なのだから、もし東京方言におけるアクセントの有無が長崎方言のA型、B型の分布に対応しているならば、長さに関わらずA型が優勢になるはずであるが、そうなっていない。このことから、鹿児島タイプの二型音調方言と長崎タイプの二型音調方言では外来語のトーンのパターンが異なっていると結論づけられる。楳垣（1944）などが報告しているように、多くの方言において外来語の音調は下降調を好むにも関わらず、なぜ長崎方言や三角町方言などの二型音調方言において、長い外来語は非下降調を好むのだろうか。この点について﨑村（2006）は明示的に述べていない。しかし、ある長さを境界にA型かB型かが決まるという一般化にとって（9）の分布は説明がつかないものとなる。したがって、長さそのものがトーンの分布を決める第一の要因とは言えないだろう。そこで、次節では東京方言のアクセントとの対照を行う。

2.3　長崎方言の外来語トーンと東京方言のアクセント

　長崎方言の外来語音調を扱った研究として森（2004）がある。森は大村市の話者を対象に3モーラから11モーラの外来語約1000語のトーンの調査を行い、中・高年層は5モーラと6モーラを、若年層は4モーラと5モーラを境に、短ければA型に、長ければB型に発音する傾向が見られたと報告している。この結果については本書の調査でもおおむね一致するが、若年層と中・高年層の間に境界に関して明確な違いがあるかという点が一致しない。本書の話者の場合、語の長さによってトーンの分布に世代間で違いが見られるの

は2モーラ、3モーラの語に限られる。

また、森は若年層話者に関して(10)の一般化が成り立つと指摘している。この一般化については成り立つだろうか。

(10) 長崎方言と東京方言の音調の対応関係
 a. 東京方言で初頭2モーラにアクセントがあればA型になる。
 b. 東京方言でそれ以外のアクセントパターンならばB型になる。

本書のデータに基づいて森の一般化を検証するために、先のデータを東京方言のアクセントと対照する。東京方言のアクセントデータとして、天野・近藤(1999)のデータベースよりアクセント型を抽出したものを用いる。天野・近藤(1999)は『新明解国語辞典第四版』の見出し語を基本母集団としたデータベースであり、アクセント型の情報も記載されている。さらに、天野・近藤(1999)では、全見出し語に掲載されたアクセント型に対して、アクセントの判別方法についてトレーニングを受けた被験者10名が妥当性を5段階評定で判断している(5が最高で1が最低である)。本章では、1つの単語に対して複数のアクセント型の記述がある場合に、判定者数が5名以上のアクセント型の中から最も高い妥当性のアクセント型を用いている。

以上の方法で導出した東京方言のアクセントと長崎方言の例を(11)に示す。

(11) 長崎方言と東京方言の外来語の実現例

東京方言	[テ]クニック	プ[レ]ゼント	オ[ルゴ]ール	ア[メリカ
	起伏式			平板式
長崎方言	テ[ク]ニック	プ[レ]ゼント	オルゴール=	アメリカ=
	A型		B型	

次に、(11)のように一致した割合を(12)に示す。

(12) 長崎方言のトーンと東京方言のアクセントの一致度

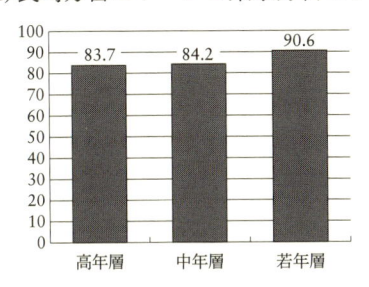

　上図より明らかなことは、どの世代においても東京方言のアクセントと高い一致を示すことである。また、世代で比較すると、高年層で83.7%、中年層で84.2%、若年層で90.6%と世代が下がるにつれて東京方言との一致度も上がっている。より詳細な結果を（13）に示す*2。

(13) 長崎方言のトーンと東京方言のアクセントの対応（単位：トークン）

	高年層		中年層		若年層		合計	
	A型	B型	A型	B型	A型	B型	A型	B型
初頭2モーラ	248 (93.2%)	18 (6.8%)	1005 (90.9%)	101 (9.1%)	464 (93.9%)	30 (6.1%)	1717 (92.0%)	149 (8.0%)
その他	77 (24.3%)	240 (75.7%)	255 (22.3%)	888 (77.7%)	72 (12.2%)	520 (87.8%)	404 (19.7%)	1648 (80.3%)
合計	325 (55.7%)	258 (44.3%)	1260 (56.0%)	989 (44.0%)	536 (49.4%)	550 (50.6%)	2121 (54.1%)	1797 (45.9%)

　このように、東京方言におけるアクセントの有無だけではなく、アクセントの位置の情報まで見ると、長崎方言においても東京方言との規則的な対応関係があり、その傾向が世代が下がるにつれて強くなる。ただしこの傾向は若年層のみならず中・高年層についても成り立つ。すなわち、森（2004）の一般化（10）は本書での調査結果でも基本的には再認されたが、若年層固有の特徴というわけではないと言える。

第3章　外来語の音調現象とアクセント規則　　49

3. 外来語のトーンと音韻構造

　前節では長崎方言の外来語トーンの分布を見てきた。そして、複数の話者を対象とした聞き取り調査によって、外来語は東京方言において初頭2モーラにアクセントがあればA型、それ以外のパターンならばB型になることを明らかにした。また、アクセントの分布には世代差が見られ、その世代差が東京方言における個別語彙の実現形の違いによるものであることを示した。

　それでは、長崎方言の外来語トーンはどのようにして決まるのだろうか。ここでは2つの方略について検討する。第1の方略は、東京方言の音声形を入力にし、そのアクセントに基づいてトーンを決めているというもので、原語の音声を入力にし、それを自言語の音韻体系に当てはめるというのは借用語の受容モデルとしても用いられている（Silverman 1992）。第2の方略は、長崎方言は東京方言と同じ外来語のアクセント規則を持っており、そこで付与されたアクセントに対してトーンメロディを指定する段階でフィルタリングするというものである。この方略は、長崎方言と東京方言はトーンかアクセントかという点で大きな違いを持っているが、抽象的なレベルでは同じ規則や表示を持っているというものである。その根拠として、東京方言の外来語アクセント規則については後の節で論じるが、後ろから数えて2音節目ないしは3音節目にアクセントが置かれるというのは、他の言語にも見られる一般性の高い分布であることが挙げられる。一般性の高い規則を同じ言語の異なる方言で共有していてもおかしくはないだろう。このことから、トーン言語である長崎方言でも実は音韻過程においてはアクセントの規則があるという可能性もある。本節では前節で示した長崎方言の外来語トーンについてより詳細にわたって分析する。そして、中・高年層話者の分布は音韻規則に忠実に従った形であり、若年層話者は音韻規則に従うのを基本としつつも、東京方言の音声を入力として使いつつもあることを指摘する。その上で、外来語のアクセント規則について、具体的にどのような規則を共有しているのかを検討する。

3.1 コピーか規則か？

先ほど提示した2つの方略はどちらも同じ予測をするように思えるかもしれない。たしかに、「ストレス」という語を考えてみても、東京方言の音声を入力にしてもアクセント規則を適用した結果を入力にしても同じ「スト]レス」という表示を生み、そこからA型を予測するという点で変わりはない。しかし、この2つの方略で異なるトーンを予測する事例がある。それは、東京方言において例外的な振る舞いをする外来語のアクセントである。

3.1.1 東京方言における外来語の平板式条件

長崎方言と東京方言の外来語音調に見られる世代差を考えるときに重要なのは、その変化の方向性である。長崎方言における外来語トーンの分布を東京方言の外来語アクセントと対照した（13）の分布を見ると、どの世代でも東京方言において初頭2モーラにアクセントがある場合にA型になるという一般化（10a）の方が、3モーラ目以降にアクセントがある、または平板式の場合（（13）の「その他」の場合）にB型になるという一般化（10b）よりも高い一致を示す。さらに、若年層話者では「その他」のパターンでB型に対応している割合が中・高年層に比べ高い。これは言い換えると、長崎方言におけるアクセントの変化が、東京方言においてアクセントが第3モーラ以降にある、または平板式の外来語に対して若年層の長崎方言話者がB型で発音されるようになったことによって起こったということである。それではどのような外来語がB型で発音されるようになったのだろうか。

ここで注目したいのは東京方言において平板式で発音される外来語である。東京方言における外来語アクセントの分布は（1）に示したようにアクセントのあるパターン（起伏式）が圧倒的に多い。しかし、外来語は全て起伏式で発音されるわけではなく、（14）のように平板式で発音されるものもある。

(14) ガラス⁰、コップ⁰、プロペラ⁰、ガソリン⁰、オカリナ⁰、ソプラノ⁰、モルタル⁰、アルメニア⁰、バイオリン⁰、ハーモニカ⁰、ブルガリア⁰、ステアリング⁰

これらを注意深く観察すると特定の音韻構造に偏っていることが分かる。Kubozono（2006）は平板式の外来語に多く見られる音韻構造として（15）の3つの条件を挙げている。

(15) 平板式条件
 a. 4モーラである。
 b. 語末が軽音節の連続である。
 c. 語末母音が挿入母音でない。

(16) モスクワ⁰、マカロニ⁰、キャンベラ⁰、アンテナ⁰、オーロラ⁰、オーボエ⁰

Kubozono（1996, 2006）によれば（15）の条件を満たす外来語の90％が平板式で発音されるという。

ただし、Kubozono（1996, 2006）の一般化（15）で注意したいのは挿入母音の条件である。日本語は鼻音に後続する場合を除き、異なる子音が連続したり、語末に子音が来ることはない。そのため、外来語の音声を日本語として取り込む際には、母音を挿入することによって、異なる子音連続や語末に子音が現れるのを回避する。

(17) 外来語の母音挿入（挿入母音を大文字で表す）
 masUkU (mask)、kUrabU (club)、sUtOresU (stress)、tOrabUrU (trouble)、sUkeetO (skate)、sUtOraikI (strike)、piriodO (period)、pittI (pitch)

Kubozono（1996, 2006）は語末が挿入母音の場合には、4モーラでかつ語末が軽音節の連続であっても平板式にならないとしている。(18) に例を示す。

(18) a. 語末が挿入母音
  ストレス (stress)、サービス (service)、トラブル (trouble)、ピリオド (period)、フラッシュ (flush)、プリズム (prism)
 b. 語末が非挿入母音
  プロペラ⁰ (propeller)、ウクレレ⁰ (ukulele)、コンソメ⁰ (consumme)、ナイロビ⁰ (Nairobi)、マカロニ⁰ (macaroni)、ホノルル⁰ (Honolulu)

たしかに、挿入母音と非挿入母音を区別することで、平板化を正し

く記述できているように見える。しかし、挿入母音の条件（15c）を仮定することには3つの問題がある。

　第1に、挿入母音にアクセントの振る舞い上の非対称性が見られることである。挿入母音の音価は、原語（多くの場合は英語）の子音によって決まる。すなわち、直前がt, dならば /o/ が挿入され、直前がtʃ, dʒならば /i/ が挿入され、それ以外の時には /u/ が挿入される。

(19) 挿入母音の音価と直前の子音
　　 a. /o/：battO（bat）、beddO（bed）、kattO（cut）、kiddO（kid）、pittO（pit）
　　 b. /i/：tattI（touch）、bazzI（budge）、kyattI（catch）、ezzI（edge）、pittI（pitch）
　　 c. /u/：raisU（rice）、raibU（live）、taipU（type）、taimU（time）、fissyU（fish）

このうち、アクセントとの関わりで見ると、挿入母音が /u/ の場合に比べ、挿入母音が /o/ や /i/ の場合には平板式になりやすい（Kubozono 1996, 2001）*3。

(20) a. /o/：オカルト[0]（occult）、エジプト[0]（Egypt）、スピード[0]（speed）
　　 b. /i/：スポンジ[0]（sponge）、ビフテキ[0]（beef steak）、ボルシチ[0]（borshch）

挿入母音ということだけが問題ならば、/o/ や /i/ も平板式になるはずである。

　第2に、挿入母音と非挿入母音の区別が困難なことである。(15)によれば、語末が /u/ であっても、それが非挿入母音ならば平板式になるはずである。しかし、そもそも、4モーラで語末が軽音節の連続で終わり、かつ語末母音が /u/ である語のうち、語末母音の /u/ が非挿入母音であるのはほとんど存在しない。たとえば、天野・近藤（1999）には、4モーラ外来語は1992語あり、そのうち語末が軽音節連続で、語末母音が /u/ のものは360語あるが、少なくともここには語末が非挿入母音であるのは見られなかった。つまり、ほとんどの場合、語末の /u/ が「挿入」母音かどうかが問題になるの

かを検証することは非常に困難なのである。さらに、挿入母音を音韻過程に位置づけることがそもそも妥当かという問題がある。実際、筆者が収集した用例を（21）に示すが、どちらも語末が非挿入母音の /u/ であっても平板式にならない。

　（21）ティ˥ラミス（tiramisu）、マナ˥スル〜マ˥ナスル（Manaslu）
この2例は、語末母音が挿入母音であるかということよりも、むしろ語末が /u/ であるかどうかが、平板化に関与していることを示唆している。

　第3に、母音の挿入が音韻過程で行われるということに対して反例となる現象があることである。Dupoux ほか（1999）によると、日本語話者は子音連続を知覚するときに、高い割合で子音間に母音を挿入して知覚しているという。これが意味しているのは、母音挿入は（たとえば）レキシコンから出力（音声表示）までの音韻的操作として起こるのではなく、知覚の段階で起こるということである。母音挿入が知覚の段階で起こるのであれば、挿入母音と非挿入母音をレキシコンの中で区別する手立てはないことになる。

　以上の理由により、本書では平板式の外来語に対して挿入母音ではなく語末母音の音価に言及する形に変えた（22）を仮定する。

　（22）平板式条件（改訂版）
　　　a.　4モーラである。
　　　b.　語末が軽音節の連続である。
　　　c.　語末母音が /u/ 以外である。

（22）の形の条件であれば語末挿入母音が /o/、/i/ である場合に平板式になりにくいことと、語末が非挿入母音の /u/ のときにも平板式になりにくいということが説明できる。

3.1.2　平板式条件と長崎方言のトーン

　東京方言の外来語は（22）の条件が揃うと平板式になりやすい。
　（22）平板式条件（改訂版）
　　　a.　4モーラである。
　　　b.　語末が軽音節の連続である。
　　　c.　語末母音が /u/ 以外である。

東京方言と長崎方言の外来語音調に関する一般化（10）から、平板式条件（22）に合致する外来語は長崎方言ではB型になることが予測される。そこで、4モーラ外来語全体のトーンの分布とあわせて（23）に示す。

(23) 長崎方言における4モーラ外来語のトーンの分布

	高年層		中年層		若年層		合計	
	A型	B型	A型	B型	A型	B型	A型	B型
(22)に合致	13 (22.4%)	45 (77.6%)	31 (17.8%)	143 (82.2%)	7 (38.9%)	11 (61.1%)	51 (20.4%)	199 (79.6%)
4モーラ全体	137 (73.3%)	50 (26.7%)	392 (70.0%)	168 (30.0%)	146 (72.6%)	55 (27.4%)	675 (71.2%)	273 (28.8%)

ここで注目したいのは、4モーラ外来語全体に占める平板式条件（22）に合致したときにB型になる語の割合である。高年層は4モーラ外来語全体で50語がB型になるが、そのうち平板式条件（22）に一致してB型になる語は45語で、90.0%を占める。中年層も168語中143語で85.1%を占めている。それに対して、若年層は55語中11語で、20.0%に過ぎない。一見するとこれは若年層話者が東京方言での発音と関係なくトーンを決めているように思えるかもしれない。しかし、4モーラ語における東京方言のアクセントとの一致度を見ても、そのような事実はなく、むしろ若年層話者は中・高年層よりも東京方言のアクセントとの一致度は高い。

(24) 長崎方言のトーンと東京方言のアクセントの一致数と割合（単位：トークン）

長さ	高年層	中年層	若年層	合計
2モーラ	21/23 (91.3%)	63/69 (91.3%)	63/70 (90.0%)	147/162 (90.7%)
3モーラ	24/31 (77.4%)	68/91 (74.7%)	85/93 (91.4%)	177/215 (82.3%)
4モーラ	158/187 (84.5%)	482/560 (86.1%)	182/201 (90.5%)	822/948 (86.7%)
5モーラ	168/206 (81.6%)	845/1044 (80.9%)	284/328 (86.6%)	1297/1578 (82.2%)

6モーラ	88/106 (83.0%)	347/396 (87.6%)	280/302 (92.7%)	715/804 (88.9%)
7モーラ	10/10 (100.0%)	30/30 (100.0%)	30/30 (100.0%)	70/70 (100.0%)
8モーラ	20/21 (95.2%)	60/62 (96.8%)	60/63 (95.2%)	140/146 (95.9%)
合計	489/584 (83.7%)	1895/2252 (84.1%)	984/1087 (90.5%)	3368/3923 (85.9%)

　上の分布が意味するのは、東京方言において平板式条件（22）に一致しないにも関わらず平板式で発音される外来語が、長崎方言において中・高年層ではB型にならず、若年層ではB型になっているということである。このような外来語にはほとんど規則性は見られないことから、語彙的にアクセントが平板式になったものと考えられる。まず、（22c）の母音の条件に外れたものを（25）に挙げる。

(25)（22c）の条件から外れた外来語（語末が /u/ であるにも関わらず平板式）

　　アドリブ⁰、ブラジル⁰、ホノルル⁰、キャラメル⁰、テーブル⁰、ニアミス⁰、ニッケル⁰、ハンドル⁰、ピストル⁰、プレハブ⁰、マラカス⁰、メートル⁰、モノラル⁰、モルタル⁰

また、（22a）のモーラ数の条件に外れる平板式外来語もある。

(26)（22b）の条件から外れた外来語（3モーラであるにも関わらず平板式）

　　ガラス⁰、キャップ⁰、コップ⁰、ペダル⁰、ペンキ⁰、ボール⁰、メダル⁰

もし東京方言の音声が入力となるならば、これらは長崎方言ではB型で発音されるはずである。

　そこでこれらの語におけるトーンの分布を見ると、世代による違いが明確に現れる。まず、中・高年層は条件に関わらずA型が多くなり、東京方言の音声と食い違っている。一方、若年層はB型が多くなり、東京方言のアクセントと一致している。数量的な結果を（27）に示す。

(27) (25)、(26) にある外来語の長崎方言におけるトーンの分布

	高年層		中年層		若年層		合計	
	A型	B型	A型	B型	A型	B型	A型	B型
語末/u/	13 (92.9%)	1 (7.1%)	30 (73.2%)	11 (26.8%)	5 (27.8%)	13 (72.2%)	48 (65.8%)	25 (34.2%)
3モーラ	7 (100.0%)	0 (0.0%)	21 (100.0%)	0 (0.0%)	8 (38.1%)	13 (61.9%)	36 (73.5%)	13 (26.5%)
合計	20 (95.2%)	1 (4.8%)	51 (82.3%)	11 (17.7%)	13 (33.3%)	26 (66.7%)	84 (68.9%)	38 (31.1%)

　この結果は、世代によって東京方言の音声の影響度が異なることを意味する。中・高年層は東京方言における個別の語の音声的実現を見ることなく、アクセント規則に忠実に従ってトーンを決めているためA型が多くなっている。一方、若年層は東京方言における具体的な音声を直接の入力にしているためB型が多くなっている*4。ただし、若年層話者も完全に東京方言の音声のみに頼っているわけではない。その証拠に、長崎方言の若年層話者であっても、東京方言で語彙的に平板式になる語に対するB型の割合は60から70%にとどまっている。また、中年層話者におけるトーンの分布もこの考え方を支持している。高年層話者での例外（B型）が4.8%にとどまっているのに対して中年層話者は17.7%が例外となっている。この数値の違いは東京方言の具体的な音声に基づいている語が徐々に増えているという考え方と一致している。

　以上のことから、長崎方言における外来語トーンに見られる分布は東京方言におけるアクセント規則が予測する型と多くの場合に一致すると結論づける。世代が下がるにつれて東京方言において個別の語がどのようなアクセントになるかについて影響を受けるが、基本的にはこの指向性は世代を通して見られるものである。

3.1.3　基本アクセントによる説明とその問題点

　前節で取りあげた世代差について、基本アクセントという考え方を用いた説明がある。寺川・日下（1944）によると、基本アクセ

ントとは「社会的慣習として最も自然な発音における調子、すなわち自然的高低関係」のことを指す(寺川・日下 1944: 解 48、ただし表記を現代仮名遣いに改めている)。たとえば、五十音図における仮名一行(あいうえお)や外来語、人名、地名などにこの基本アクセントは現れるという。

　森(2004)による長崎方言の外来語トーンにおける世代差の説明は次のようにまとめられる。まず、高年層について、基本アクセントがA型であると仮定した上で、短い外来語ではこれが実現したとしている。一方、長い語では第 2 モーラから第 3 モーラにかけて急激な下降をしたのち、低いまま発音し続けなければならないことが調音的に難しいため、もう 1 つの型であるB型になるのだと考えている。次に、若年層についてはテレビなどの影響により東京方言(標準語)の発音になじみがあるため、その発音を入力として(10)の一般化をストラテジーとして用いた結果、より東京方言との一致度の高い分布になり世代差が生じたと考えている。そして、中年層については、基本的には高年層と同じく基本アクセントを用いているが、一方で東京方言にも適度になじみがあるため、高年層と若年層の中間的な結果になったのだと考えている。このように、森(2004)は原則として外来語トーンに見られる世代差を、外来語ならばA型にするというストラテジーを用いた上で調音困難性によりB型にするのか、東京方言アクセントに基づいて決めるのかという違いにより生じたのだと考えている。

　しかし、この説明には音声学的、音韻論的にそれぞれ問題がある。まず音声学的な問題点を述べる。東京方言ではアクセントのあるモーラから次のモーラにかけて急激な下降が見られるが、第 2 章で見たように、長崎方言では第 2 モーラから最終モーラにかけて直線的に下降するのであって、東京方言のように語内に急激な下降があるわけではない。

(28) 東京方言の起伏式と長崎方言のA型の比較

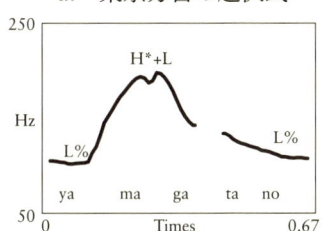

a. 東京方言の起伏式　　b. 長崎方言のA型

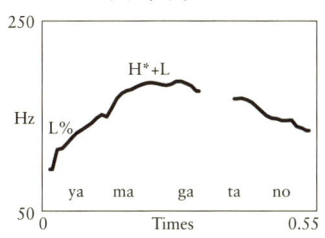

これは「低いままの発音を保つのが調音的に難しい」という森（2004）の主張に反する。

　次に音韻論的な問題点を述べる。森（2004）の説明では、長ければ語種に関わらずB型になることを予測するが、(29)に示すとおり、全体が長い語であってもA型で発音される語は複合語に多く見られる（複合語に関する議論は第4章を参照）。

(29) パ[ン]コージョー（パン工場）、ミ[ズ]ヨーカン（水羊羹）、
　　　イ[セ]モノガタリ（伊勢物語）、ト[リ]ソーセージ（鳥ソーセージ）

このように、短い語では基本アクセントが実現し、長い語では調音が困難であるためB型になるという考え方には、音声学的、音韻論的に問題があるため、本書では採用しない。

3.2　音節構造と外来語のトーン

　3.1節では、長崎方言における外来語のトーンの分布を観察し、長崎方言の外来語トーンが東京方言のアクセントの単なるコピーというよりもむしろ同じ規則を共有し、それに従う形で決まるのが基本であることを明らかにした。それでは長崎方言話者と東京方言話者が共通して持っているアクセント規則とはどのようなものだろうか。

　東京方言の外来語アクセントを決める要因としては、音節構造（Kubozono 1996）、聞こえ度（田中 2008）、形態構造（佐藤 1989、2002）などが指摘されている。ここで全てを取りあげるのは難しいため、本節では音節構造と聞こえ度に焦点を当てて東京方言の外

来語アクセントに影響する要因を明らかにする。そして、そこで明らかになった東京方言での規則性が長崎方言にも見られるのかを個別に検討する。

なお、ここで検討するのは主に5モーラ以下の外来語である。7モーラ以上の外来語のほとんどは複合語や派生接尾辞が付いたものである。6モーラの場合は複合語と考えられるものが多く、個別の検討が必要になる。

3.2.1 音節構造と東京方言のアクセント

1節でも見たように、東京方言の外来語アクセントは起伏式が優勢であるという特徴を持つ。このときアクセントはどこにあるのか。多くの外来語は（30a）のように後ろから数えて3モーラ目にある。ただし、東京方言では特殊モーラ（長音、撥音、促音、二重母音/ai/の後部要素）はアクセントを担えないため、（30b）のように同じ音節の前の自立モーラへアクセントが移動する（寺川・日下1944など）。

(30) 東京方言の外来語のアクセントと特殊モーラ
  a. ク￢ラブ、プリ￢ズム、トラ￢ンプ、プログ￢ラム、リク
    エ￢スト、マクドナ￢ルド
  b. モ￢ンゴル、ボ￢ーナス、ホ￢ッケー、カレ￢ンダー、ク
    ロワ￢ッサン、スチュワ￢ーデス

このような分布をもとに、McCawley（1968, 1978）はモーラに基づく（31）の逆3型規則を提案した。

(31) 逆3型規則
    後ろから3モーラ目を含む音節にアクセントを付与せよ。

しかし、外来語の中には（31）の規則に従わないものも多く見られる。そのうちの1つが語末が軽音節+重音節で終わる外来語である。(32) に用例を示す。

(32) 逆3型規則に当てはまらない外来語（逆3型規則の予測する位置を下線で示す）
  a. 4モーラ
    テ￢ネシー、ブ￢ルペン、ア￢クション、ド￢クター、

　　　　　メ˥ロディー、エ˥プロン
　b. 5モーラ
　　　　　アカ˥デミー、イレ˥ギュラー、スケ˥ルトン、コレ˥クション、エコ˥ノミー、オ˥ークション、タ˥ンバリン、パ˥ートナー、タ˥イムリー、ブ˥ーメラン
　c. 6モーラ
　　　　　プラ˥イバシー、アコ˥ーディオン、トラ˥ンポリン、ブロ˥ッコリー、アンソ˥ロジー、ヘーゲ˥リアン、コンダ˥クター、ポリエ˥チレン

Kubozono（1996）は約700語の外来語地名について検討し、外来語アクセント規則として（33）のラテン語アクセント規則の方が例外が少ないとしている。

(33) ラテン語アクセント規則
　　　　　次末音節が重音節ならばそこに、軽音節ならばもう1つ前の音節にアクセントを付与せよ。

2つの外来語アクセント規則はほとんどの場合同じ予測をするが、語末が軽音節＋重音節という連続になった場合に異なる予測をする。すなわち、逆3型規則（31）は次末音節の軽音節にアクセントを付与するが、ラテン語アクセント規則（33）は次末音節にアクセントを付与せず、さらに1つ前の音節にアクセントを付与する。

(34) アクセント規則と予測するアクセント位置（Xは軽音節、重音節を問わない）
　a. 逆3型規則
　　　　　XHH → XH˥H、XHL → XH˥L、XLH → XL˥H、XLL → X˥LL
　b. ラテン語アクセント規則
　　　　　XHH → XH˥H、XHL → XH˥L、XLH → X˥LH、XLL → X˥LL

田中（2008）は3モーラから8モーラまでの外来語のアクセントを分析し、逆3型規則（31）とラテン語アクセント規則（33）の説明力を検証した。その結果、逆3型規則（31）は全体の69%（平板式を除けば75%）、ラテン語アクセント規則（33）は全体の

78%（平板式を除けば84%）と一致した。このことから、東京方言の外来語のアクセント規則としてはラテン語アクセント規則（33）の方が優れていると言えよう。

3.2.2 音節構造と長崎方言のトーン

田中（2008）などの議論から、東京方言の外来語アクセント規則として、逆3型規則（31）よりもラテン語アクセント規則（33）のほうが優れているとした。また、Kubozono（1996: 79 注5、2002）は日本語の外来語アクセントが逆3型規則（31）に従うパターンからラテン語アクセント規則（33）に従うパターンへ通時的に変化したとしている。これらと同じ傾向は長崎方言にも見られるだろうか。以下ではこれら規則間で異なる位置にアクセントを予測する音節構造において、外来語のトーンがどのようになるのかを見ていく。

前節でも見たように、2つのアクセント規則でアクセントパターンが異なるのは、語末が軽音節＋重音節からなる構造のときである。長崎方言の外来語は、東京方言で初頭2モーラにアクセントがあればA型に、東京方言でそれ以外のアクセントパターンならばB型になる。このとき、HLH、LLLH、LHLHという5・6モーラの外来語のトーンについて異なるトーンを予測をする。これらの音節構造では、逆3型規則はHL⌐H、LLL⌐H、LHL⌐Hと第3モーラ以降にアクセントを付与するため長崎方言ではB型になることを予測する。一方、ラテン語アクセント規則はH⌐LH、LL⌐LH、LH⌐LHと第1モーラか第2モーラにアクセントを付与するため長崎方言ではA型になることを予測する。(35)に2つのアクセント規則の予測の違いを示す。

(35) a. HLH構造（例：アーチェリー、タンバリン、モンスター、クーデター、パートナー）
ラテン語アクセント規則：H⌐LH → A型（長崎方言）
逆3型規則：HL⌐H → B型（長崎方言）
b. LLLH構造（例：カテゴリー、サクソフォン、セレクション、クレムリン、ラプソディー）

　　　　　ラテン語アクセント規則：LL⌐LH→A型（長崎方言）
　　　　　逆3型規則：LLL⌐H→B型（長崎方言）
　　c.　LHLH構造（例：レパートリー、コミッショナー、グロッサリー、トランポリン、ブロッコリー）
　　　　　ラテン語アクセント規則：LH⌐LH→A型（長崎方言）
　　　　　逆3型規則：LHL⌐H→B型（長崎方言）

このように、HLH構造、LLLH構造、LHLH構造いずれについてもラテン語アクセント規則はA型になることを予測し、逆3型規則はB型になることを予測する。以下では、(35) にあげた3つの構造について、長崎方言でどのような型で発音されるのかを示す。

　まず、HLH構造について検討する。この構造の外来語にはダンプカー、ホームラン、レンタカーといった複合語が含まれていたためそれらを除外して集計した。その上での集計結果を (36) に示す。

(36) HLH構造におけるトーンの分布

	高年層		中年層		若年層		合計	
	A型	B型	A型	B型	A型	B型	A型	B型
HLH	6	3	140	48	20	7	166	58
	(66.7%)	(33.3%)	(74.5%)	(25.5%)	(74.1%)	(25.9%)	(74.1%)	(25.9%)

(37) a.　オ[ー]クション、タ[ン]バリン、ブ[ー]メラン
　　b.　カンガルー=、バーベキュー=、バイオリン=

表から明らかなように、この構造ではA型が優勢であった。

　次に、LLLH構造について検討する。この構造の外来語にはカメラマン、クロスバー、セミコロン、フェアプレー、ラジオブイ、ラブレターといった複合語が含まれていたのでそれらを除外した。さらに、語末が /CiN/ で終わる外来語が含まれ、これらの語は東京方言において全体が5モーラのときに平板式で発音される強い傾向がある（儀利古2011）ため除外した。以上の操作を行った上での集計結果を (38) に示す。

(38) LLLH構造におけるトーンの分布

	高年層		中年層		若年層		合計	
	A型	B型	A型	B型	A型	B型	A型	B型
LLLH	9 (56.3%)	7 (43.8%)	178 (70.1%)	76 (29.9%)	37 (77.1%)	11 (22.9%)	224 (70.4%)	94 (29.6%)

(39) a. コ[メ]ディアン、デ[リ]カシー、セ[レ]モニー
b. トラベラー=、ミステリー=、モノポリー=

この構造についても、A型が優勢であった。ただし、高年層においてはほぼ半数になっている。

最後に、LHLH構造について検討する。この構造の外来語にはグレーカラー、セカンドラン、ブルーカラー、ステンカラー、フラッシュガンといった複合語が含まれていたのでそれらを除外した。その上での集計結果を（40）に示す。

(40) LHLH構造構造におけるトーンの分布

	高年層		中年層		若年層		合計	
	A型	B型	A型	B型	A型	B型	A型	B型
LHLH	2 (50.0%)	2 (50.0%)	23 (63.9%)	13 (36.1%)	10 (90.9%)	1 (9.1%)	35 (68.6%)	16 (31.4%)

(41) a. ト[ラ]ンポリン、ブ[ロ]ッコリー、グ[ロ]ッサリー
b. プランクトン=、プロンプター=、ペダントリー=

高年層は半数ずつだったが、中年層、若年層ではA型が優勢であった。ただし、高年層、若年層話者の調査語彙が少ないため断定的なことは言えない。

以上の結果は、長崎方言の外来語トーンを決めるもととなるのは、基本的にはラテン語アクセント規則（33）であるという解釈を支持するものである。なぜなら、2つの規則が異なるトーンを予測する音節構造において、基本的にはラテン語アクセント規則に従うトーンの分布が多かったからである。ただし、高年層では逆3型規則に従うパターンも半数近く見られたことから、東京方言と同じくアクセント規則そのものが変化しているという可能性も残っており、

より多くの語彙による調査が必要であろう。

3.3 特殊モーラの聞こえ度と外来語のトーン

前節では外来語アクセントの規則としてラテン語アクセント規則を仮定した。しかし、外来語の中にはラテン語アクセント規則に従わないものも存在する。天野・近藤（1999）より妥当性が4以上でありかつ、判定者が6名以上いる5モーラ外来語について検討したところ、ラテン語アクセント規則によって説明できたのは1175語中731語（62.2%）であった。ラテン語アクセント規則の予測どおりになっている外来語の数を見ると、音節構造によって大きく異なっていることが分かる。

(42) ラテン語アクセント規則の説明力

  a. HLH 54/123（43.9%） b. LHLL 48/58（82.8%）
  c. LHH 79/94（84.0%） d. LLLH 56/128（43.8%）
  e. HHL 108/207（52.2%） f. LLHL 213/291（73.2%）
  g. HLLL 33/93（35.5%） h. LLLLL 140/181（77.3%）

これはラテン語アクセント規則（33）以外にも外来語アクセントを決める要因があることを示唆している。たとえば、朝鮮語慶尚北道方言では、同じ重音節であってもそれを構成する分節音によって、アクセントの振る舞いが異なる（Kenstowicz and Sohn 2001）。そこで重要となっているのは聞こえ度の階層である。

聞こえ度とは、聞こえやすさに基づいた音の相対的な順序付けである。聞こえ度の階層が普遍的なものか、個別言語的なものかは諸説あるが、(43)にSelkirk（1984）を簡略化したものを示す。

(43) 聞こえ度の階層（Selkirk 1984を簡略化したもの）

  広母音＞中母音＞狭母音＞流音＞鼻音＞摩擦音＞破裂音

聞こえ度の高い音ほどアクセントが置かれやすいことはストレスアクセント言語でも言われている（Kenstowicz 1994）。以下では特殊モーラと母音の聞こえ度に着目し、ラテン語アクセント規則（33）にとって例外となるパターンについて、聞こえ度による一般化を試みる。そして、東京方言と長崎方言において音調と聞こえ度が密接な関係にあることを示す。

3.3.1 特殊モーラの聞こえ度と東京方言のアクセント

日本語の特殊モーラには長音/R/、撥音/N/、促音/Q/、二重母音後部要素/J/の4つがある。この4つはどれも1モーラであるが、音韻論的な機能はそれぞれ異なる。上野（1984a）によると、日本語の方言の中には特殊モーラがアクセントを持つ方言があり、方言によってどの特殊モーラがアクセントを持つことができるかが異なるという。しかし、その違いは個別方言で恣意的というわけではなく、含意的な関係があるという。上野（1984a）はそれらの分布をもとに（44）の自立性階層を提案した。

(44) 特殊モーラの自立性階層

  二重母音の後部要素＞長音＞撥音＞促音

この階層に基づくと、長音にアクセントが来ることができる方言では、二重母音の後部要素にアクセントが来ることができるのである。（44）の階層は（43）の聞こえ度の階層ともほぼ一致する。すなわち、二重母音の後部要素は狭母音、長音は母音、撥音は鼻音、促音は摩擦音、または破裂音（まれに流音）である。二重母音の後部要素と長音の関係は、長音となる母音に依存するので当てはまらないかもしれないが、これを除くと（44）の特殊モーラの自立性階層というのはほぼ（43）の聞こえ度の階層に対応していることが分かる。

日本語のアクセントと聞こえ度に関して、田中（1995、2008）は外来語や無意味語の分析を通して、一定の条件下で聞こえ度が高い音にアクセントが置かれやすいということを示している。たとえば、田中（2008）はNHK『日本語発音アクセント辞典』に掲載されている4モーラの外来語を抜き出し、分析している。それによると、語末がHL#という音節構造を持つ外来語では、次末音節の自立性が低くなるほどアクセントが後ろから3音節目に置かれやすくなる（ゆれが見られる）という。たとえば、次末音節に長音を含む場合はエリ˥ートやビニ˥ールのようにゆれが見られないが、これが撥音や促音になるとブラ˥ンコ～ブランコ、クリ˥ップ～ク˥リップのようにゆれが見られるようになる。この結果は長音を含む音節は撥音を含む音節に比べて重たい音節として機能していることを

意味する。

　田中（2008）の分析は、本書で行っている東京方言のアクセント調査でも再認できる。ここでは長音と撥音の関係に焦点を当てるため、HHLという音節構造を持つ外来語で、重音節に含まれる特殊モーラが長音、撥音のもののみを分析の対象すると、可能な組み合わせとしては長音＋長音、撥音＋長音、長音＋撥音、撥音＋撥音の4パターンということになる。

(45) 音節構造のパターン
　　a.　長音＋長音（例：アーケード）
　　b.　撥音＋長音（例：アンケート）
　　c.　長音＋撥音（例：アーモンド）
　　d.　撥音＋撥音（例：アンダンテ）

天野・近藤（1999）より、妥当性が4以上でありかつ、判定者が6名以上の5モーラ外来語を抽出し、さらに、その中からHHLという音節構造を持ち、かつ特殊モーラに長音か撥音を含むものだけを選び出した。なお、アクセントが平板式だったものについては分析から除外している。

　分析の結果、長音＋長音（R+R）、撥音＋長音（N+R）の組み合わせでは、次末音節にアクセントが置かれる場合が多く、長音＋撥音（R+N）、撥音＋撥音（N+N）の組み合わせでは、後ろから3音節目にアクセントが置かれる場合が多かった。結果をまとめたものを（46）に示す。

(46) 特殊モーラとアクセント（5モーラ）

	第1モーラ	第3モーラ	合計
R+R	1 (5.0%)	19 (95.0%)	20
N+R	3 (7.7%)	36 (92.3%)	39
R+N	14 (87.5%)	2 (12.5%)	16
N+N	12 (85.7%)	2 (14.3%)	14
合計	30 (33.7%)	59 (66.3%)	89

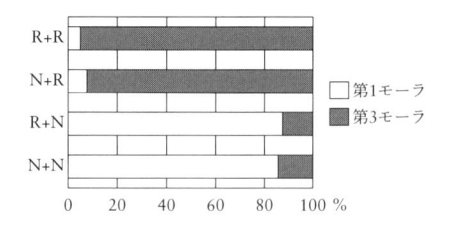

(47) a. 長音＋長音：ソーセ｢ージ、バーコ｢ード、キーワ｢ード、モーゲ｢ージ
b. 撥音＋長音：アンコ｢ール、カンタ｢ータ、ツング｢ース、ファンファ｢ーレ
c. 長音＋撥音：チャ｢ーミング、パ｢ーキング、モ｢ーニング、リ｢ーゼント
d. 撥音＋撥音：セ｢ンテンス、ナ｢ンセンス、ペ｢ンダント、フェ｢ンシング

それでは、この現象の原因は長音がアクセントを誘引しやすいことにあるのだろうか、それとも撥音がアクセントを忌避しやすいことにあるのだろうか。このことを考えるのに注目したいのは (47d) にある撥音＋撥音のパターンである。長音がアクセントを誘引しやすいならば、撥音＋撥音という構造で次末音節にアクセントを付与しない理由がないので (46) の第 3 モーラのパターンが多くなるはずである。しかし、この構造では第 1 モーラにアクセントがある例が多かった。これは次末音節の撥音がアクセントを避けるという一般化の方が、長音がアクセントを誘引しやすいという一般化よりも妥当であることを示している。

(48) 撥音とアクセントに関する一般化
　　　　HHL という音節構造で、次末音節が撥音ならば、第 1 音節にアクセントが置かれる。

この一般化により、HHL 構造のアクセントパターンを 91.0%（89 例中 81 例）説明できる。

3.3.2　特殊モーラの聞こえ度と長崎方言のトーン

東京方言における HHL 構造の振る舞いは、長崎方言における外

来語のトーンの分布を考える際にも重要なものになる。なぜなら、対応関係の規則性（10）を考えたとき、長崎方言においても東京方言と同じ規則性が観察されるならば、次末音節に撥音を含むHHL構造ではA型が優勢になるはずだからである。そこで、この構造に注目して集計を行った。ただし、語末に /Cingu/ を含む5モーラ外来語は東京方言において平板式になりやすいという調査結果（儀利古2010）があるため、この構造は除外した。

集計結果を（49）に示す。

(49) HHLにおける次末音節の特殊モーラとトーン

	高年層 A型	高年層 B型	中年層 A型	中年層 B型	若年層 A型	若年層 B型	合計 A型	合計 B型
次末=R	4 (21.1%)	15 (78.9%)	11 (19.3%)	46 (80.7%)	5 (33.3%)	10 (66.7%)	20 (22.0%)	71 (78.0%)
次末=N	10 (83.3%)	2 (16.7%)	31 (86.1%)	5 (13.9%)	3 (37.5%)	5 (62.5%)	44 (78.6%)	12 (21.4%)
合計	14 (45.2%)	17 (54.8%)	42 (45.2%)	51 (54.8%)	8 (34.8%)	15 (65.2%)	64 (43.5%)	83 (56.5%)

(50) a. コ[ン]サート、アンコール=、ファンファーレ=、ベンゾール=、メンソール=

b. ア[ー]モンド、パ[ー]キング、リ[ー]ゼント、ポ[ー]ランド、ドーピング=

中・高年層では予測どおりHHL構造では次末音節の特殊モーラが長音ならばB型が、撥音ならばA型が優勢になった。一方、若年層では特殊モーラの種類に関わらずB型が優勢になった。この結果は上記の予測とは一致しない。ただし、若年層はこの構造の調査語が15語しかなく、また、東京方言のアクセントとの一致度を見ると、若年層のパターンがこれと外れているということもない。これらのことから、若年層の結果は調査語彙の偏りに依るものだという可能性が強い。そのため、若年層に関する結論は保留しておく。いずれにせよ中・高年層話者の分布を見る限り、長崎方言のトーンも特殊モーラの聞こえ度による影響を受けていると言える。

3.4 語末音節の母音の聞こえ度と外来語のトーン

前節では特殊モーラの聞こえ度とアクセントの関係に注目して分析を行った。この節では語末母音の聞こえ度もアクセントに関与するかを検討する。

母音の聞こえ度は口の開きに依存し、広母音が最も開口度が高く、狭母音が最も開口度が低い。そのため、日本語では（51）のような階層を成していることになる。

(51) 日本語5母音の聞こえ度の階層

広母音 /a/ ＞ 中段母音 /e/, /o/ ＞ 狭母音 /i/, /u/

東京方言では、語末が軽音節連続で終わる場合に、語末母音がアクセントに関与することが指摘されている。

3.4.1 語末音節の母音の聞こえ度と東京方言のアクセント

田中（1995）によれば、HLLL、LLLLLの音節構造を有する外来語やカタカナ無意味語は、語末音節か後ろから3音節目の母音が /i/ か /u/ のとき、アクセントが⌐LLL となる傾向にあるという。

(52) a.　H⌐LLL：カー⌐ニバル、ホ⌐ッチキス、セ⌐ンシブル
　　　　HL⌐LL：ヨーグ⌐ルト、ユート⌐ピア、アップ⌐リケ
　　b.　LL⌐LLL：クリ⌐スタル、テク⌐ニカル、オリ⌐ジナル
　　　　LLL⌐LL：シンデ⌐レラ、オノマ⌐トペ、メダリ⌐スト

しかし、天野・近藤（1999）掲載の5モーラ外来語について、語末母音によってアクセントがどのように変わるのかを検討したところ、田中（1995）とは異なる結果が得られた。

まず、HLLL構造では、語末母音が /u/ もしくは /o/ のとき、アクセントは第1モーラに置かれるものが多かった。

(53) HLLL構造における語末母音とアクセント

	1 μ	3 μ	合計
u#	29 (69.0%)	13 (31.0%)	42
o#	12 (63.2%)	7 (36.8%)	19
他	2 (13.3%)	13 (86.7%)	15
合計	43 (56.6%)	33 (43.4%)	76

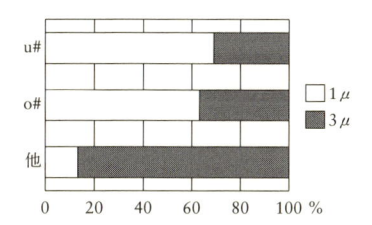

(54) a.　ホ⌐ッチキス、オ⌐ードブル、キュ⌐ービズム
　　 b.　ダ⌐イレクト、ア⌐ーティスト、ヨ⌐ーグルト
　　 c.　エンジ⌐ニア、コーデュ⌐ロイ、ユート⌐ピア

田中（1995）は語末音節か第2音節の母音が /i/ のときにも第1モーラにアクセントが付与される語が増えると述べているが、天野・近藤（1999）のデータベースでは1例も観察されなかった。

次に、LLLLL構造について分析したところ、語末母音が /u/、/o/ とそれ以外の間で大きな差は見られず、第3モーラにアクセントが付与される語が多かった。

(55) LLLLL構造における語末母音とアクセント

	1/2 μ	3 μ	合計
u#	27（26.5%）	75（73.5%）	102
o#	4（ 7.4%）	50（92.6%）	54
他	4（21.1%）	15（78.9%）	19
合計	35	140	175

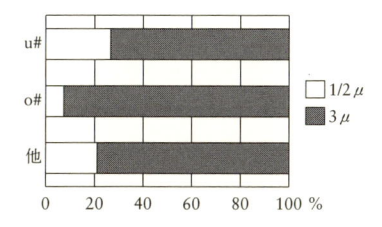

(56) a.　カ⌐リキュラム、コロ⌐シアム、ウラニ⌐ウム
　　 b.　オ⌐ブジェクト、プロ⌐ジェクト、セルロ⌐イド
　　 c.　オノマ⌐トペ、エキ⌐ストラ、パラノ⌐イア

それでは、LLLLL構造の場合には語末母音はアクセントに関与し

ないのだろうか。ここで（55）を改めて見直すと、第1・第2モーラにアクセントが付与されるのは、語末母音が /u/ であるときが圧倒的に多いことが分かる。つまり、語末母音の条件のほかにもアクセントに関与する条件があると考えられる。そこで、次末音節の母音に注目すると、次末母音が /a/ のときには第1・第2モーラにアクセントが付与される語が21/36語（58.3%）見られた。それでも半分近くの単語が第3モーラにアクセントを置くが、このパターンになる語を観察すると、語末が /guramu/ となっているものが5例見つかる。これを除外すると、約70%の外来語が第1・第2モーラにアクセントがあった*5。

(57) LLLLL$_{/u/}$ 構造における次末母音とアクセント

	1/2 μ	3 μ	合計
/a/	21 (67.7%)	10 (32.3%)	31
他	14 (10.1%)	125 (89.9%)	144
合計	35 (20.6%)	140 (79.4%)	170

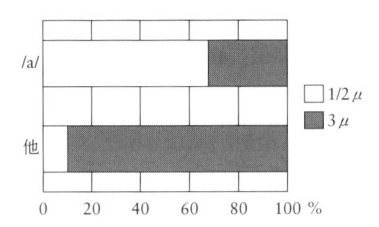

(58) a.　メカ⌐ニカル、クラ⌐シカル、カ⌐リキュラム
　　　b.　エレキ⌐テル、ヘレニ⌐ズム、グロテ⌐スク

以上の観察は（59）のようにまとめることができる。

(59) 語末母音とアクセントに関する一般化
　　　a.　HLLL 構造で語末音節の母音が /u/ か /o/ ならば、第1音節にアクセントが置かれる。
　　　b.　LLLLL 構造で語末が /aCu/ ならば、第1音節か第2音節にアクセントが置かれる。ただし、語末が /guramu/ のときを除く。

このように、語末がLLLのときに語末音節の母音が聞こえ度の低

72

い /u/ の場合、アクセントがラテン語アクセント規則によって置かれる音節よりも 1 つ前にずれる。(59) の 2 つの一般化は母音 /u/ が語末に来ると、アクセントがラテン語アクセント規則で付与される位置よりも 1 つ前の音節にずれるという点で共通している。狭母音は広母音に比べ母音の内在時間長が短く（国立国語研究所 1990）、/u/ は音声学的には「目立たない」母音であるといえる。そこで、語末に軽音節が連続するときに /u/ が不可視（invisible）もしくは韻律外的（extrametrical）になり、(60) のように音節化されていると解釈できる（cf. Kubozono 1996）。

(60) 音節化規則

　　　LL$_{/u/}$# → H$_{(/u/)}$#

そして、音節化規則 (60) の後にラテン語アクセント規則 (33) を適用することで、HLLL、LLLLL の分布についてより簡潔な形で記述できる。

(61) HLLL 構造と LLLLL 構造の派生（ピリオドで音節境界を表す）

基底形　　　/kaanibaru/　　/appurike/　　/kurisutaru/　　/sinderera/
音節化(60)　kaa.ni.bar(u)　──────　ku.ri.su.tar(u)　──────
ラテン(33)　kaˈa.ni.bar(u)　ap.puˈ.ri.ke　ku.riˈ.su.tar(u)　sin.deˈ.re.ra
音声形　　　kaˈa.ni.ba.ru　ap.puˈ.ri.ke　ku.riˈ.su.ta.ru　sin.deˈ.re.ra

ただし、このような分析を行ったとしても、なぜ HLLL においては /o/ も /u/ と同じ振る舞いをするのかについては説明はできず、今後の課題である。

3.4.2　語末音節の母音の聞こえ度とトーン

東京方言では語末音節の母音とアクセントに関して (59) の規則性が見られた。

(59) 語末母音とアクセントに関する一般化
　　a. HLLL 構造で語末音節の母音が /u/ か /o/ ならば、第 1 音節にアクセントが置かれる。
　　b. LLLLL 構造で語末が /aCu/ ならば、第 1 音節か第 2 音節にアクセントが置かれる。ただし、語末が /guramu/

のときを除く。

東京方言のアクセントと長崎方言のトーンの対応関係に見られる規則性（10）を考えると、長崎方言では（62）が成り立つはずである。

(10) 東京方言のアクセントと長崎方言のトーンの対応関係
  a. 東京方言で初頭2モーラにアクセントがあれば、長崎方言ではA型になる。
  b. 東京方言でそれ以外のアクセントパターンならば、長崎方言ではB型になる。

(62) a. HLLL構造で語末音節の母音が /u/ か /o/ ならば、A型になる。
  b. LLLLL構造で語末が /aCu/ ならば、A型になる。ただし、語末が /guramu/ のときを除く。

そこでHLLL構造、LLLLL構造におけるトーンの分布を見ると、(62)の一般化を支持する結果が得られた。ただし、/guramu/ が語末に来る場合については、調査語数が少なかったので分布がはっきりしなかった。(63)にHLLL構造についての結果を示す。

(63) HLLL構造における語末母音とトーン

	高年層		中年層		若年層		合計	
	A型	B型	A型	B型	A型	B型	A型	B型
語末= /o/,/u/	27 (90.0%)	3 (10.0%)	75 (81.5%)	17 (18.5%)	16 (66.7%)	8 (33.3%)	118 (80.8%)	28 (19.2%)
その他	0 (0.0%)	8 (100.0%)	1 (4.2%)	23 (95.8%)	2 (16.7%)	10 (83.3%)	3 (6.8%)	41 (93.2%)
合計	27 (71.1%)	11 (28.9%)	76 (65.5%)	40 (34.5%)	18 (50.0%)	18 (50.0%)	121 (63.7%)	69 (36.3%)

(64) a. カ[ー]ニバル、パ[ー]フェクト、ミュ[ー]ジカル
  b. シンデレラ=、ユートピア=、シャンデリア=

次に、LLLLL構造についての結果を（65）に示す。

(65) LLLLL構造における語末母音とトーン

	高年層 A型	高年層 B型	中年層 A型	中年層 B型	若年層 A型	若年層 B型	合計 A型	合計 B型
語末=/aCu/	18 (72.0%)	7 (28.0%)	65 (86.7%)	10 (13.3%)	15 (83.3%)	3 (16.7%)	98 (83.1%)	20 (16.9%)
その他	10 (27.0%)	27 (73.0%)	29 (26.1%)	82 (73.9%)	9 (30.0%)	21 (70.0%)	48 (27.0%)	130 (73.0%)
合計	28 (45.2%)	34 (54.8%)	94 (50.5%)	92 (49.5%)	24 (50.0%)	24 (50.0%)	146 (49.3%)	150 (50.7%)

(66) a. ス[タ]ジアム、ト[ロ]ピカル、フェ[ス]ティバル
　　　b. シノプシス=、テロリズム=、ポリネシア=

このように、長崎方言においても、HLLL構造、LLLLL構造の外来語において、語末母音が音調のパターンに影響を及ぼすことが明らかになった。

3.5　次末音節の母音の聞こえ度と外来語のトーン

3.5.1　次末音節の母音の聞こえ度と東京方言のアクセント

3.4節では語末母音に焦点を当てたが、次末音節の母音の聞こえ度がアクセントに影響する場合もある。LLLH構造では、次末音節の母音によってアクセントが異なる。

(67) LLLH構造における次末音節の母音とアクセント

	初頭2モーラ	第3モーラ	合計
/a/	6 (37.5%)	10 (62.5%)	16
/e/	6 (31.6%)	13 (68.4%)	19
/i/	18 (64.3%)	10 (35.7%)	28
/o/	23 (69.7%)	10 (30.3%)	33
/u/	39 (81.3%)	9 (18.8%)	48
合計	92 (63.9%)	52 (36.1%)	144

第3章　外来語の音調現象とアクセント規則

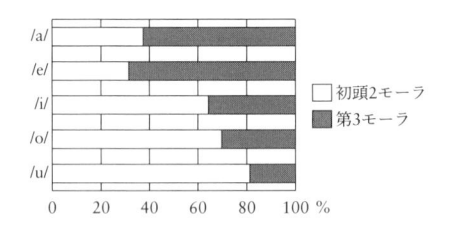

(68) a. バ￢タフライ、ボ￢ブスレー、ロカ￢ビリー、ペナ￢ルティー、コレ￢クション
    b. テクニ￢シャン、パルチ￢ザン、シクラ￢メン、カメレ￢オン、パルテ￢ノン

次末音節が /a/、/e/ のいずれかの場合、ラテン語アクセント規則に反してアクセントが第3モーラに置かれる。この観察から（69）のように一般化できる。

(69) 次末音節の母音とアクセントに関する一般化
　　　LLLH 構造において次末音節の母音が /i/、/o/、/u/ ならば、1つ前の音節にアクセントが置かれる。

/u/ や /i/ がアクセントを引き付けにくいのは、聞こえ度から説明できるが、/o/ がアクセントを引き付けにくい理由については不明である。

3.5.2　次末音節の母音の聞こえ度とトーン

東京方言では LLLH 構造において、次末音節の母音によってアクセントに違いが見られた。東京方言のアクセントと長崎方言のトーンの対応関係に見られる規則性（10）を考えると、長崎方言では（70）が成り立つはずである。

(70) 次末音節の母音と長崎方言のトーンに関する一般化
　　　LLLH 構造において次末音節の母音が /i/、/o/、/u/ ならば A 型になる。

そこで、LLLH 構造におけるトーンの分布を（71）に示す。

(71) LLLH 構造における次末音節の母音とトーン

	高年層		中年層		若年層		合計	
	A型	B型	A型	B型	A型	B型	A型	B型
/i, o, u/	6 (85.7%)	1 (14.3%)	156 (67.0%)	77 (33.0%)	30 (90.9%)	3 (9.1%)	192 (70.3%)	81 (29.7%)
/a, e/	1 (12.5%)	7 (87.5%)	34 (39.1%)	53 (60.9%)	7 (30.4%)	16 (69.6%)	42 (35.6%)	76 (64.4%)
合計	7 (46.7%)	8 (53.3%)	190 (59.4%)	130 (40.6%)	37 (66.1%)	19 (33.9%)	234 (59.8%)	157 (40.2%)

(72) a. ハ[ム]スター、ボ[ヘ]ミアン、ロ[カ]ビリー、イ[レ]ギュラー、コ[レ]クション、モノポリー=、カメレオン=、パルテノン=

b. ネ[ク]タリン、ヒステリー=、タガヤサン=、スパゲティー=

表から明らかなように、いずれの世代でも次末音節の母音が /i、o、u/ ならば A 型、/a、e/ ならば B 型が優勢になっている。このことから、次末音節の母音もトーンに影響すると言える。

3.6 まとめ

3節では東京方言の外来語アクセントについて、これまで提案されている規則や一般化を再検討し、同じ規則性が長崎方言の外来語トーンにおいても見られるかを検討した。その結果、東京方言と長崎方言は、語音調に関して（10）の対応関係が成り立つことを確認した。

(10) 東京方言のアクセントと長崎方言のトーンの対応関係

a. 東京方言で初頭2モーラにアクセントがあれば、長崎方言ではA型になる。

b. 東京方言でそれ以外のアクセントパターンならば、長崎方言ではB型になる。

そして、長崎方言の外来語トーンの分布から、ラテン語アクセント規則（33）に従うものが多いことを明らかにした。

(33) ラテン語アクセント規則

次末音節が重音節ならばそこに、軽音節ならばもう1

つ前の音節にアクセントを付与せよ。
さらに、この対応関係の下では、聞こえ度と音調についても同じ規則性が見られることを明らかにした。以下にそれらを挙げる*6。

(48) 撥音とアクセントに関する一般化
　　HHL という音節構造で、次末音節が撥音ならば、第1音節にアクセントが置かれる。
(59) 語末母音とアクセントに関する一般化
　　a. HLLL 構造で語末音節の母音が /u/ か /o/ ならば、第1音節にアクセントが置かれる。
　　b. LLLL 構造で語末が /aCu/ ならば、第1音節か第2音節にアクセントが置かれる。
(69) 次末音節の母音とアクセントに関する一般化
　　LLLH 構造において次末音節の母音が /i, o, u/ ならば1つ前の音節にアクセントが置かれる。

次節では、以上の一般化を説明するための基底形と規則を提案し、長崎方言の外来語トーンの音韻過程を記述する。

4. 規則による記述

3節では東京方言と長崎方言の語音調が同じ規則性を持つことを示した。体系の異なる方言間で同じ規則性が見られるということは、同じ規則によって記述できる部分がある可能性が高い。そこで、本節では長崎方言のトーンに関して、東京方言と同じ規則によってアクセントが付与され、その後にトーンメロディーが付与される規則が適用されるという過程によって、外来語トーンの規則性を記述する。

4.1　外来語トーンの基底形

第2章では、長崎方言のトーンの音声表示として (73) を提案した。

(73) 長崎方言のトーンの音声表示

　　A型の音声表示［μμμμ］　B型の音声表示：［μμμμ］
　　　　　　　　　｜｜　　｜　　　　　　　　　　｜｜
　　　　　　　　　L H*　 L-　　　　　　　　　　 L H

このうち、LトーンはA型、B型の両方にあることから、語レベルではなく、句レベルに指定されたトーンメロディーだと考えられる。
　東京方言では、アクセントを持つか持たないか、持つならばどの音節が持つかという位置に関する対立がある。そのため、東京方言では位置の対立が基底形にもあるとされてきた*7。

(74) 東京方言のアクセントの基底形

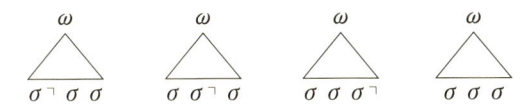

それに対して、長崎方言におけるトーンは、H*+L-メロディーかHメロディーかというメロディーの種類のみが対立している。そのため、基底形においてメロディーが結合される位置に言及する必要はない。このことから、長崎方言のトーンの基底形は（75）のように語にメロディーが結合されていると考えられる。

(75) 長崎方言のトーンの基底形

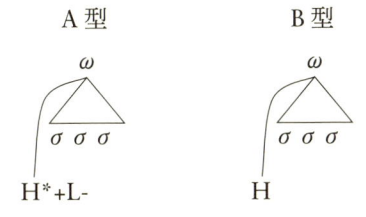

　　　A型　　　　　B型

　　H*+L-　　　　 H

このような基底形の場合、たとえば（76）、（77）、（78）のような規則によって、語に結合されているH*+L-メロディーを第2モーラに結合することで、この基底形から音声表示を導くことができる。

(76) H*+L-メロディー結合規則（暫定版）
　　　第2モーラにH*を、最終モーラにL-を結合せよ。ただし、

第3章　外来語の音調現象とアクセント規則　　79

　　　　全体が2モーラならばH*は第1モーラに結合せよ。
(77) Hメロディー結合規則
　　　　Hメロディーを第2モーラに結合せよ。
(78) Lメロディー結合規則
　　　　第1モーラに何も結合されていなければ、第1モーラにLを結合せよ。

　それでは外来語は基底形でどのような表示が適当だろうか。多くの外来語はA型とB型の対立を持たないはずである。ということは、どちらかが基底形である可能性が高い。語数が多い方を基底形にするという考え方も可能ではあるが、長崎方言の今回の調査結果では、A型とB型の語数はほぼ同じなので、この方法でもはっきりと決めることはできない。ここで、他方言における外来語音調から考えてみたい。1節において指摘したように、日本語の多くの方言において、外来語は下降調（有アクセント）で発音される傾向にある。また、これまで見てきたように、長崎方言においてA型は下降調、B型は非下降調である。もしB型を基底形だとすると、長崎方言は外来語において非下降調を基本とするということになり、他方言における傾向と合わないことになる。一方、A型を基底形だとすると、他方言において見られる傾向と合致する。つまり、長崎方言において、外来語は他の方言と同じく下降調を基本とするが、初頭2モーラにアクセントがなければ下降調としては実現できず、音韻体系として許されるもう1つのトーンであるHメロディーで実現するということになると説明できる。そこで、本書では外来語はA型の基底形を持っていると考える。以下では、この基底形からA型、B型の音声表示を導くのに必要な規則を提案する。

4.2　外来語トーンの規則と派生

　2節の結果は、長崎方言の外来語トーンが東京方言のアクセントを直接参照して決まるのではなく、長崎方言と東京方言が同じ外来語アクセント規則によって音調のパターンが決まる部分があることを示している。ただし、長崎方言は下降が実現できる位置に制限があるため、東京方言で第3モーラ以降にアクセントがある語では下

降は実現しない。そうすると、長崎方言では（79）のように第3モーラ以降のアクセントが実現しないとすることで、両方言の違いを記述できるように思えるかもしれない。

(79) アクセント削除規則

第3モーラ以降のアクセントを削除せよ。

そのためにはA型のH*+L-メロディー結合規則を（80）のようにし、残ったH*+L-メロディーをHメロディーに変換する規則（81）を仮定する必要がある。

(80) H*+L-メロディー結合規則（改訂版）

アクセントにH*を、最終モーラにL-を結合せよ。ただし、全体が2モーラならばH*は第1モーラに結合せよ。

(81) トーン変換規則

どのモーラにも結合されていないH*+L-メロディーをHメロディーにせよ。

しかし、東京方言では、アクセントが第1モーラに付与されたら第1モーラから第2モーラにかけて下降が見られるのに対して、長崎方言では2モーラ語を除いて第1モーラで下降は見られない。すなわち、長崎方言では、東京方言と異なりアクセントがそのままの形では実現しないのである。そのため、（79）では（82）のようになってしまい、両方言の違いを適切に記述できないのである。

第3章 外来語の音調現象とアクセント規則

(82)(79)による派生（語に結合されているH*+L-メロディーを語の左に下付きで示す）

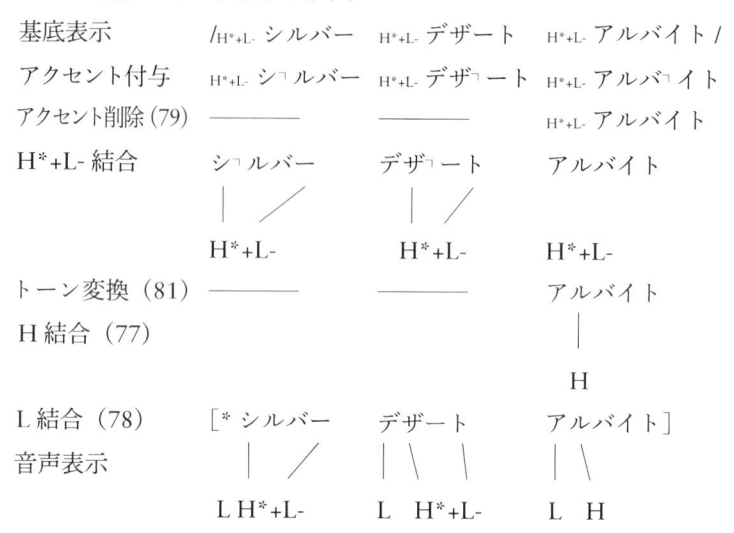

```
基底表示        /H*+L-シルバー    H*+L-デザート    H*+L-アルバイト/
アクセント付与   H*+L-シ⌐ルバー    H*+L-デザ⌐ート    H*+L-アルバ⌐イト
アクセント削除(79) ─────          ─────          H*+L-アルバイト
H*+L-結合      シルバー          デザート          アルバイト
               |  /              |  /              |
               H*+L-             H*+L-             H*+L-
トーン変換(81)  ─────            ─────            アルバイト
                                                   |
                                                   H
L結合(78)      [* シルバー        デザート          アルバイト]
音声表示        |  /              | \  \            | \
               L H*+L-           L  H*+L-          L  H
```

　この問題を解決するには、(80)をさらに改訂して、長崎方言では初頭2モーラ間でのアクセントの対立を中和させなければならない。そこで(83)の規則に改める。

(83) H*+L-メロディー結合規則（再改訂版）
　　　初頭2モーラにアクセントがあれば、第2モーラにH*を、最終モーラにL-を結合せよ。ただし、全体が2モーラならば第1モーラにH*を結合せよ。

アクセント付与規則の後に(83)の規則を適用すれば、適切な音声表示が得られる。

(84)

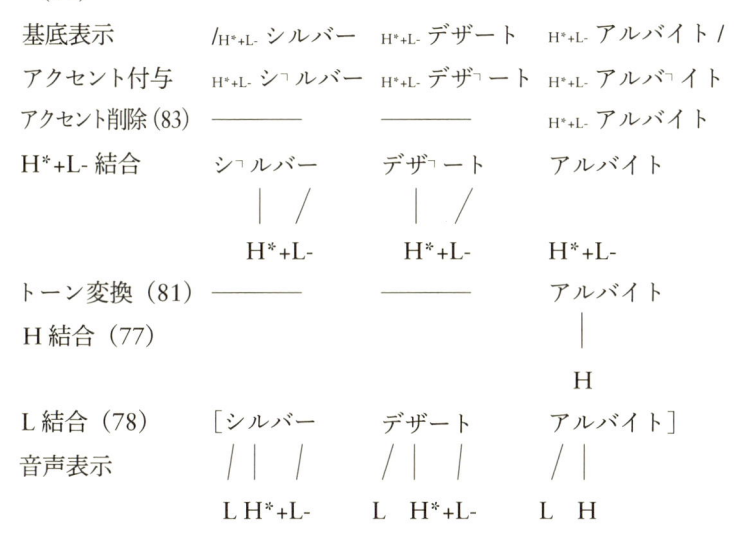

基底表示	/H*+L- シルバー	H*+L- デザート	H*+L- アルバイト /
アクセント付与	H*+L- シ⌐ルバー	H*+L- デザ⌐ート	H*+L- アルバ⌐イト
アクセント削除 (83)	────		H*+L- アルバイト
H*+L- 結合	シ⌐ルバー │ ／ H*+L-	デザ⌐ート │ ／ H*+L-	アルバイト ／ H*+L-
トーン変換 (81)	────	────	アルバイト │ H
H 結合 (77)			
L 結合 (78) 音声表示	[シルバー ／│ │ L H*+L-	デザート ／│ │ L H*+L-	アルバイト] ／│ L H

このように、アクセントを付与したのちに、そのアクセントの位置を参照する形でトーンメロディーを結合する規則を仮定することによって、長崎方言の外来語トーンの規則性を記述することができることを示した。

5. 外来語におけるトーンの分布と音韻規則　まとめ

本章では、長崎方言における外来語のトーンの分布を観察し、先行研究と同じく、短ければA型、長ければB型になる傾向が見られることを確認した。また、長崎方言と東京方言の外来語トーンに関して、森の一般化 (10) が世代を問わず見られることを示した。

(10) 東京方言のアクセントと長崎方言のトーンの対応関係
  a. 東京方言で初頭2モーラにアクセントがあれば、長崎方言ではA型になる。
  b. 東京方言でそれ以外のアクセントパターンならば、長崎方言ではB型になる。

次に、長崎方言は音韻構造によるトーンの分布に関して東京方言と同じ規則性が見られることを示した。この結果より、東京方言と

長崎方言が部分的に同じ規則によって派生されること主張した。そして、長崎方言の外来語は最終的に現れる型に関係なく、基底形はA型と同じ、すなわちH*+L-メロディーが結合されていると仮定し、以下の規則によってA型とB型の違いが現れると分析した。

(83) H*+L-メロディー結合規則（再改訂版）

初頭2モーラにアクセントがあれば、第2モーラにH*を、最終モーラにL-を結合せよ。ただし、全体が2モーラならば第1モーラにH*を結合せよ。

(81) トーン変換規則

どのモーラにも結合されていないH*+L-メロディーをHメロディーにせよ。

(77) Hメロディー結合規則

Hメロディーを第2モーラに結合せよ。

(78) Lメロディー結合規則

第1モーラに何も結合されていなければ、第1モーラにLを結合せよ。

それでは、上の規則は外来語特有のものだろうか。第4章、第5章において、複合語、二字漢語、アルファベット関連語彙、人名などの分析においても上の規則を用いた分析が可能であることを示す。

---

*1　田中（2008）の言語資料は、和語、外来語については『日本語発音アクセント辞典』(1985年版)、漢語については小川晋史氏の2004年の研究会配布資料に基づいており、その資料は杉藤（1996）より作成している。なお、漢語における分布と分析に関しては小川（2010）が公刊されているので、そちらを参照されたい。また、4モーラ和語の資料は全て軽音節で、2モーラ＋2モーラの形態構造からなるものに限られているという点で和語の語彙の全体像を反映したものとは必ずしも言えない点に注意する必要がある。

*2　(8)と合計が異なるのは、「プレミアム」という語の東京方言のアクセントにゆれが見られ、数に入れなかったためである。

*3　Kubozono (1996) は語末が挿入母音の /u/ のときは平板式になりにくいとしていたのに対して、Kubozono (2001, 2006) では語末が挿入母音の /u/ か /o/ のときに平板式になりにくいとしている。なお、挿入母音の /i/ に関しては

Kubozono（1996）で統計結果を示している。

*4　「東京方言における具体的な音声を直接の入力にしている」という表現について誤解を生む可能性があるので補足しておくと、これは若年層話者が外来語を使うときに常に東京方言の音声にアクセスしているという意味ではなく、東京方言の具体的な音声（ピッチ）がレキシコンへの登録において入力となっているという意味である。

*5　アクセントが第1モーラと第2モーラのどちらに置かれるかについては長崎方言の議論とは関係しないので詳細は割愛するが、第2モーラの母音が /u/ か /i/ の時は第1モーラにアクセントが置かれる傾向（7/10例）が見られた。

*6　本章の議論では、なぜ限られた環境で聞こえ度がアクセントの分布に影響を及ぼすかについて考察していない。この点について考えられることの1つに疑似複合構造（pseudo-compound）による分析がある。佐藤（1989、2002）は外来語において語末に見られる一定の音連鎖が特定のアクセント型と結びつくことを指摘し、それを外来語形態とし、複合語として分析することでアクセントの説明力が上がると主張している。たとえば /-CiN/ や /-CiNgu/（儀利古 2010、2011）や 3.2.6 節で取りあげた /-guramu/ がこの一部に相当する。本章で行った外来語の調査が限られた数であることからこの分析を採用しないが、今後標準語も含め検討する必要があるだろう。

*7　統計的観点から、東京方言において語末から3モーラ目に結合されているアクセントは基底形にはなく、派生されるという意見もあるが（窪薗2006）、ここでの議論には直接関係しないので（74）の形にしておく。

第4章
複合語の音調現象と境界アクセント

　本章では長崎方言における複合語のトーンがどのようにして決まるかを論じる。複合語音調は日本語の語音調研究の中で最も多く研究がなされてきている分野の1つである。たとえば、上野（1997）は諸方言の複合語音調がどのようにして決まるかについてまとめており、そこでは複合語を構成する要素の長さ（モーラ数）や語彙的な音調のパターン（アクセントの位置、トーンの型）の指定、母音の配列などが複合語音調の決定に影響するということが指摘されている。

　本章では、長崎方言における複合語のトーンが前部要素のモーラ数と前部要素のトーンの型の2つによって決まることを示す。そして、複合語トーンについても外来語と同様に、アクセント言語で仮定されている複合語アクセント規則を用いることによって、その規則性を記述できることを示す。

1. 例外的複合語トーンに関する2つの仮説

1.1 平山の法則と例外的複合語トーン

　第1章でも論じたとおり、長崎方言は二型音調体系を持つ方言である。同じく二型音調体系を持つ方言である鹿児島方言の複合語トーンについては、平山（1951）や木部（2000）などによる詳細な研究がある。以下では、長崎方言の複合語トーンの議論に先立って、鹿児島方言の複合語トーンについて概観し、典型的な二型音調方言における複合語トーンの規則性がどのようなものかを紹介する。そして、長崎方言においては複合語トーンのパターンが鹿児島方言のものと異なっていることを示す。

　平山（1951）、木部（2000）によれば、鹿児島方言では、前部

要素がA型ならば、複合語全体もA型になり、前部要素がB型であるならば、複合語全体もB型になるという規則性が観察されるという。

(1) a. A型 + A型 → A型：[ハ]ー + サ[ク]ラ → ハザ[ク]ラ
    b. A型 + B型 → A型：[イ]シ + ホト[ケ → イシボ[ト]ケ
    c. B型 + A型 → B型：ヤ[マ + サ[ク]ラ → ヤマザク[ラ
    d. B型 + B型 → B型：イ[ロ + シ[ロ → イロジ[ロ

この規則性は複合語だけでなく、二字漢語、姓名、地名などにも見られる強力なものである。本書ではこの規則性を平山の法則（2）と呼ぶ。

(2) 平山の法則

　　　　前部要素のトーンが複合語全体のトーンになる。

平山（1951）は長崎方言においても複合語トーンは前部要素の型を引き継ぐと述べている。たしかに、(3) のような例を見る限りにおいては、前部要素がA型の場合には複合語全体もA型になり、前部要素がB型の場合には複合語全体もB型になるため、長崎方言でも平山の法則に従っているように見える。

(3) 長崎方言の複合語トーン
    a. A型 + A型 → A型：[ハ]ナ + [ミ]ズ → ハ[ナ]ミズ
    b. A型 + B型 → A型：[ミ]チ + クサ= → ミ[チ]クサ
    c. B型 + A型 → B型：イロ= + [カ]ミ → イロガミ=
    d. B型 + B型 → B型：オヤ= + ユビ= → オヤユビ=

(坂口 2001 より)

しかし、長崎方言の場合には、この法則にとって例外となる複合語が存在することが指摘されている（平山1951、坂口2001、松浦2005）。以下、平山の法則に従った型のトーンで実現する複合語を規則的複合語、従わない型のトーンで実現する複合語を例外的複合語と呼ぶ。

(4) 例外的複合語のトーン
    a. A型 + A型 → B型：ワ[タ]リ + ロ[ー]カ → ワタリローカ= (*ワ[タ]リローカ)
    b. A型 + B型 → B型：イ[ナ]カ + モノ= → イナカモノ=

　　　　（＊イ[ナ]カモノ）

（坂口 2001 より）

これは単なる語彙的な例外に思えるかもしれないが、長崎方言において見られる例外的複合語のトーンは、いずれもA型が期待されるところでB型が現れるというものであり、逆は基本的にない[*1]。すなわち、例外的とは言うものの、そこには明らかな規則性が存在するのである。

(5) 例外的複合語トーンとして見られるパターン
　　　A型 + A型 → B型
　　　A型 + B型 → B型

それでは、例外的複合語トーンにはトーンの型以外にどのような規則性があるのだろうか。次節では、例外的複合語の生起条件について述べた研究として坂口（2001）と松浦（2005）を取り上げ、それぞれの問題点を指摘する。

1.2　全体仮説

坂口（2001）は例外的複合語について、全体が長い複合語の場合に見られると述べている。これは、複合語全体の長さが複合語のトーンを決定していると言い換えることができる。以下、この仮説を「全体仮説」と呼ぶ。

(6) 全体仮説
　　　　　複合語全体が長いと例外的複合語トーンになる。

ただし、坂口（2001）は例外的複合語になる長さについては何も述べておらず、そのままでは検証できる形になっていない。

1.3　前部要素仮説

松浦（2005）は4・5モーラの複合語の分析を行い、例外的複合語が見られるのは前部要素が長い場合であることを指摘している。

(7) 2モーラ + 2モーラ（規則的複合語トーン）
　　 a.　[ジ]チ + [カ]イ → ジ[チ]カイ ＝（A型 + A型 → A型）
　　 b.　[ト]リ + コヤ＝ → ト[リ]ゴヤ＝（A型 + B型 → A型）

(8) 3モーラ + 2モーラ（例外的複合語トーン）

第4章　複合語の音調現象と境界アクセント　　89

a. シャ[カ]イ＋[シュ]ギ→シャカイシュギ＝（*シャ[カ]イシュギ）（A型＋A型→B型）
b. ワ[ラ]イ＋コエ＝→ワライゴエ＝（*ワ[ラ]イゴエ）（A型＋B型→B型）

この観察をもとに、松浦（2005）は、例外的複合語は前部要素が3モーラ以上のときに現れると主張している。これを「前部要素仮説」と呼ぶ。

(9) 前部要素仮説
    a. 前部要素が長いと例外的複合語トーンになる。
    b. 長さの境界は2モーラと3モーラの間にある。

しかし、坂口（2001）も、松浦（2005）も、データが断片的に示されているのみで、数量的な検証はなされていない。すなわち、どのくらいの数の複合語が例外的複合語になるのかは分かっていないのである。そこで、この2つの仮説を検証するための実験調査を行った。2節では、調査概要と結果を報告し、それに基づいて2つの仮説の妥当性を検討していく。

2. 複合語のトーンを決める要因

2.1 話者

話者は中年層3名（MM-03、MF-06、MF-07）、高年層1名（OF-05）である。それぞれの生年と初回調査時の年齢を（10）に示す。

(10) a. 高年層：OF-05（1929年生、78歳）
    b. 中年層：MM-03（1945年生、62歳）、MF-06（1947年生、59歳）、MF-07（1953年生、53歳）

調査は2007年4月に行われた。

2.2 調査語彙

複合語における音韻規則を明らかにするためには、複合語と思われる語彙そのものが辞書に登録されておらず、語レベルの音韻規則が適用されている必要がある。しかし、実際のところ、複合語と思

われる語彙の中には、単純語か複合語か、曖昧なものがある。ここでは複合語に見られる音韻現象として連濁と複合語アクセントに着目してこのことを説明する。

連濁とは単独で発音したときに無声音だったものが複合語の後部要素になったときに有声音で実現する交替現象である。たとえば、「車（くるま）」という単語の場合、初頭音節の子音は無声音であるが、「肩（かた）」という語が前についた形では「肩車（かた**ぐ**るま）」と有声音になる。いくつかの例を（11）に挙げる。

(11) /t~d/：玉（**た**ま）―くす玉（くす**だ**ま）、爪（**つ**め）―巻き爪（まき**づ**め）、狸（**た**ぬき）―子狸（こ**だ**ぬき）

/k~g/：車（**く**るま）―肩車（かた**ぐ**るま）、狐（**き**つね）―野狐（の**ぎ**つね）、亀（**か**め）―子亀（こ**が**め）

/s~z/：汁（**し**る）―豚汁（ぶた**じ**る）、好き（**す**き）―動物好き（どうぶつ**ず**き）、鮫（**さ**め）―子鮫（こ**ざ**め）

それでは、この交替現象は規則によるものだろうか。

多くの研究は連濁を規則、ないしは制約によるものとしているが、交替が語彙的なものであるという可能性もある。すなわち、「車」は /kuruma/、「肩車」は /kataguruma/ という形で心的辞書に登録されているのである。しかし、「うなぎ車」というおおよそ辞書に登録されていないと思われる臨時語の場合でも「うなぎぐるま」というように交替が見られることから、この現象が規則によるものであると言える*2。

複合語はアクセントの面でも規則的な振る舞いを示す。東京方言の複合語は後部要素の長さ、アクセントの指定によって決まる（McCawley 1968, Kubozono 1996, Tanaka 2003）。たとえば、後部要素が1モーラの語の場合、複合語のアクセントは語境界の直前の音節に置かれる（12a）か平板式になる（12b）。

(12) a. シ⁰：ソウサク⌐＋シ（創作詩）、ソッキョ⌐ウ＋シ（即興詩）

ユ⌐：ユズ⌐＋ユ（ゆず湯）、ショウガ⌐＋ユ（生姜湯）

b. ケ⁰：アカ＋ゲ⁰（赤毛）、アソビ＋ゲ⁰（遊び毛）

テ⌐：カセギ＋テ⁰（稼ぎ手）、ニナイ＋テ⁰（担い手）

ここで、複合語か単純語か曖昧な例として「眉毛」という語を取り上げる。後部要素の「毛」は単独では「け」と初頭子音が無声音であるが、「眉毛」は「まゆげ」というように連濁が起こっていることから、複合語であると考えられるかもしれない。しかし、アクセントの振る舞いを見ると「ま｢ゆげ」となり、(12b)で見られた規則性は見られない。このことから、「眉毛」は /ma｢yuge/ という形で心的辞書に登録されており、複合語アクセント規則は適用されていないと考えられる。

　このように、複合語と思われる語彙の中にも、音韻論的には単純語であるものが存在するのである。この問題点を回避するため、調査語彙には「ドイツ語」や「ビデオ機器」といった既知と思われる語彙の他に、「風虫」や「梅干パイ」といった話者にとってなじみの無いと思われる語彙も混ぜている*3。

　また、調査は例外的複合語がどのような環境で見られるかを明らかにすることを目的としているため、前部要素にはA型で発音すると思われる語を多く含めている。前部要素となる単語は1モーラから6モーラまで用意した。そして、作られた複合語は4モーラから11モーラまでとなっている。前部要素、複合語の長さと語数を(13)と(14)にそれぞれ示す。

(13) 前部要素の長さと語数

モーラ数	2モーラ以下	3モーラ	4モーラ	5モーラ以上	合計
語数	38	34	15	13	100

(14) 複合語の長さと語数

モーラ数	4モーラ以下	5モーラ	6モーラ	7モーラ以上	合計
語数	14	22	34	30	100

2つの仮説を検証できるようにするために、調査語彙は前部要素と複合語全体それぞれ長さにバリエーションを持たせた。調査語彙の一部を(15)に示す(全ての調査語彙については付録3を参照)。

(15) a.　前部要素が2モーラ以下
　　　　ハ＋ザクラ、カキ＋パイ、サラ＋マワシ、アカ＋エン

　　　　ピツ、イセ＋モノガタリ
　　b.　前部要素が3モーラ以上
　　　　ギター＋ブ（部）、タマゴ＋プリン、アメリカ＋ジン、
　　　　イソップ＋モノガタリ

こうして作成された複合語100語、および前部要素となる単語100語を4名の話者が発音したものを記録した結果、複合語について400個、前部要素となる単語について400個のトークンが集まった。そのうち、前部要素となる単語は342個がA型で実現していた。以下ではこれら342個のトークンを分析対象とする。

2.3　予測

坂口（2001）による全体仮説が正しいならば、(16)に示すように、例外的複合語は全体が長ければ、前部要素の長さと関係なく現れることが予測される。

(16) 全体仮説の予測

	前部要素が短い	前部要素が長い
全体が短い	規則的	規則的
全体が長い	**例外的**	**例外的**

一方、松浦（2005）による前部要素仮説が正しいならば、(17)に示すように、例外的複合語は前部要素が長ければ、全体の長さと関係なく現れることが予測される。

(17) 前部要素仮説の予測

	前部要素が短い	前部要素が長い
全体が短い	規則的	**例外的**
全体が長い	規則的	**例外的**

2.4　調査結果と仮説の評価

以下では、調査結果をもとに2つの仮説の妥当性を論じる。

2.4.1　全体仮説の評価

まず、全体仮説について検討するべく、(18)に全体の長さごとの語数と割合を示す。

(18) 全体の長さごとの集計結果

モーラ数	4モーラ	5モーラ	6モーラ	7モーラ以上
規則的	22（46.4%）	38（45.2%）	54（50.5%）	11（10.7%）
例外的	30（53.6%）	46（54.8%）	49（49.5%）	92（89.3%）

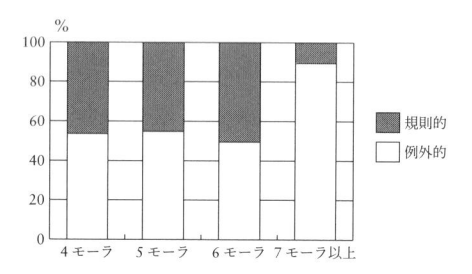

4モーラから6モーラまでの場合、規則的複合語と例外的複合語がほぼ半数ずつになっている。一方、7モーラになると約90%が例外的複合語になっている。この結果から、4モーラから6モーラまでの場合、規則的複合語と例外的複合語でどちらが多いとも言えないが、7モーラになると例外的複合語が多くなると結論付けられる。

全体仮説のもとでは、全体の長さが複合語トーンのパターンに影響することが予測された。しかし、仮に6モーラと7モーラの間に長さの境界があると仮定し、6モーラ以下ならば規則的複合語に、7モーラ以上ならば例外的複合語になると分析した場合でも、6モーラ以下で例外的複合語になる語（125語、52.3%）については例外として残ることになる。したがって、全体仮説は長崎方言の複合語の説明としては妥当なものではないと結論付けられる。

2.4.2　前部要素仮説の評価

次に、前部要素仮説の妥当性を検討するべく、(19)に前部要素の長さごとの語数と割合を示す。

(19) 前部要素の長さごとの調査結果*4

モーラ数	2モーラ以下	3モーラ	4モーラ	5モーラ以上

| 規則的 | 124 (89.2%) | 1 (0.9%) | 0 (0.0%) | 0 (0.0%) |
| 例外的 | 15 (10.8%) | 110 (99.1%) | 51 (100.0%) | 41 (100.0%) |

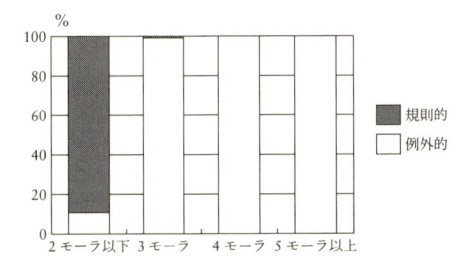

前部要素の長さごとにまとめた場合、前部要素が2モーラ以下ならば約90%が規則的複合語であるのに対して3モーラ以上の場合は1例を除いて例外的複合語になった。すなわち、前部要素が2モーラ以下の場合には規則的複合語が多くなり、3モーラ以上の場合には例外的複合語が多くなるということができる。以上のことから、前部要素仮説は長崎方言の複合語トーンのパターンを説明するものとして妥当であると結論付けられる。2モーラ以下で例外的複合語になる15個のトークン（10.8%）については例外として残るが、4.2節でこれらの説明を試みる。

2.5 まとめ

本節では、長崎方言の複合語トーンを説明する仮説として全体仮説（坂口2001）と前部要素仮説（松浦2005）の2つを取り上げ、どちらの仮説が妥当かを検討するための聞き取り調査を行った。その結果、全体の長さとは関係なく、前部要素が3モーラ以上の場合に例外的複合語になると考える方が、より多くのデータを説明できることが明らかになった。

3. 規則による記述

3.1 例外的複合語における3つの問題点

本節では2節で示した複合語トーンの規則性を記述するために必

要な基底形と規則について検討する。2 節の結果をまとめると、複合語は前部要素が 3 モーラ以上になると、B 型で実現するということになる。この一般化によって 3 つの点で疑問が生じる。まず、例外的複合語はなぜ後部要素や全体の長さは複合語のトーンに影響せず、前部要素の長さは影響するのだろうか。そして、なぜ長さの境界は 2 モーラと 3 モーラの間にあるのだろうか。また、なぜ例外的複合語に見られるトーンのパターンは B 型なのだろうか。

(20) 複合語における 3 つの疑問
  a. 要素の問題：なぜ後部要素や全体ではなく前部要素の長さが影響するのか。
  b. 長さの問題：なぜ長さの境界は 2 モーラと 3 モーラの間にあるのか。
  c. 型の問題：なぜ例外的複合語は A 型ではなく B 型になるのか。

この 3 つの疑問は、なぜ長くなると B 型が増えるのかという外来語における疑問と似ている。外来語も短いと A 型、長いと B 型になるというように長さと型の面で非対称性があった。そして、この疑問は外来語と同じく、長崎方言にも東京方言と同様のアクセント規則が存在すると考えることによって解決できる。

3.2 複合語と外来語のトーン

第 3 章で提案した規則の体系では、長崎方言の外来語トーンは、まず東京方言と同じ外来語アクセント規則が適用され、その後、H*+L-メロディーを結合する段階でアクセントの位置を参照する制約にしたがって A 型で実現するか B 型で実現するかが決まるというものであった。

(21) H*+L-メロディー結合規則（再改訂版）
    初頭 2 モーラにアクセントがあれば、第 2 モーラに H* を、最終モーラに L- を結合せよ。ただし、全体が 2 モーラならば第 1 モーラに H* を結合せよ。

(22) トーン変換規則
    どのモーラにも結合されていない H*+L-メロディーを

Hメロディーにせよ。
(23) Hメロディー結合規則
　　　Hメロディーを第2モーラに結合せよ。
(24) Lメロディー結合規則
　　　第1モーラに何も結合されていなければ、第1モーラにLを結合せよ。
(25)　外来語トーン決定のプロセス

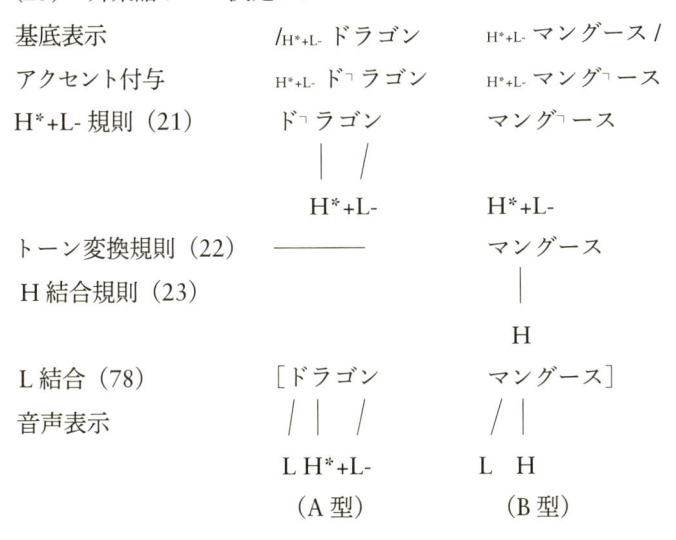

基底表示	/H*+L- ドラゴン	H*+L- マングース /
アクセント付与	H*+L- ド⌐ラゴン	H*+L- マング⌐ース
H*+L-規則 (21)	ドラゴン 　｜／ 　H*+L-	マング⌐ース 　｜ 　H*+L-
トーン変換規則 (22)	―――――	マングース 　｜ 　H
H結合規則 (23)		
L結合 (78) 音声表示	［ドラゴン 　｜／｜ 　L H*+L- 　（A型）	マングース］ 　　｜／ 　　L H 　（B型）

　外来語でB型になるというのは、もともと語に結合されていたH*+L-メロディーが第2モーラに結合されないことを意味する。
　では、複合語においてB型になるというのはどういったことを意味するのだろうか。ここでも、単独時にA型で発音されるにも関わらず複合語でB型になるタイプは、H*+L-メロディー結合規則が適用されなかったため、B型になったのだと考えたい。つまり、前部要素が長い複合語におけるアクセントは第3モーラ以降に付くと考えるのである。
　それでは、長崎方言において複合語のアクセントはどのようなものだろうか。ここでも他の方言、特に東京方言のアクセントの分布、規則が重要になる。東京方言の複合語アクセントは後部要素によって決まる（McCawley 1968、Kubozono 1995）。1つの主要なパタ

ーンは、アクセントが保持されるものである。このパターンのほとんどは後部要素が単独時に語頭または語中にアクセントがある。

(26) a. は⌉なび：打ち上げは⌉なび、手持ちは⌉なび、おもちゃは⌉なび、仕掛けは⌉なび
b. ドリ⌉ンク：ソフトドリ⌉ンク、みかんドリ⌉ンク、健康ドリ⌉ンク、果汁ドリ⌉ンク

もう1つの主要なパターンに語境界の前後にアクセントが移動するものがある*5。このパターンは後部要素が単独時に語末、または平板式アクセントのものが多い。アクセントが前部要素末に移動するか後部要素初頭に移動するかは後部要素の長さから予測可能である。もし後部要素が2モーラ以下ならば前部要素の最終音節にアクセントが置かれる。

(27) a. そっきょう⁰ + し⁰ → そっきょ⌉うし（即興詩）
b. き⌉んむ + ひ⌉ → きんむ⌉び（勤務日）
c. ついか + てん⁰ → ついか⌉てん（追加点）
d. せいかつ + ご⌉み → せいかつ⌉ごみ（生活ゴミ）

一方、後部要素が3モーラ以上ならば後部要素の初頭音節にアクセントが置かれる。

(28) a. きょ⌉うと + くらし⁰ → きょうとぐ⌉らし（京都暮らし）
b. ず⌉る + やすみ⌉ → ずるや⌉すみ（ずる休み）
c. げ⌉んご + かくとく⁰ → げんごか⌉くとく（言語獲得）

以上をまとめると、東京方言の複合語において可能なアクセントのパターンは次のようになる。

(29) 東京方言における可能な複合語アクセントのパターン
a. 前部要素末：…○⌉ + ○○○
b. 後部要素初頭：…○ + ○⌉○○
c. 後部要素語中：…○ + ○○⌉○
d. 平板：…○ + ○○○⁰

複合語において可能なアクセントのパターンはいくつかあるが、その中で語境界にアクセントが移動するパターン（(29a) や (29b)）は保存するパターンや平板式になるパターンに比べて生産的である。その証拠として、語中にアクセントを持つ語の一部は、

アクセントを保存するパターンと語境界にアクセントが移動するパターンとの間にゆれが見られることが挙げられる。たとえば「たま ̚ご」や「かみそ ̚り」という語は語中にアクセントがある。上で見てきたように語中アクセントは複合語においても保存されるのが原則であるが、これらが複合語の後部に来ると、後部要素初頭にアクセントが移動することがある。

(30) 複合語アクセントに見られるゆれ1
 a. たま ̚ご：なまた ̚まご～なまたま ̚ご、ゆでた ̚まご～ゆでたま ̚ご
 b. かみそ ̚り：電気か ̚みそり～電気かみそ ̚り、安全か ̚みそり～安全かみそ ̚り

これは一見すると「後部要素の初頭」という位置に来ることが生産的なように見えるがそうではない。たとえば、「ね ̚こ」や「ま ̚ど」といった語ではアクセントは初頭にあるが、これらが複合語の後部に来ると、前部要素末にアクセントが移動することがある。

(31) 複合語アクセントに見られるゆれ2
 a. ね ̚こ：まねき ̚ねこ～まねきね ̚こ、ペルシャ ̚ねこ～ペルシャね ̚こ
 b. ま ̚ど：くもり ̚まど～くもりま ̚ど、二重 ̚まど～二重ま ̚ど

このことは、複合語アクセントにおいて生産的なのが後部要素初頭への付与ではなく、語境界への付与であることを示している。

また、語境界にアクセントが置かれるパターンは他の方言にも見られることもこのパターンの生産性の高さを支持する。上野 (1997) によると、京都方言の複合語アクセントも、基本的に語境界の前後の音節に置かれることが多いという*6。

(32) a. ［セ］ミ：［ミンミン］ゼミ、アブ［ラ］ゼミ
 b. サ［ル］：［ニホン］ザル、オナ［ガ］ザル
 c. は［た］け：［みかんば］たけ、やさい［ば］たけ
 d. ［きょういく：［英語きょ］ういく、国語［きょ］ういく

同様のことが、程度の違いこそあれ神戸市方言や徳島市方言などに見られるという。このように、境界の前後にアクセントを置くパタ

第4章　複合語の音調現象と境界アクセント 99

ーンというのは日本語の方言の中でもかなり生産的である。

　この語境界へのアクセント付与というのが、長崎方言の複合語トーンの分布を説明するときにも使うことができる。上で見たように、生産的な複合語アクセント規則というのは、前部要素末、または後部要素初頭に付与するものである。このうちより「前」にアクセントを付与するのは前部要素末である。そこで、長崎方言の複合語アクセント規則として（33）を仮定する。

（33）長崎方言の複合語アクセント規則
　　　　　前部要素の最終モーラにアクセントを付与せよ。

そして、前部要素のトーンメロディーを複合語全体に引き継ぐ規則として（34）を仮定する。

（34）トーン継承規則
　　　　　前部要素のトーンメロディーを複合語のトーンメロディーにせよ。

（34）の規則を図式で示すと（35）になる。

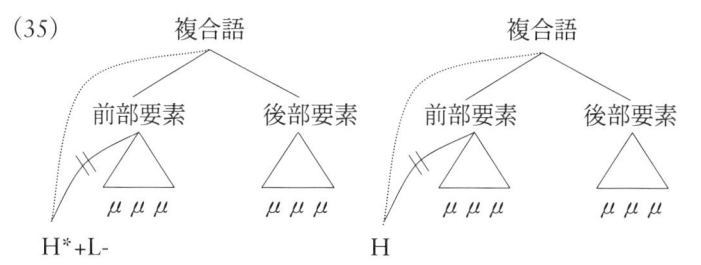

（35）

　　　前部要素：A 型→複合語：A 型　　　前部要素：B 型→複合語：B 型

　その後に、H*+L-メロディー結合規則など外来語において仮定したトーンメロディーに関する規則を適用することによって、前部要素が 3 モーラ以上の場合、全て B 型にすることができる。

(36) 複合語の派生（前部要素＝A型）*7

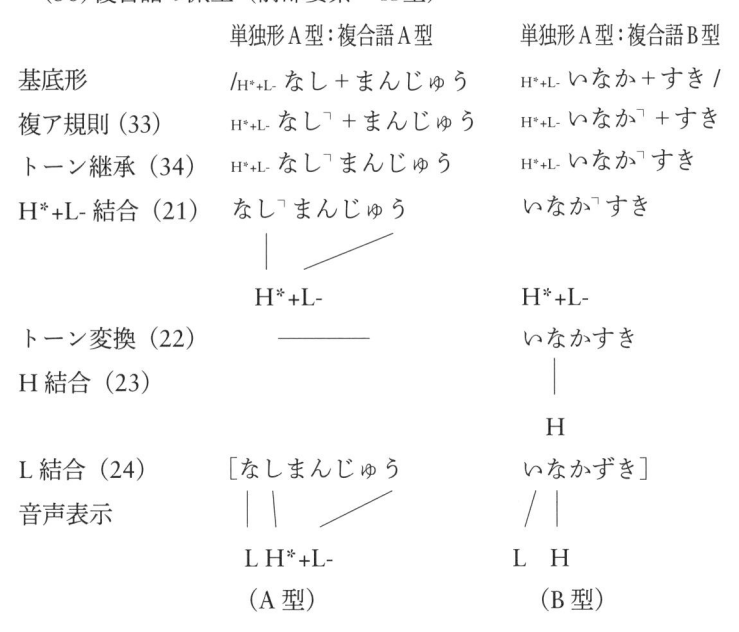

	単独形A型：複合語A型	単独形A型：複合語B型
基底形	/H*+L- なし＋まんじゅう	H*+L- いなか＋すき /
複ア規則 (33)	H*+L- なし⌝＋まんじゅう	H*+L- いなか⌝＋すき
トーン継承 (34)	H*+L- なし⌝まんじゅう	H*+L- いなか⌝すき

H*+L-結合 (21)	なし⌝まんじゅう
	  ｜ ╱
	  H*+L-
		いなか⌝すき
		  ｜
		  H*+L-

トーン変換 (22)	────────	いなかすき
H結合 (23)		｜ H
L結合 (24) 音声表示	［なしまんじゅう ｜ ＼ ╱ L H*+L- （A型）	いなかずき］ ╱ ｜ L H （B型）

　また、前部要素がB型の場合、前部要素はH*+L-メロディーではなくHメロディーを持っているので、H*+L-メロディー結合規則は適用されない。そのため、アクセント規則の適用結果に関わらずB型が派生される。

(37) 複合語の派生（前部要素 = B 型）

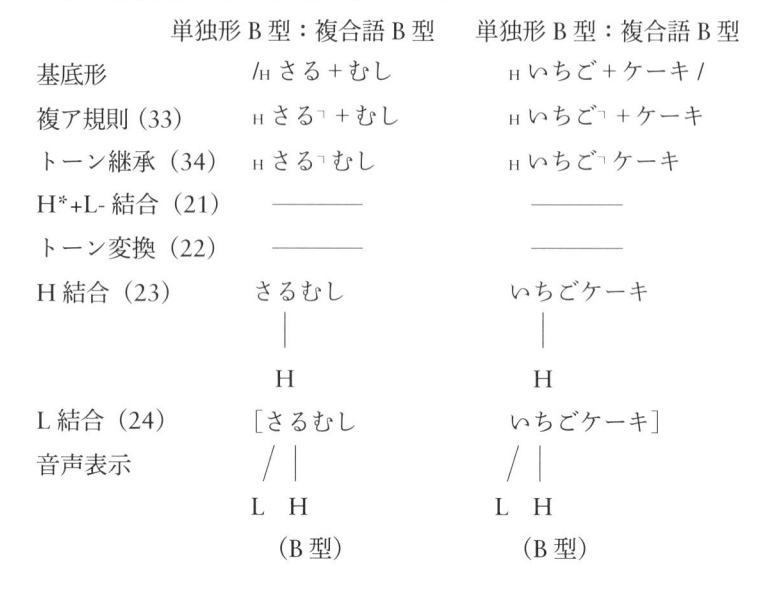

	単独形 B 型：複合語 B 型	単独形 B 型：複合語 B 型
基底形	/ₕさる+むし	ₕいちご+ケーキ/
複ア規則 (33)	ₕさる⌐+むし	ₕいちご⌐+ケーキ
トーン継承 (34)	ₕさる⌐むし	ₕいちご⌐ケーキ
H*+L- 結合 (21)	———	———
トーン変換 (22)	———	———

H 結合 (23)	さるむし
	   |
	   H
		いちごケーキ
		   |
		   H

L 結合 (24) 音声表示	［さるむし / | L H （B 型）	いちごケーキ］ / | L H （B 型）

　この分析でおそらく問題となるのは、3モーラで軽音節＋重音節という構造を持ったA型の語が前部要素にある場合である。東京方言では、外来語はどれも特殊モーラにアクセントは来ることはなかった。すなわち、重音節にアクセントがあれば、アクセントは自立モーラに置かれていたのである。

(38) ボーナス（*ボー⌐ナス）、サ⌐ンプル（*サン⌐プル）

それに対して、長崎方言の複合語アクセント規則（33）は特殊モーラにアクセントが来ても自立モーラへ移動することはないと仮定している。

(39)

　　　　　　　　単独形 A 型：複合語 B 型

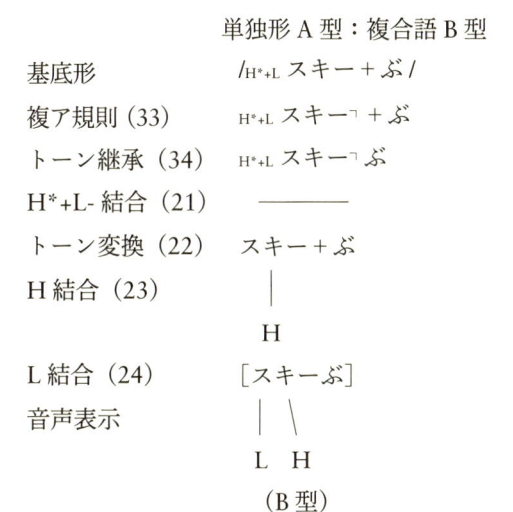

基底形　　　　　　／$_{H^*+L}$ スキー＋ぶ／
複ア規則（33）　　$_{H^*+L}$ スキー⌐＋ぶ
トーン継承（34）　$_{H^*+L}$ スキー⌐ぶ
H*+L- 結合（21）　───────
トーン変換（22）　スキー＋ぶ
　　　　　　　　　　　｜
H 結合（23）　　　　　H
L 結合（24）　　　［スキーぶ］
音声表示　　　　　　｜　＼
　　　　　　　　　　L　H
　　　　　　　　　　（B 型）

　なぜ複合語の場合だけ特殊モーラでアクセントが実現するのだろうか。
　これには機能的な観点から説明が可能である。複合語は語境界を示すという機能を有しているため、語境界の前後にアクセントが実現すると考えられる。これは連濁が語境界の直後のモーラに起こるのと同じである。そのため、本来ならばアクセントが実現しないとされている特殊モーラでもアクセントが実現すると考えられる。なお、同じことが特殊モーラにアクセントが来にくいとされる東京方言でも見られる*8。
　(40) 特殊モーラに実現したアクセント（早田1992）
　　　a．ロ⌐ンドン＋し⌐→ロンド⌐ンシ（ロンドン市）
　　　b．コンドー⁰＋し⌐→コンドー⌐シ（近藤氏）
また、上野（1984a）によれば、多くの方言で特殊モーラにアクセントが来ることができるとのことである。これらのことから、長崎方言において複合語アクセントが前部要素の末尾モーラに来るのは不自然なことではない。

第4章　複合語の音調現象と境界アクセント　　103

4. 複合語に関する規則群 まとめ

4.1 まとめ

本章では長崎方言の複合語トーンについて、前部要素が2モーラ以下ならば前部要素の型が、前部要素が3モーラ以上ならばB型が複合語全体の型になることを示した。これは同じ二型音調方言である鹿児島方言では見られなかった規則性である。

そして、この規則性を記述するためには、(a) 基底形におけるトーンの区別、(b) 複合語アクセント規則（33）、(c) トーン継承規則（34）が必要であることを主張した。

(33) 長崎方言の複合語アクセント規則

前部要素の最終モーラにアクセントを付与せよ。

(34) トーン継承規則

前部要素のトーンメロディーを複合語のトーンメロディーにせよ。

そして、これらに加え、複合語の規則性も外来語と同じように、(d) H*+L-メロディー結合規則（21）、(e) トーン変換規則（22）、(f) Hメロディー結合規則（23）、(g) Lメロディー結合規則（24）を用いることによって記述できることを示した。

4.2 今後の課題

2節の調査結果は前部要素仮説を支持するものであった。しかし、(19) において、前部要素が2モーラ以下であるにも関わらず複合語全体としてはB型になるというトークンが15個あった。これらの前部要素に注目すると、「北」と「西」が前部要素に来た複合語は、4名の話者全員が同じパターンであった。そうすると、これら2つの単語は「単独ならばA型に、複合語を作るときはB型になる」というような形で複合語のアクセント型についても指定がされていたと解釈すべきではないだろうか。筆者の追加調査では「北アメリカ」や「西アメリカ」の場合でもB型で発音されていたことから、この考察は妥当なものであると思われる*9。このように、単独時のトーンだけでなく、複合語になったときのトーンについても

指定されている語彙がどれだけあるかは今のところ明らかではないが、逆のパターン、すなわち単独ではB型だが複合語でA型になるものはないか、ということと共に注意して調べる必要がある。

---

*1　本書における調査では「根腐り」1例について、1名だけ前部要素をB型、複合語全体をA型で発音した。なぜこの例だけ、そしてこの話者だけ、見られたのかは今のところ分からない。
*2　連濁という現象をどのように形式化するかについては「複合語の後部要素にきたら初頭子音を有声にせよ」という規則（たとえばIto and Mester 1986）や、「前に何もなければ初頭子音を無声にせよ」という規則（Kuroda 2002）、さらには「複合語には連濁形態素が常に付き、それが実現しなければならない」という制約（Ito and Mester 2003）などがあるが、そのどれが妥当かは不問に付す。
*3　同様の手法による調査が那須（2004）においても行われている。
*4　前部要素が1モーラの単語は2語しかないため、ここでは1モーラと2モーラを合わせて分析する。
*5　この他に、色（いろ）、組（くみ）のように複合語全体を平板式にするものもあるが、分布は語彙的である。
*6　京都方言の音調はアクセントのほかに高く始まるか低く始まるかという「式」と呼ばれる特徴も持っている。複合語における「式」は本書の趣旨とは関係ないのでここでは割愛する。
*7　後部要素のトーンは複合語に関係しないので表示しない。
*8　早田（1992）は（40）のような現象は複合語の熟合度が影響すると述べている。
*9　なお、このほかの7個のトークンについて、4名の話者全員で共通してあるパターンで発音しているものはなかった。そのため、これらは今のところ語彙的な例外として扱うことになる。

第5章
音調現象と語彙的指定

　第3章では、長崎方言の外来語のトーンについて、東京方言と対応関係が見られることを指摘し、その規則性を、東京方言と共通の外来語アクセント規則と、長崎方言に特有のトーンメロディーの規則によって記述した。そして、第4章では、長崎方言の複合語のトーンについて、前部要素の長さによって分布が変わることを示し、その規則性を、諸方言で見られる複合語アクセント規則と、第3章で提案したトーンメロディーの規則を組み合わせることによって記述した。

　本章では、長崎方言の二字漢語、アルファベット頭文字語、アルファベット複合語、人名といった語種に着目し、そのトーンがどのようにして決まるかを検討し、外来語と同じく、東京方言のアクセントとの間に対応関係が見られることを指摘する。そしてこれらの語種についても、形態素に対してアクセントに関する指定を加えた上で、これまでに提案した外来語アクセント規則、複合語アクセント規則、トーンメロディーの規則を用いてその音韻過程を記述する。

1. 問題点の整理

　長崎方言に関する議論に入る前に、本章で扱う語種の音調に見られる規則性について、鹿児島方言の研究と東京方言の研究を概観し、長崎方言の分析をする上での問題点を整理する。

1.1　鹿児島方言における平山の法則
　第4章でも見たとおり、九州地方の二型音調方言の特徴の1つに複合語音調の法則が挙げられる。二型音調方言では、複合語におい

て前部要素のトーンが保持されるという規則性が見られる（平山1951）。これは平山の法則と呼ばれている。

(1) 平山の法則

前部要素のトーンが複合語全体のトーンになる。

長崎方言の複合語も、前部要素が2モーラ以下ならばこの法則に従っており、前部要素がA型ならば複合語全体でもA型で、前部要素がB型ならば複合語全体でもB型で実現する（坂口2001）。

(2) A型＋A型→A型：［ハ］ナ＋［ミ］ズ→ハ［ナ］ミズ

　　A型＋B型→A型：［ミ］チ＋クサ＝→ミ［チ］クサ

　　B型＋A型→B型：イロ＝＋［カ］ミ→イロガミ＝

　　B型＋B型→B型：オヤ＝＋ユビ＝→オヤユビ＝

（坂口（2001）より。ただし用例の表記は一部変えている。）

音声形は異なっているが、鹿児島方言も長崎方言と同じく二型アクセント体系を持っている。A型は次末音節が高くなり、B型は末尾音節が高くなる（平山1951）。例を（3）に示す。

(3) 鹿児島方言の二型アクセント

A型：［ミ］ズ、サ［カ］ナ、カゴ［シ］マ、オル［ゴー］ル

B型：ヤ［マ、オト［コ、トー［キョー、アルコー［ル

鹿児島方言の複合語のトーンも平山の法則に従っており、前部要素がA型ならば複合語全体はA型に、前部要素がB型ならば複合語全体はB型で実現する。

(4) 鹿児島方言の複合語トーン

A型＋A型→A型：［ハ］ー（葉）＋サ［ク］ラ→ハザ［ク］ラ

A型＋B型→A型：［イ］シ＋ホト［ケ→イシボ［ト］ケ

B型＋A型→B型：ヤ［マ＋サ［ク］ラ→ヤマザク［ラ

B型＋B型→B型：イ［ロ＋シ［ロ→イロジ［ロ

鹿児島方言では、平山の法則（1）が複合語以外でも働く（木部1990、上野1992）。まず、2つの漢語形態素が結合された二字漢語について見てみよう。二字漢語は2つの形態素が結合しているという点で、語幹や語が結合している複合語と似ているが、両者は語形成上区別することができる（影山1993）*1。鹿児島方言では、(5)や(6)のように、前部要素に同じ漢語形態素を共有する二字

漢語のトーンが同じになる。

(5) ズ（図）：［ズ］アン（図案）、［ズ］ガ（図画）、［ズ］コー（図工、テン（天）：［テン］キ（天気）、［テン］サイ（天才）、テン［ゴ］ク（天国）

(6) イ（医）：イガ［ク（医学）、イ［シャ（医者）、イ［リョー（医療）、シン（新）：シン［キ（新規）、シン［ジン（新人）、シンサ［ク（新作）

次に、前部要素に同じ形態素を持つ人名は、鹿児島方言では同じトーンで実現する（木部1990、2000）。

(7) a. 姓
A型：［カ］ワ（川）→カワ［ム］ラ（川村）
B型：ヤ［マ（山）→ヤマム［ラ（山村）
b. 名
A型：［ユ］キ→ユ［キ］コ、ユ［キ］エ、ユ［キ］オ
B型：ハ［ル→ハル［コ、ハル［エ、ハル［オ

最後に、アルファベットを前部要素に持つ語について見ていく。アルファベットのみから構成されるアルファベット頭文字語（AO、SL、CPUなど）と、アルファベットを前部要素に含む複合語であるアルファベット複合語（Dチーム、F席など）の2つは、窪薗・木部（2004）、窪薗（2007）によってトーンが前部要素によって決まることが明らかにされている。

(8) a. エ［フ］エー（FA）、エフ［エ］ム（FM）、エフ［ビー］アイ（FBI）、エフ［ガ］タ（F型）
b. ビー［エー（BA）、ビーエ［ス（BS）、ビージーエ［ム（BGM）、ビーガ［タ（B型）

このように、鹿児島方言では平山の法則は強力であり、複合語だけにとどまらず、人名やアルファベット関連語彙もこの法則に従っている。長崎方言も鹿児島方言と同じ九州地方の二型アクセント体系を持つ方言であり、複合語において平山の法則が見られることから、長崎方言においても二字漢語、人名、アルファベット関連語彙のトーンは前部要素によって決まる可能性が考えられる。しかし、第3章で見たとおり、音調が規則的に決まる語彙である外来語では、

長崎方言のトーンと東京方言のアクセントに対応関係が見られた。また、複合語についても3モーラ以上では鹿児島方言と異なる規則性を見せた。これらのことから、他の語種でも長崎方言と鹿児島方言では異なる規則性が見られることが考えられる。

1.2 後部要素とアクセント

東京方言や京都方言では、後部要素が二字漢語のアクセントに影響を及ぼす。東京方言における二字漢語のアクセントについては秋永（1981）、最上ほか（1999）、Ogawa（2004）による研究がある。最上ほか（1999）によれば、3モーラ語についてみた場合、後部要素が1モーラの場合66.7%が頭高型になる一方で、後部要素が2モーラの場合73.4%が平板式になるという。

(9) 東京方言の二字漢語のアクセントと後部要素
  a. 後部要素＝1モーラ：こ⌐うか（効果）、し⌐んぽ（進歩）、か⌐くさ（格差）、は⌐いか（配下）
  b. 後部要素＝2モーラ：とこう⁰（渡航）、ふしん⁰（不振）、かかく⁰（価格）、はせい⁰（派生）

また、小川（2010）が京都方言の3モーラ二字漢語について、後部要素が1モーラの場合61.8%が頭高型になり、2モーラの場合79.7%が平板式になると報告しているように、東京方言と同様のモーラ数による影響が見られる。このように、東京方言と京都方言は後部要素の長さが二字漢語における下降の有無に強く影響している。

東京方言の人名のアクセントについては寺川（1945）や秋永（1981）にまとめられている。それらによると、人名のアクセントは、動詞や形容詞から転成してできた人名（例：始める→ハジメ、明るい→アカリ）か、複合語的にできた人名（例：明＋子→明子）かによって変わるという。本書ではこのうち複合語的にできたものを中心に扱う。複合語的にできた人名は、後部要素の形態素によってアクセントが決まる。たとえば「也（や）」や「子（こ）」で終わる人名のアクセントは、原則として後ろから数えて3モーラ目を含む音節に置かれる[*2]。

(10) a. ふ⌐みや、よ⌐しや、し⌐んや、か⌐ずや
　　 b. ふ⌐みこ、よ⌐しこ、きょ⌐うこ、か⌐ずこ

一方、「夫（お）」や「美（み）」で終わる人名は平板式になる。

(11) a. としお⁰、よしお⁰、かずお⁰
　　 b. まゆみ⁰、よしみ⁰、かずみ⁰

さらに、人名のアクセントには長さによる制約もあり、2モーラの人名は単独の形態素でも、複合語的な構成になっていたとしても初頭音節にアクセントがつく。

(12) a. あ⌐い（愛）、き⌐く（菊）、ふ⌐じ（藤）
　　 b. ま⌐お（真央）、ま⌐み（麻美）、ゆ⌐み（裕美）

このように、人名のアクセントは全体の長さと、複合語的な構成かどうか、複合語的な場合は後部要素の形態論的指定によって全体のアクセントが決まる。

東京方言のアルファベット関連語彙のアクセントについてはKubozono（2003）にまとめられている。Kubozono（2003）によると、二字からなるアルファベット頭文字語は、後部要素が2音節ならば平板式に、それ以外ならば後部要素の初頭音節にアクセントが置かれる*3。

(13) a. 後部要素 = 1音節：エフエ⌐ー（FA）、ティーエ⌐ー（TA）、アールシ⌐ー（RC）
　　 b. 後部要素 = 2音節：エフエム⁰（FM）、シーエム⁰（CM）、エスエル⁰（SL）
　　 c. 後部要素 = 3音節：エフエ⌐ックス（FX）、シーエ⌐ックス（CX）、シーダ⌐ブル（CW）

アルファベットを前部要素に含む複合語のアクセントは、複合語アクセント規則に従っており、後部要素によってアクセントが決まる。

(14) a. エフチ⌐ーム（Fチーム）、ジーチ⌐ーム（Gチーム）
　　 b. エフグミ⁰（F組）、ジーグミ⁰（G組）

このように、東京方言の二字漢語、人名、アルファベット関連語彙は後部要素によってアクセントが決まる。東京方言と長崎方言には語音調に対応関係が見られることから、長崎方言の二字漢語、人名、アルファベット関連語彙のトーンは後部要素によって決まると

いう可能性が考えられる。2、3、4節では、それぞれ長崎方言における二字漢語、人名、アルファベット関連語彙のトーンの調査結果を報告する。

2. 二字漢語のトーン

　本節では、二字漢語のトーンについて観察し、二字漢語のトーンが東京方言と同じ規則性を見せることを示す。長崎方言の漢語のトーンについては坂口（1990）による研究がある。坂口（1990）は、長崎方言の漢語のトーンは平山の法則と東京方言のアクセントの影響という2つの要因により決まるとしているが、平山の法則と東京方言のアクセントがどう影響してトーンが決まるかは明示的には述べられていない。また、坂口（1990）はモーラ数ごとにトーンのパターンをまとめている。漢語は一字につき1モーラか2モーラあるため、たとえば全体で4モーラの漢語といったときには（15）の3つのパターンが可能である。

(15)a.　二字：正解、生活、風貌、習慣、発達
　　b.　三字：作詞家、文化部、管理士、科学者
　　c.　四字：事務処理、佐賀市議、基礎理科

三字以上の漢語については二字漢語のトーンが分かれば、複合語の音調規則から予測できる可能性があることから、坂口（1990）の方法では、二字漢語特有の規則性を見ることが難しくなってしまう。本研究では、二字漢語に焦点を当てることで、複合語の音調規則の影響を排除した。以下では、実在語と臨時語の二字漢語の調査結果を報告する。

2.1　調査1　実在語
2.1.1　調査概要
　以下の手順で調査語彙を用意した。鹿児島方言と同じように前部要素の形態素によって二字漢語のトーンが決まるか否かを検証するには、前部要素に同じ漢語形態素を共有する二字漢語を用意する必要がある。1つの漢語形態素には最大2モーラまでしか含まれない。

二字漢語のこの性質は、和語と類似している。和語も単純語では4モーラ以下の語が非常に多く、短い語が多い。さらに、坂口 (2001) によれば、アクセント類別語彙（金田一1974）におけるトーンの分布は鹿児島方言と長崎方言で対応していることから、漢語形態素のトーンも両方言で対応しているという仮説を設定する。この仮説に基づき、まず前部要素として平山 (1960) 所収の二字漢語をもとに漢語形態素を27個選定した。これら27個の形態素のうち、鹿児島方言において二字漢語の前部要素に来たときに二字漢語がA型で現れるものをA型形態素、B型で現れるものをB型形態素と呼ぶ。前部要素の全例を (16) に示す。

(16) A型形態素

運（ウン）、加（カ）、記（キ）、共（キョウ）、参（サン）、市（シ）、自（ジ）、職（ショク）、石（セキ）、絶（ゼツ）、大（タイ）、中（チュウ）、天（テン）、馬（バ）、本（ホン）

B型形態素

愛（アイ）、王（オウ）、開（カイ）、軍（グン）、高（コウ）、作（サク）、実（ジツ）、出（シュツ）、日（ニチ）、発（ハツ）、別（ベツ）、有（ユウ）

そして、(16) の前部要素に対して、二字漢語のトーンは後部要素により決定されるか否かを検証できるように、1モーラの漢語、2モーラの漢語を後部要素につけた二字漢語を作成した。以上により、計384語が調査語彙として作成された。

話者はMM-01（1949年生）、MM-03（1945年生）、MM-04（1940年生）、OF-05（1929年生）、MF-06（1947年生）、MF-07（1947年生）の6名である。1つの二字漢語につき3名の話者に読んでもらい、それぞれの型のトークン数を示す。なお、この6名の話者に対しては、二字漢語の調査に先立って100語ほどの基本的な語彙について予備調査を行い、話者間で音調体系に大きな差がないことを確認している。

以下では、前部要素ごとにまとめた結果と、後部要素ごとにまとめた結果を示す。

2.1.2　前部要素のトーンと二字漢語のトーン

前部要素に含まれる形態素のトーン別に集計した結果を（17）に示す。

(17) 前部要素のトーンと二字漢語のトーン

	A型	B型	合計
A型形態素	206（32.2%）	434（67.8%）	640
B型形態素	109（17.6%）	509（82.4%）	618
合計	315（25.0%）	943（75.0%）	1258

前部要素がA型形態素の場合には、640トークン中206トークン（32.2%）がA型で実現したのに対し、434トークン（67.8%）がB型で実現した。また、前部要素がB型形態素の場合には、618トークン中109トークン（17.6%）がA型で実現したのに対し、509トークン（82.4%）がB型で実現した。このように、前部要素に関わらず、多くがB型で実現していることから、前部要素のトーンは二字漢語のトーンには関与していないと考えられる。

2.1.3　後部要素とトーン

後部要素のモーラ数別に集計した結果を（18）に示す。

(18) 後部要素のモーラ数とトーン

	A型	B型	合計
1モーラ	166（55.1%）	135（44.9%）	301
2モーラ	149（15.6%）	808（84.4%）	957
合計	315（25.0%）	943（75.0%）	1258

後部要素が1モーラの場合には、301トークン中166トークン（55.1%）がA型で実現したのに対し、135トークン（44.9%）がB型で実現した。また、後部要素が2モーラの場合には、957トークン中149トークン（15.6%）がA型で実現したのに対し、808トークン（84.4%）がB型で実現した。このように、後部要素が2モーラの場合には、B型になっているが、後部要素が1モーラの場合にはA型とB型がほぼ半数ずつになっており、後部要素のモー

ラ数によってトーンが決まるとは言いがたい。

　しかし、各語の音韻構造を詳細に検討してみると、前部要素に促音を含むか否かでトーンの分布が異なっていることが分かる。2モーラ＋1モーラの構造では、促音を含む語（21語）は68トークン中66トークン（97.1%）がB型で実現したのに対して、促音を含まない語（59語）の場合にはA型になる語が211トークン中142トークン（67.3%）となっており、促音を含む場合にはB型になるということが言えそうである。

(19) 促音とトーン

	A型	B型	合計
促音あり	2（2.9%）	66（97.1%）	68
促音なし	142（67.3%）	69（32.7%）	211
合計	144（51.6%）	135（48.4%）	279

(20) a.　サッカ＝（作家）、セッキ＝（石器）、ハッパ＝（発破）
　　 b.　サ[ク]イ（作為）、セ[キ]ヒ（石碑）、ハ[ツ]ロ（発露）

そこで、促音を含む語を排除したところ、(18)における後部要素が1モーラ1音節の場合の分布はA型が233トークン中164トークン（70.4%）、B型が69トークン（29.6%）とA型が多数を占めた。

(21) 後部要素のモーラ数とトーン（促音除外）

	A型	B型	合計
1モーラ	164（70.4%）	69（29.6%）	233
2モーラ	106（18.5%）	466（81.5%）	572
合計	270（33.5%）	535（66.5%）	805

(22) a.　タ[イ]ハ（大破）、ショ[ク]ム（職務）、[ジ]フ（自負）
　　 b.　タイキン＝（大金）、ショクレキ＝（職歴）、ジヒツ＝（自筆）

このことから、促音による影響を排除すれば、後部要素のモーラ数が二字漢語のトーンに影響すると結論づけられる。

　以上の調査結果から、長崎方言の二字漢語のトーンは、後部要素

第5章　音調現象と語彙的指定　115

が1モーラならばA型が、2モーラならばB型が優勢になると言える。しかし、全体的に例外も多く見られた。この原因としては、二字漢語には語彙化し、トーンの情報も個別に覚えられたものが多いということが考えられる。この問題を解決すべく、辞書に記載のない臨時的な二字漢語を用いた調査を行った。

2.2 調査2 臨時語
2.2.1 調査概要
　前節の最後で挙げた二字漢語のトーンに関する語彙的な例外の問題を排除するために、臨時語を用いた調査を行った。

　まず、前節で用いた漢語形態素のうち、王（オウ）、加（カ）、開（カイ）、記（キ）、共（キョウ）、軍（グン）、高（コウ）、作（サク）、参（サン）、自（ジ）、出（シュツ）、市（シ）、実（ジツ）、職（ショク）、天（テン）、馬（バ）、別（ベツ）、本（ホン）、有（ユウ）の19個について、これらを前部要素とする二字漢語57語を作成した。ただし、作成した二字漢語は国語辞典（『広辞苑』第五版）に記載のないものという点で調査1のものと異なる。なお、調査では、話者には臨時語であることは伝えず、実在語の調査語彙のリストに含めた。話者は調査1と同じである。

　以下では調査結果を示していく。ただし、調査1で見られた促音による影響を排するために、促音を含むデータ（7例）を分析から除外した。

2.2.2 前部要素とトーン
　まず前部要素の形態素別の結果を（23）に示す。
（23）前部要素と臨時二字漢語のトーン

	A型	B型	合計
A型形態素	41 (34.2%)	79 (65.8%)	120
B型形態素	38 (33.9%)	74 (66.1%)	112
合計	79 (34.1%)	153 (65.9%)	232

前部要素がA型形態素の場合には、120トークン中41トークン

（34.2%）がA型で実現したのに対し、79トークン（65.8%）がB型で実現した。また、前部要素がB型形態素の場合には、112トークン中38トークン（33.9%）がA型で実現したのに対し、74トークン（66.1%）がB型で実現した。このように、前部要素がB型形態素の場合にはB型が多くなっているが、前部要素がA型形態素の場合にもB型が多くなっている。以上のことから前部要素は二字漢語のトーンに影響しないと結論付けられる。

2.2.3 後部要素とトーン

後部要素のモーラ数別の集計結果を示す。

(24) 後部要素と臨時二字漢語のトーン

	A型	B型	合計
1モーラ	67（69.8%）	29（30.2%）	96
2モーラ	12（8.8%）	124（91.2%）	136
合計	79（34.1%）	153（65.9%）	232

(25) a.　オ[ウ]ビ（王美）、ホ[ン]コ（本庫）、ショ[ク]フ（職婦）
　　 b.　オウモク＝（王目）、ホンザツ＝（本雑）、ショクミツ＝（職密）

臨時語では後部要素が1モーラの場合には、96トークン中67トークン（69.8%）がA型、29トークン（30.2%）がB型で実現した。また、後部要素が2モーラの場合には、136トークン中12トークン（8.8%）がA型、124トークン（91.2%）がB型で実現した。後部要素が1モーラであるにも関わらずB型で実現した29トークンのうち10トークンは前部要素に促音が含まれていた。これを除外すると77.9%がA型で実現したことになる。

　このように、臨時語では後部要素が1モーラならばA型、2モーラならばB型に分布するという傾向が実在語に比べて顕著な形で現れた。この結果は後部要素の長さが二字漢語のトーンに影響することを示している。

2.3 二字漢語の基底形と規則

2.1節、2.2節では、長崎方言の二字漢語のトーンがどのような要因によって決まるかという問題について検討した。そして、実在語、臨時語を用いた聞き取り調査の結果、後部要素の長さがトーンに影響することが明らかになった。以下ではこの結果に基づいて二字漢語の規則性を記述するのに必要な基底形と規則について考察する。

2.1節や2.2節では一字の漢語については扱わなかったが、多くの一字の漢語はA型で発音される。このことから漢語形態素の基底形としてH*+L-メロディーが結合された形を仮定する。

(26) 漢語の基底形*4

$_{H^*+L\text{-}}$かく（格）、$_{H^*+L\text{-}}$はい（排）、$_{H^*+L\text{-}}$さ（差）、$_{H^*+L\text{-}}$にん（認）

1.2節でも見たとおり、最上ほか（1999）によれば、東京方言のアクセントは後部要素が1モーラならば頭高型が優勢になり、2モーラならば平板式が優勢になる。

(27) 東京方言の二字漢語アクセント

a. 2モーラ＋1モーラ：か⌐くさ（格差）、は⌐いじょ（排除）、こ⌐うか（効果）
b. 1モーラ＋2モーラ：ごにん⁰（誤認）、きぼう⁰（希望）、しかく⁰（視覚）

この（27a）のパターンはラテン語アクセント規則から出されるものなので、二字漢語のアクセント規則としては平板式になるのを指定する規則だけでよいことになる。

(28) 二字漢語のアクセント規則

a. 後部要素が2モーラの場合、全体を平板式にせよ。
b. 前部要素に促音を含む場合、全体を平板式にせよ。

(29) ラテン語アクセント規則

次末音節が重音節ならばそこに、軽音節ならばもう1つ前の音節にアクセントを付与せよ。

これらの規則が適用された後に、外来語と同じく、H*+L-メロディーを結合する規則と、結合されなかったH*+L-メロディーを

Hメロディーに変換し、Hメロディーを第2モーラに結合する規則を適用する。

(30) H*+L-メロディー結合規則（再改訂版）

　　初頭2モーラにアクセントがあれば、第2モーラにH*を、最終モーラにL-を結合せよ。ただし、全体が2モーラならば第1モーラにH*を結合せよ。

(31) トーン変換規則

　　どのモーラにも結合されていないH*+L-メロディーをHメロディーにせよ。

(32) Hメロディー結合規則

　　Hメロディーを第2モーラに結合せよ。

(33) Lメロディー結合規則

　　第1モーラに何も結合されていなければ、第1モーラにLを結合せよ。

以上に述べた(26)の基底形と(28)、(29)、(30)、(31)、(32)、(33)の規則による派生を(34)、(35)に示す。

(34) 二字漢語のトーンの派生（A型）

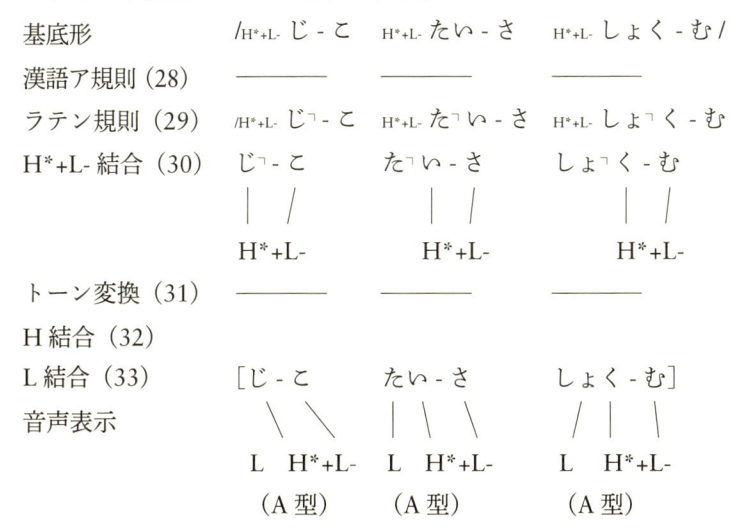

基底形	/H*+L- じ-こ	H*+L- たい-さ	H*+L- しょく-む/
漢語ア規則(28)	────	────	────
ラテン規則(29)	/H*+L- じ⌐-こ	H*+L- た⌐い-さ	H*+L- しょ⌐く-む
H*+L-結合(30)	じ⌐-こ | / H*+L-	た⌐い-さ | | H*+L-	しょ⌐く-む | | H*+L-
トーン変換(31)	────	────	────
H結合(32)			
L結合(33)	[じ-こ	たい-さ	しょく-む]
音声表示	\ \ L H*+L- （A型）	| \ \ L H*+L- （A型）	/ | \ L H*+L- （A型）

(35) 二字漢語のトーンの派生（B型）

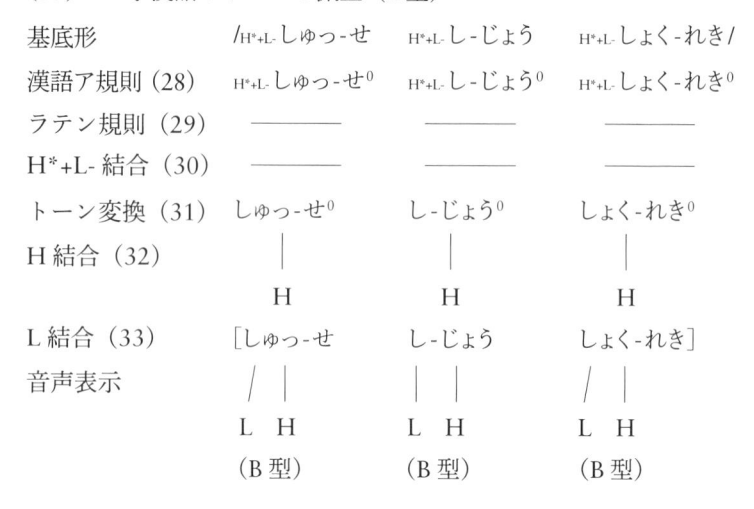

基底形	/H*+L しゅっ-せ	H*+L し-じょう	H*+L しょく-れき/
漢語ア規則（28）	H*+L しゅっ-せ⁰	H*+L し-じょう⁰	H*+L しょく-れき⁰
ラテン規則（29）	──	──	──
H*+L- 結合（30）	──	──	──
トーン変換（31） H 結合（32）	しゅっ-せ⁰ | H	し-じょう⁰ | H	しょく-れき⁰ | H
L 結合（33） 音声表示	[しゅっ-せ / | L H （B型）	し-じょう / | L H （B型）	しょく-れき] / | L H （B型）

このように、二字漢語のトーンに見られた規則性についても、外来語や複合語と同じくH*+L-メロディー結合規則を用いることで記述できる。

3. 人名のトーン

　3節では、長崎方言の人名のトーンについて検討する。そして、人名についても東京方言と同じ規則性を見せることを示す。長崎方言のアクセントの概要については坂口（2001）にまとめられているが、坂口（2001）では複合表現は複合語のみを扱っており、人名などの規則性については触れられていない。

　以下、3.1節では母語話者に対する調査結果に基づいて長崎方言の人名のトーンに見られる規則性を明らかにし、その結果に基づいて3.2節では人名のトーンの規則性を記述するのに必要な基底形と規則がどのようなものであるかを考察する。最後に3.3節でまとめを述べる。

3.1 人名のトーンの規則性
3.1.1 調査概要

調査語彙として姓名を合わせて 51 個作成した。馴染み深い人名などはトーンの型も語彙化されていることが十分に考えられ、そういったものばかりを用いると、音調の規則的な側面を明らかにするという研究目的から外れてしまう。そこで、調査語彙には普段なじみの無いと思われる人名も入れている。調査語彙の全てを（36）に挙げる。

(36) 調査語彙

春、春夫、春彦、春子、春美、夏、夏夫、夏彦、夏子、夏美、裕太、裕介、裕平、裕子、裕香（ゆうか）、裕美（ゆみ）、銀、銀太、銀介、銀子、銀平、浩太、浩平、由香、美香、杉、杉田、杉山、杉村、杉木、松、松田、松山、松村、松木、大田、大山、大村、大木、東田、東山、東村、北田、北山、北村、西田、西山、西村、南田、南山、南村

また、たとえば裕香という字に対して「ゆか」と「ゆうか」のように曖昧性が生じるため、調査語彙には全て読み方を付した。

話者は高年層 1 名、中年層 3 名、若年層 1 名の計 5 名である。それぞれの生年と調査時の年齢を（37）に示す。

(37) a. 高年層：OF-05（1929 年生、78 歳）
   b. 中年層：MM-03（1945 年生、62 歳）、MM-04（1940 年生、66 歳）、MF-06（1947 年生、59 歳）
   c. 若年層：YF-09（1984 年生、22 歳）

話者には調査語彙が全て人名であることをあらかじめ説明し、単独形と人称接尾辞「さん」をつけた形で読むよう指示した。調査の結果、255 個のトークンが集まった。

3.1.2 全体の長さとトーン

まず、全体の長さとトーンについて考察していく。長さに注目すると、2 モーラでは全て A 型になり、3、4 モーラではどちらの型もほぼ半数ずつ見られるようになった。また、5 モーラでは全て B 型になった。

(38) 全体の長さとトーン

	A 型	B 型	合計
2モーラ	40 (100.0%)	0 (0.0%)	40
3モーラ	47 (47.0%)	53 (53.0%)	100
4モーラ	40 (42.1%)	55 (57.9%)	95
5モーラ	0 (0.0%)	20 (20.0%)	20
合計	127 (49.8%)	128 (50.2%)	255

音声的な形に注目すると、東京方言も長崎方言も2モーラでは高低という形を好むという点で共通している(39)。また、5モーラの人名は東山、東村、南山、南村の4つであり、東京方言では、いずれも前部要素末の音節にアクセントが置かれるのに対して、長崎方言では下降を伴わないB型で発音される(40)。

(39) ゆ˥か—[ゆ]か、み˥か—[み]か、ぎ˥ん—[ぎ]ん
(40) ひがし˥やま—ひがしやま゠、ひがし˥むら—ひがしむら゠
　　みなみ˥やま—みなみやま゠、みなみ˥むら—みなみむら゠

語構成に注目すると、(40)はどれも3モーラ＋2モーラという構造になっていることが分かる。前部要素が3モーラになるとB型になるというのは第4章で見た複合語で見られる規則性と同じである。もし、前部要素が長いためにこれらの人名がB型になったのであるならば、人名のトーンと複合語のトーンを同じようにして説明することができる。3.2節ではこの可能性に基づいた分析を行うが、いずれにしろ2モーラ＋3モーラの人名(たとえば高柳、北林など)などのトーンを調べる必要がある*5。

3.1.3　前部要素とトーン

次に、前部要素ごとにまとめた場合について考察する。ここでは長さの問題を排除するために2モーラ、5モーラの人名は除外した。もし、鹿児島方言と同じく、人名のトーンが平山の法則に従うならば、前部要素が同じ人名は一貫して同じトーンになることが期待される。つまり、前部要素によってトーンの分布に偏りを見せるはずである。しかし、同じ前部要素を共有していてもトーンが一貫して

現れることはほとんど無かった。(41) に前部要素ごとのトーンのトークンを示す。A型の割合について高い順に左から配列している。

(41) 前部要素とトーン

	裕	銀	浩	春	夏	西	松	杉	大	北	南	東	合計
A型	20	16	5	10	10	7	8	7	3	1	0	0	87
B型	5	4	5	10	10	8	12	13	17	14	5	5	108

このように、前部要素とトーンには一貫した関係はほとんど見られないことから、長崎方言の人名のトーンが鹿児島方言のように平山の法則によって決まるとは言えない。

3.1.4 後部要素とトーン

次に、後部要素によってトーンが決まるかを見ていく。前部要素の場合と同じく、長さの問題を排除するために、2モーラ、5モーラの人名は除外して分析した。その結果、「子」「彦」「介」「太」「香」を後部要素に持つ人名は全てA型であった。一方、「夫」「美」「木」を後部要素に持つ人名は全てB型になった。「村」「田」「山」「平」を後部要素に持つ人名はA型、B型どちらとも現れた*6。前部要素の場合と同じように並べた表を (42) に示す。

(42) 後部要素とトーン

	子	彦	介	太	香	村	田	山	平	夫	美	木	合計
A型	20	10	10	15	5	16	7	3	1	0	0	0	87
B型	0	0	0	0	0	9	28	22	14	10	10	15	108

この結果は後部要素が人名のトーンに影響しているをことを示している。

ここで東京方言のアクセントと長崎方言のトーンに注目すると、外来語や二字漢語で見られたものと同じ対応関係が見られる。すなわち、原則として東京方言において初頭2モーラにアクセントのある人名は長崎方言ではA型になり、東京方言でその他のパターンになる人名は長崎方言ではB型で発音されるのである。これは「子」や「美」のように、それを後部要素とする全ての人名が同じ

第5章 音調現象と語彙的指定　123

型になったものだけでなく、「村」「田」「山」のように、人名によってA型、B型に分かれるものについても言える。(43)、(44)、(45)に「村」「田」「山」を前部要素に持つ人名のトーンを東京方言におけるアクセントと合わせて示す。

(43)「村」を後部要素に含む人名のトーン

東京方言	A型	B型	MM-03	MF-07	MF-06	OF-05	YF-09
杉村 すぎ⌐むら	5	0	A	A	A	A	A
松村 まつ⌐むら	5	0	A	A	A	A	A
大村 おおむら⁰	3	2	A	A	A	B	B
西村 にし⌐むら	3	2	A	A	B	B	A
北村 きたむら⁰	0	5	B	B	B	B	B

(44)「田」を後部要素に含む人名のトーン

東京方言	A型	B型	MM-03	MF-07	MF-06	OF-05	YF-09
西田 に⌐しだ	4	1	A	A	B	A	A
杉田 す⌐ぎた	2	3	B	A	B	B	A
北田 きただ⁰	1	4	B	A	B	B	B
松田 まつだ⁰	0	5	B	B	B	B	B
大田 おおた⁰	0	5	B	B	B	B	B
東田 ひがしだ⁰	0	5	B	B	B	B	B
南田 みなみだ⁰	0	5	B	B	B	B	B

(45)「山」を後部要素に含む人名のトーン

東京方言	A型	B型	MM-03	MF-07	MF-06	OF-05	YF-09
松山 まつ⌐やま	3	2	A	A	B	B	A
杉山 すぎやま⁰	0	5	B	B	B	B	B
大山 おおやま⁰	0	5	B	B	B	B	B
北山 きたやま⁰	0	5	B	B	B	B	B
西山 にしやま⁰	0	5	B	B	B	B	B

「大村(おおむら⁰)」「杉田(す⌐ぎた)」は予測に反した対応関係に

なっているが、それ以外では一応上で述べた「初頭2モーラ―A型」「それ以外―B型」という対応関係が見られる。また、同じ対応関係は5モーラの人名でも見られるものである。今回調査した5モーラの人名の場合、東京方言ではアクセントはどれも第3モーラに置かれるが、長崎方言ではB型で発音されている。

　以上、本節では長崎方言における人名のトーンの調査結果を報告した。調査の結果、長崎方言の人名のトーンは、前部要素の長さと後部要素によって決まることが分かった。次節では、この結果に基づいて人名のトーンの基底形と規則について考察する。

3.2　人名のトーンの基底形と規則

　3.1節では東京方言と長崎方言の人名の音調について（46）の対応関係が見られることを指摘した。

(46) a.　東京方言で初頭2モーラにアクセントがあれば、長崎方言ではA型になる。
　　 b.　東京方言でそれ以外のアクセントパターンならば、長崎方言ではB型になる。

第3章で示した通り、この対応関係は人名に限定されるものではなく、外来語でも見られるものである。以下では、人名のトーンを外来語と同じ規則を用いて導く。

3.2.1　基底形

　前節で見た人名のトーンに関する規則性は（47）のようにまとめられる。

(47) 人名のトーンの規則性
　　 a.　前部要素が3モーラならばB型になる。
　　 b.　前部要素が2モーラ以下ならば、前部、後部に現れる形態素の組み合わせによってA型かB型かが決まる。
　　 c.　全体が2モーラならばA型になる。

このうち（47b, c）は東京方言と共通である。まず、「夫」や「美」のように全体を平板式にする後部要素について考えたい。後部要素に来たときに全体を平板式にするというのは、「村（むら）」や「線

（せん）」を後部要素にした複合語でも見られるものである。

(48) a. やまだむら⁰（山田村）、やまざきむら⁰（山崎村）、ふくおかむら⁰（福岡村）

b. とうざいせん⁰（東西線）、ちよだせん⁰（千代田線）、ふくおかせん⁰（福岡線）

このような形態素は平板化形態素と呼ばれるが、どういった形態素が平板化形態素になるかを音韻構造から一般化するのは難しい*7。そのため、平板化形態素には、その形態素を単独で発音するときのアクセントと複合語の後部要素になるときのアクセントを両方とも指定しておく必要がある。そこで、人名における「夫」や「美」も、複合語における「村」や「線」と同様に、人名の後部要素になったときに平板式にするという指定（下付きの"0"で表す）を持っていると考えたい。

一方、前部要素の音配列によってアクセントパターンが決まる人名は、そのアクセントを決めるための規則を適用するための特別な指定（下付きの"D"で表す）を持っていると考える。また、2モーラの人名がA型（下降調）で実現することから、人名も全てH^*+L-メロディーを持つ、すなわちA型が基底形であると仮定する。このようにして人名の基底表示が得られる。

(49) 人名の基底形

a. $_{H^*+L}$なつ-こ（夏子）、$_{H^*+L}$はる-み₀（春美）、$_{H^*+L}$すぎ-むら_D（杉村）

b. $_{H^*+L}$ゆ-み₀（裕美）、$_{H^*+L}$ひがし-むら_D（東村）

これは、2モーラや5モーラなどの長さによってトーンの型が決まるような人名（49b）についても同じであると考える。この基底形に対して適用する規則を次節で提案し、派生を示す。

3.2.2 派生

まず、"D"の指定を持つ人名に対して音配列に基づき平板式"0"の指定を持たせる規則が働くと考える。どういった音配列ならば平板式になるかを詳述するのは本章の目的から外れるため、緩すぎるが（50a）のようにしておく*8。また、2モーラの人名についても、

この段階でアクセントの指定が書き換えられると考える。ただし、5モーラの人名はこの段階での書き換えを必要としないので規則は適用されない。

(50) アクセント指定書き換え規則
  a. "D"を後部要素に持つとき、音配列の条件に適合すれば平板式にせよ。適合しないときは"D"の指定を削除せよ。
  b. 全体が2モーラならば、アクセントの指定("0"もしくは"D")を削除せよ。

(50)の規則によって"D"を書き換えた後、アクセントを付与する規則を適用する。東京方言において起伏式で発音される名前は、多くの場合、ラテン語アクセント規則の予測する位置と一致する*9。

(51) a. 3モーラ：た˥ろう、ま˥さこ、あ˥ずさ、さ˥くら、か˥どた、こ˥うた、や˥まべ
  b. 4モーラ：なか˥ふじ、し˥んざと、やま˥ざき、まつ˥うら、むら˥もと、そ˥うぐち
  c. 5モーラ以上：しもや˥なぎ、はたけ˥やま、うめば˥やし、みなみ˥むら、みどり˥ぐち

しかし、筆者の内省では、後部要素が重音節である人名において、アクセントが後ろから数えて3モーラ目にあるか、4モーラ目にあるかで判断がゆれる。

(52) a. ち˥くでん〜ちく˥でん（竹田）
  b. か˥くどう〜かく˥どう（角道）
  c. だいこ˥くぼう〜だいこく˥ぼう（大黒坊）

アクセントが後ろから数えて3モーラ目にあるのは、形態素境界にアクセントが置かれたパターンである。一方、アクセントが後ろから数えて4モーラ目にあるのは、ラテン語アクセント規則(29)に従った位置にアクセントが置かれたパターンである。このように、判断にゆれが見られる部分があるが、本章では、人名のアクセント規則としてラテン語アクセント規則(29)を仮定する*10。そして、平板式になる人名に指定されている"0"が実現する規則として

平板化規則（53）を仮定する。

 (53) 平板化規則

   "0"の指定を持つ要素が後部要素にあるならば、全体を平板式にせよ。

これらのアクセント規則を適用した後に、この表示に対して外来語と同じく H*+L-メロディー結合規則（30）が適用される。全体の派生を（54）に示す。

 (54) 人名のトーンの派生

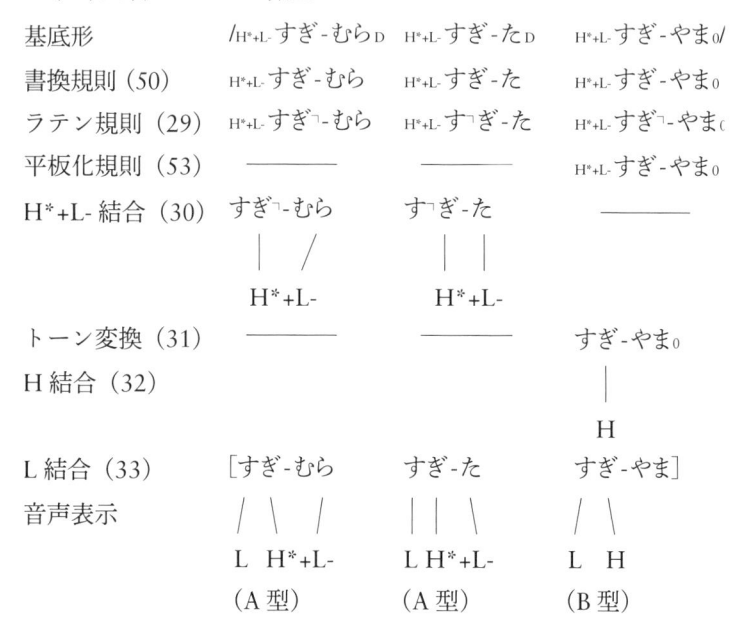

基底形	/H*+L-すぎ-むら D	H*+L-すぎ-た D	H*+L-すぎ-やま 0/
書換規則（50）	H*+L-すぎ-むら	H*+L-すぎ-た	H*+L-すぎ-やま 0
ラテン規則（29）	H*+L-すぎ⌐-むら	H*+L-す⌐ぎ-た	H*+L-すぎ⌐-やま 0
平板化規則（53）	———	———	H*+L-すぎ-やま 0
H*+L- 結合（30）	すぎ⌐-むら | / H*+L-	す⌐ぎ-た | | H*+L-	———

トーン変換（31）
H 結合（32）
	———	———	すぎ-やま 0
			  |
			  H

L 結合（33） 音声表示	［すぎ-むら / \\ L H*+L- （A 型）	すぎ-た | | \\ L H*+L- （A 型）	すぎ-やま］ / \\ L H （B 型）

 以上の規則は、前部要素が3モーラ以上のときにB型のみ現れるという制限を説明できる。すなわち、前部要素が3モーラ以上である場合、アクセントは第3モーラ以降に付与されるため、H*+L-メロディー結合規則が適用できずにB型になるのである。

(55) 前部要素が3モーラの人名の派生

基底形	/H*+Lひがし-むらD/	H*+Lみなみ-やまD/
書換規則 (50)	H*+L-ひがし-むら	H*+L-みなみ-やま
ラテン規則 (29)	H*+Lひがし⌐-むら	H*+Lみなみ⌐-やま
平板化規則 (53)	———	———
H*+L-結合 (30)	———	———
トーン変換 (31)	Hひがしむら	Hみなみやま
H結合 (32)	ひがしむら │ H	みなみやま │ H
L結合 (33) 音声表示	[ひがしむら] ／＼ L H (B型)	[みなみやま] ／＼ L H (B型)

このように、人名のトーンは外来語と同じ過程で派生させることができる。

3.3 まとめ

　本節では長崎方言の人名のアクセントについて考察した。人名のトーンがA型とB型のどちらの型になるかは、全体の長さ、前部要素の長さ、後部要素の形態素、全体の音配列によって予測可能であることがわかった。また、東京方言と同じく、ラテン語アクセント規則と、トーンメロディーの規則によって、長崎方言と東京方言の違いも記述することができた。

4. アルファベット関連語彙のトーン

　本節では長崎方言においてアルファベット頭文字語とアルファベット複合語のトーンにどのような規則性が見られるかを明らかにし、アルファベット関連語彙の規則性を記述するのに必要な基底形と規則について検討する。

4.1 他方言におけるアルファベット関連語彙の音調
4.1.1 標準語

よく知られているように、標準語はn音節につきn+1個のアクセントパターンを持つ。また、第3章でも紹介したように、外来語に関しては後ろから数えて3モーラ目を含む音節（McCawley（1968）など）、もしくは後ろから数えて2音節目が重音節ならばその音節、軽音節ならばさらに1つ前の音節（Kubozono（1996）など）にアクセントがくる。

(56) 標準語の外来語アクセント

　　　　　パ⌐ーティー、サ⌐ンキュー、プロ⌐セス、グル⌐ープ、
　　　　　ア⌐マゾン、ビタ⌐ミン

ア頭文字語も外来語だが、パ⌐ーティーとイーティ⌐ー（ET）の対比からも明らかなように、同じ音節構造を持つ場合であってもア頭文字語のアクセントは一般の外来語と異なり基本的に最終要素（最後の文字）の第1モーラにくる（Kubozono 2003, 2010）。

(57) アクセントのあるア頭文字語（Kubozono 2003 より）

a. イーティ⌐ー（ET）、アイキュ⌐ー（IQ）、エフエ⌐ー（FA）、ピーケ⌐ー（PK）
b. ジェイア⌐ール（JR）、ディーエ⌐イチ（DH）、ブイエ⌐ックス（VX）
c. エヌエイチケ⌐ー（NHK）、ビージーエ⌐ム（BGM）、ワイエムシーエ⌐ー（YMCA）

最終要素のアクセントを保持するというア頭文字語の特性は複合語と同じものである。第4章で紹介したように、複合語は(58c)のように最終音節でない限り (58a, b)のように基本的に最終要素のアクセントを保持する（McCawley 1968、Kubozono 1995、田中 2008 など）。

(58) 標準語の複合語アクセント（Kubozono 1995 (20) より）

a. マイクロ⁰＋バ⌐ス→マイクロバ⌐ス
b. ガラス＋マ⌐ド→ガラスま⌐ど（ガラス窓）
c. 一⌐年＋セ⌐イ→イチネ⌐ンセイ（一年生）

また、標準語の複合語アクセントは原則として後部要素が同じ形態

素なら同じアクセントパターンになり（McCawley 1968 や Kubozono 1995 など）*11、それはアルファベットが前部要素にあっても変わらない。

(59) 通常の複合語とア複合語の例（筆者の内省）
　　a. 野球チ￢ーム、サッカーチ￢ーム、Aチ￢ーム、Fチ￢ーム、Rチ￢ーム
　　b. 血液型⁰、朝型⁰、L型⁰、O型⁰、R型⁰

ア頭文字語は起伏式が基本的なパターンであるが、全体が4モーラで軽音節の連続で終わる場合、平板式になる。

(60) 平板式のア頭文字語（Kubozono 2003 より）
　　　　エスエル⁰（SL）、オーエス⁰（OS）、エフエム⁰（FM）

全体が4モーラで軽音節連続で終わるときに平板式になるというのは、外来語と同じ特性である。

(61) 標準語の外来語アクセント（Kubozono 1996 より）
　　　　アメリカ⁰、アリゾナ⁰、アイダホ⁰、モンタナ⁰

このように、標準語のア関連語彙のアクセントは基本的に複合語と共通の特性を持ち、全体が4モーラで軽音節の連続で終わるときに限り、外来語と共通の特性を持つ。

4.1.2 鹿児島方言

長崎方言と同じ二型アクセント体系を持つ鹿児島方言では、窪薗・木部（2004）や窪薗（2007）によってアルファベット関連語彙の研究が行われている。窪薗・木部（2004）や Kubozono（2005, 2010）は、鹿児島方言のア頭文字語における音調のパターンは複合語の音調規則であるところの平山の法則によって説明できるとしている。まず、アルファベット単独の音調は音節数によって2つのパターンに分かれる。2音節以上から成る字の場合はA型に（=（62a））、1音節から成る字の場合はB型になる（=（62b））。ただし、V、Y、Qは例外的に1音節だがA型になる（=（62c））。

(62) 鹿児島方言におけるアルファベット単独の音調のパターン
　　a. ［エ］フ（F）、［エ］ル（L）、［エイ］チ（H）、エッ［ク］ス（X）

b. ［エー（A）、［ディー（D）、［オー（O）、［ピー（P）
c. ［ブ］イ（V）、［ワ］イ（Y）、［キュ］ー（Q）

鹿児島方言においてア頭文字語のトーンは、平山の法則どおりになる。すなわち、最初のアルファベットの型がア頭文字語全体の型になる。(63) に例を示す。

(63) 鹿児島方言におけるア頭文字語のトーンのパターン
 a. エフ［エ］ム（FM）、エ［ル］ピー（LP）、エヌエイ［チ］ケー（NHK）
 b. エーエ［ム（AM）、ディーエイ［チ（DH）、ピーティー［エー（PTA）
 c. ブイエイチ［エ］ス（VHS）、ワイ［ケ］ーケー（YKK）、［キュー］ピー（QP）

このように、鹿児島方言におけるア関連語彙のトーンの分布は音韻構造と複合語の規則によって説明できる。

一方、長崎方言のアルファベット関連語彙については上野 (2005) が坂口至氏の私信をもとに報告している。

(64) 上野 (2005) による一般化
 a. アルファベット単独はA型である。
 b. アルファベット関連語彙はB型である。

長崎方言における複合語のトーンは、前部要素が2モーラ以下ならば、前部要素のトーンが複合語全体のトーンになるが、この報告は、長崎方言のアルファベット関連語彙が複合語と異なる規則性を持つことを示している。

しかし、上野 (2005) で調査されているアルファベット複合語は後部要素が「組」と「型」のみである。これらは東京方言では複合語の後部要素に来ると平板化を起こす形態素である。

(65) a. たか⌐はし＋くみ⌐→たかはしぐみ⁰（高橋組）
  b. ほ⌐んこん＋かた⌐→ほんこんがた⁰（香港型）

そうすると、長崎方言においても後部要素が複合語のトーンに影響した可能性が考えられる。そのため、他の形態素を後部要素に含む場合も調査を行う必要がある。以下では、4.2節でアルファベット頭文字語について、4.3節でアルファベット複合語について調査結

果を報告する。

4.2 アルファベット頭文字語のトーン
4.2.1 方法
　調査で使用した語彙はアルファベット単独26語と、ア頭文字語84語である。ア頭文字語は窪薗・木部（2004）に記載されたものをもとにし、いくつかの差し替えと追加を行った。1文字目の音節数と全体の文字数の内訳を（66）に示す。

（66）アルファベット頭文字語の内訳

	1音節	2音節	3音節	合計
2文字	32	12	2	46
3文字	28	9	1	38
合計	60	21	3	84

話者はMM-04（1940年生）、MF-06（1947年生）、MF-07（1953年生）の計3名である。

4.2.2 結果
　アルファベット単独ではMF-06がRをB型で発音したのを除いて全てA型であった。一方、ア頭文字語はA型のトークンが2個（QP・MF-07、AP・MM-04）だったのに対して、B型は250個になった。この結果は、ほぼ上野（2005）の観察と一致する。

4.2.3 考察
　前節の結果から、長崎方言のア頭文字語のトーンの型が、外来語と同じく、標準語のアクセントと対応関係を持つと考えることができる。第3章で示したように、長崎方言の外来語トーンは、標準語において初頭2モーラにアクセントがあればA型に、標準語においてそれ以外のパターンならばB型になる。アルファベットの場合、標準語におけるアルファベット単独のアクセントは頭高型になり、ア頭文字語のアクセントは平板式、もしくは頭文字語の最終要素の初頭音節にアクセントが置かれる。つまり、ア頭文字語は初頭2モ

ーラにアクセントは置かれない。そのため、外来語と同じ原理で決まるなら、長崎方言のアルファベットのトーンは単独ならばA型、頭文字語ならばB型になることを予測する。

(67) ア 頭文字語における標準語のアクセントと長崎方言のアクセントの対応

単語	FM	PC	PR	PTA
標準語	エフエム⁰	ピーシ⁻ー	ピーア⁻ール	ピーティーエ⁻ー
長崎方言	エフエム=	ピーシー=	ピーアール=	ピーティーエー=

前節の結果はこの予測と一致する。したがって、長崎方言のアルファベット単独、ア頭文字語のトーンの型は、外来語や人名などと同じく、標準語のアクセントの位置と対応関係を持っていると言える。アルファベット単独で全てA型になったことについても同様の説明が可能である。

一方、ア頭文字語のトーンは複合語と同じ規則性を持っていない。第4章で示したように、長崎方言において複合語トーンの型を決めるのは、複合語の前部要素の長さ（モーラ数）とトーンの型であった。そこで、アルファベットをモーラ数別に分類すると、(68) のようになる。

(68) アルファベット単独の発音
　　a.　2モーラ：A ([エ]ー〜[エ]イ)、B ([ビ]ー)、C ([シ]ー)、D ([ディ]ー〜[デ]ー)、E ([イ]ー)、F ([エ]フ)、G ([ジ]ー)、I ([ア]イ)、J ([ジェ]イ〜[ジェ]ー)、K ([ケ]ー〜[ケ]イ)、L ([エ]ル)、M ([エ]ム)、N ([エ]ヌ)、O ([オ]ー)、P ([ピ]ー)、Q ([キュ]ー)、S ([エ]ス)、T ([ティ]ー)、U ([ユ]ー)、V ([ブ]イ)、Y ([ワ]イ)
　　b.　3モーラ以上：H (エ[ッ]チ〜エ[イ]チ)、R (ア[ー]ル〜アール=)、W (ダ[ブ]ル〜ダ[ブ]リュー)、X (エ[ッ]クス)、Z (ゼ[ッ]ト〜ジェ[ッ]ト)

アルファベット単独のトーンは（1個のトークンを除き）A型であった。そのため、もしア頭文字語の音調が複合語トーンと同じ規則

性を持つならば、(68a) のアルファベットを前部要素に持つア頭文字語はA型、(68b) のアルファベットを前部要素に持つア頭文字語はB型になるはずである。しかし、ア頭文字語での発話はB型が圧倒的に優勢であった。したがって、ア頭文字語のトーンは複合語と同じ規則性を持つと結論づけることはできない。

このように、長崎方言では、標準語や鹿児島方言と異なり、ア頭文字語のトーンは複合語の規則とは異なり、外来語と同じ原理によって決まる。

4.3　アルファベット複合語のトーン
4.3.1　方法

調査で使用した語彙は、後部要素に「さん」「型」「席」「チーム」を含むア複合語104語である。上野 (2005) は「型」と「組」を後部要素に含む複合語を調査していた。しかし、標準語において、「型」と「組」を後部要素に含む複合語はいずれも平板式になる。

(69) a.　型：血液型⁰、無鉄砲型⁰、朝型⁰、夜型⁰
　　 b.　組：五人組⁰、伊賀組⁰、前田組⁰、堀内組⁰

これでは後部要素が複合語全体のアクセントに影響する可能性を排除できない。そこで、今回の調査では、標準語における複合語アクセントのパターンにバリエーションを持たせるために調査語彙を変えた。「さん」「型」「席」「チーム」を後部要素に含む複合語の標準語におけるアクセントパターンを (70) に示す。

(70) さん：前部要素のアクセントパターンがそのまま実現する。
　　　　　例：山⌐口→山⌐口さん、竹田⁰→竹田さん⁰
　　 型：平板式で実現する。
　　　　　例：血⌐液→血液型⁰、ア⌐サ（朝）→朝型⁰
　　 席：前部要素の最終音節にアクセントが置かれる。
　　　　　例：予約⁰→予約⌐席、ソファー→ソファ⌐ー席
　　 チーム：後部要素の第1音節にアクセントが置かれる。
　　　　　例：野球⁰→野球チ⌐ーム、サッカー→サッカーチ⌐ーム

話者はア頭文字語の調査と同じである。

4.3.2 結果

調査の結果は上野（2005）による報告より複雑なものであった。以下に後部要素の形態素別の結果を報告する。

「チーム」を後部要素に含む複合語のトーンの型と前部要素の長さについての調査結果を（71）に示す。

(71)「チーム」を後部要素に含む複合語のトーンと前部要素の長さ

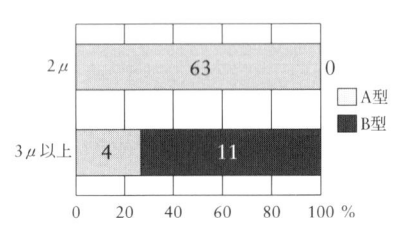

	A型	B型
2μ	63	0
3μ以上	4	11

この結果から明らかなように、前部要素が2モーラの場合A型が、前部要素が3モーラ以上の場合はB型が優勢になっている。なお、前部要素が3モーラ以上の場合にA型で発音されたのは全てMM-04によるもので、この話者はHチームを除き全てA型で発音している。

「席」を後部要素に含む複合語のトーンの型と前部要素の長さについての調査結果を（72）に示す。

(72)「席」を後部要素に含む複合語のトーンと前部要素の長さ

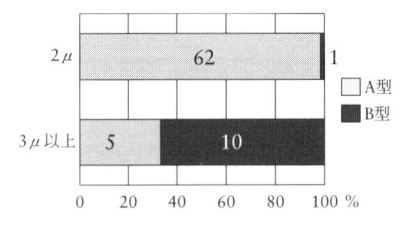

	A型	B型
2μ	62	1
3μ以上	5	10

「席」を後部要素に含む複合語の場合も、「チーム」を後部要素に含む複合語と同様、前部要素が2モーラならばA型が、3モーラ以上ならばB型が優勢になった。なお、前部要素が2モーラでB型になったのは、MM-04のI席で、前部要素が3モーラ以上でA型になったのは、MF-06のH席とZ席、MM-04のH席、R席、W席で

ある。

　「さん」を後部要素に含む複合語のトーンの型と前部要素の長さについての調査結果を（73）に示す。

　(73)「さん」を後部要素に含む複合語のトーンと前部要素の長さ

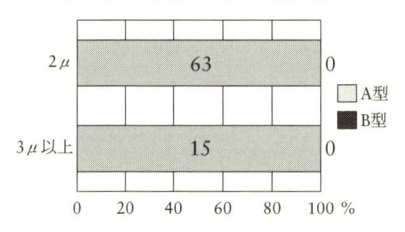

前部要素の長さ	A型	B型
2μ	63	0
3μ以上	15	0

　「さん」を後部要素に含む場合、前部要素の長さに関わらず全てA型で発音された。

　「型」を後部要素に含む複合語のトーンの型と前部要素の長さについての調査結果を（74）に示す。

　(74)「型」を後部要素に含む複合語のトーンと前部要素の長さ

前部要素の長さ	A型	B型
2μ	5	58
3μ以上	1	14

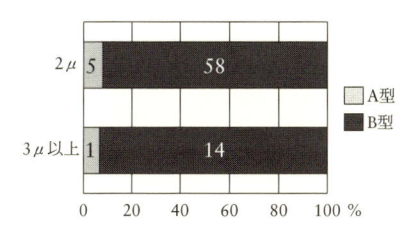

　「チーム」や「席」を後部要素に含む複合語の場合と異なり、「型」を後部要素に含む複合語の場合、前部要素の長さに関わらずB型が優勢となった。なお、A型で発音されたのはMF-06のF型、H型、I型、MM-04のF型、G型、M型であった。

4.4　アルファベット関連語彙の基底形と規則

　4.2及び4.3節の結果をまとめると（75）のようになる。
　(75) a.　アルファベット単独ではA型になる。
　　　 b.　アルファベット頭文字語はB型になる。
　　　 c.　「さん」が後部要素であるアルファベット複合語はA型になる。

d. 「型」を後部要素であるアルファベット複合語はB型になる。
   e. 「チーム」「席」が後部要素であるアルファベット複合語は、前部要素が2モーラならばA型に、前部要素が3モーラ以上ならばB型になる。

アルファベット単独がA型になることから、アルファベットの基底形はA型であると仮定する。アルファベット頭文字語については、東京方言と同じアクセント規則を仮定するというのと、アルファベット頭文字語は平板式にするという規則を仮定するという2つの可能性が考えられる。東京方言のアルファベット頭文字語のアクセントは（76）のように一般化できる。

(76) 東京方言のアルファベット頭文字語のアクセント
   a. 全体が4モーラで、最後の2音節が軽音節ならば平板式になる。
   b. それ以外ならば、最終要素の初頭モーラにアクセントを置く。

(77) a. オーエス⁰（OS）、エフエム⁰（FM）、エルエル⁰（LL）
    b. オーエ⌐ー（OA）、エフシ⌐ー（FC）、ピーア⌐ール（PR）

アルファベット頭文字語について、東京方言と同様のアクセント規則を長崎方言についても仮定すると、（77）に示すように初頭2モーラにアクセントは来ないため、H*+L-メロディー結合規則は適用されず、その結果、アルファベット頭文字語はどれもB型になる。

(78) アルファベット頭文字語の派生1

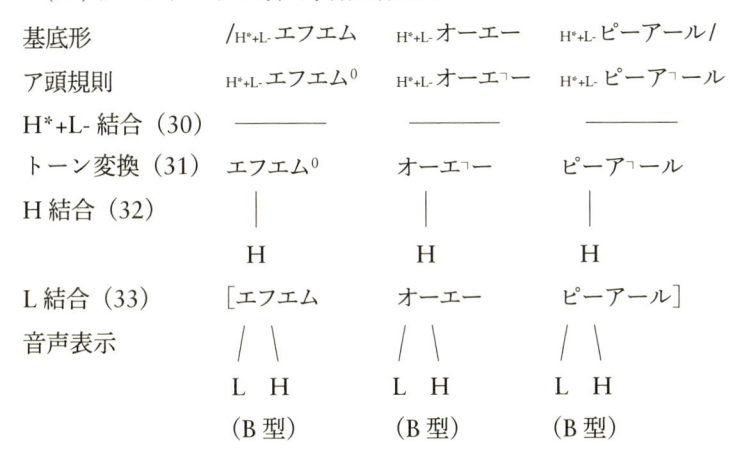

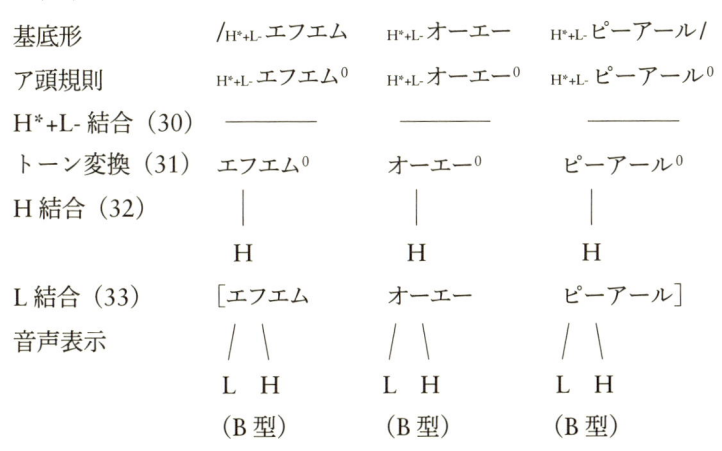

基底形	/H*+L-エフエム	H*+L-オーエー	H*+L-ピーアール/
ア頭規則	H*+L-エフエム⁰	H*+L-オーエー⁻	H*+L-ピーア⁻ール
H*+L-結合（30）	———	———	———
トーン変換（31）	エフエム⁰	オーエー⁻	ピーア⁻ール
H結合（32）	| H	| H	| H
L結合（33） 音声表示	［エフエム］ ／　＼ L　H （B型）	オーエー ／　＼ L　H （B型）	ピーアール］ ／　＼ L　H （B型）

一方、アルファベット頭文字語は全体を平板にするという規則(79)を仮定した場合でも、同じくH*+L-メロディー結合規則は適用されないので、アルファベット頭文字語はどれもB型になる。今のところどちらの規則を用いても同じ結果が得られるが、ここではアルファベット頭文字語は全体を平板にするという規則を用いる。

(79) アルファベット頭文字語アクセント規則

  アルファベット頭文字語は全体を平板式にせよ。

(80) アルファベット頭文字語の派生2

基底形	/H*+L-エフエム	H*+L-オーエー	H*+L-ピーアール/
ア頭規則	H*+L-エフエム⁰	H*+L-オーエー⁰	H*+L-ピーアール⁰
H*+L-結合（30）	———	———	———
トーン変換（31）	エフエム⁰	オーエー⁰	ピーアール⁰
H結合（32）	| H	| H	| H
L結合（33） 音声表示	［エフエム］ ／　＼ L　H （B型）	オーエー ／　＼ L　H （B型）	ピーアール］ ／　＼ L　H （B型）

次に、アルファベット複合語の基底形と規則について考察する。後

部要素が「型」であるアルファベット複合語は、全体が平板式になる。これは、「夫」や「美」を後部要素に含む人名が平板式になるのと同じ特徴を持っている。そのため、複合語の後部要素になったら平板式にするという語彙的な指定（下付きで"0"）を持つと考える。また、「さん」は前のアクセントをそのまま残すという点で他の複合語と異なる性質を持つ。ここでは、「さん」はアクセントの規則にとって不可視であるため、複合語規則が適用されないと仮定する。この語彙的な指定は単語をカッコで括ることによって表示する。

第4章において、長崎方言の複合語のアクセント規則として(81)と(82)を提案した。ここでもこの規則を用いる。

(81)長崎方言の複合語アクセント規則
　　　前部要素の最終モーラにアクセントを付与せよ。
(82)トーン継承規則
　　　前部要素のトーンメロディーを複合語のトーンメロディーにせよ。

まず、「さん」がついたときの派生を(83)に示す。

(83)

	/H*+L-シー(+さん)	H*+L-エル(+さん)	H*+L-アール(+さん)/
ラテン規則(29)	H*+L-シー(+さん)	H*+L-エル(+さん)	H*+L-アール(+さん)
複合語規則(81)	———	———	———
平板化規則(53)	———	———	———
トーン継承(82)	H*+L-シー(さん)	H*+L-エル(さん)	H*+L-アール(さん)
H*+L-結合(30)	シーさん	エルさん	アールさん
	| |	| |	| /
	H*+L-	H*+L-	H*+L-
トーン変換(31)	———	———	———
H結合(32)			
L結合(33)	[シーさん	エルさん	アールさん]
音声表示	/ \ \	/ \ \	/ \ /
	L H*+L-	L H*+L-	L H*+L-
	(A型)	(A型)	(A型)

「さん」はアクセント規則にとって不可視であるため、長さに関わらずA型で現れる。次に「型」を後部要素にする複合語の派生を（84）に示す。

（84）

	/H*+L-シー＋かた0	H*+L-エル＋かた0	H*+L-アール＋かた0/
ラテン規則(29)	H*+L-シー＋かた0	H*+L-エル＋かた0	H*+L-アー⌐ル＋かた0
複合語規則(81)	H*+L-シー⌐＋かた0	H*+L-エル⌐＋かた0	H*+L-アー⌐ル＋かた0
平板化規則(53)	H*+L-シー＋かた0	H*+L-エル＋かた0	H*+L-アール＋かた0
トーン継承(82)	H*+L-シーかた0	H*+L-エルかた0	H*+L-アールかた0
H*+L-結合(30)	———	———	———
トーン変換(31)	シーかた	エルかた	アール＋かた
H結合(32)	｜	｜	｜
	H	H	H
L結合(33)	［シーがた	エルがた	アールがた］
音声表示	／＼	／＼	／＼
	L H	L H	L H
	（B型）	（B型）	（B型）

　このように、後部要素が「型」の場合、平板化規則の適用により、全てB型で実現するようになる。「席」や「チーム」はアクセントに関する指定がない。そのため、複合語アクセント規則(81)の適用を受ける。(85)に後部要素が「席」の場合の場合を示す。

(85)

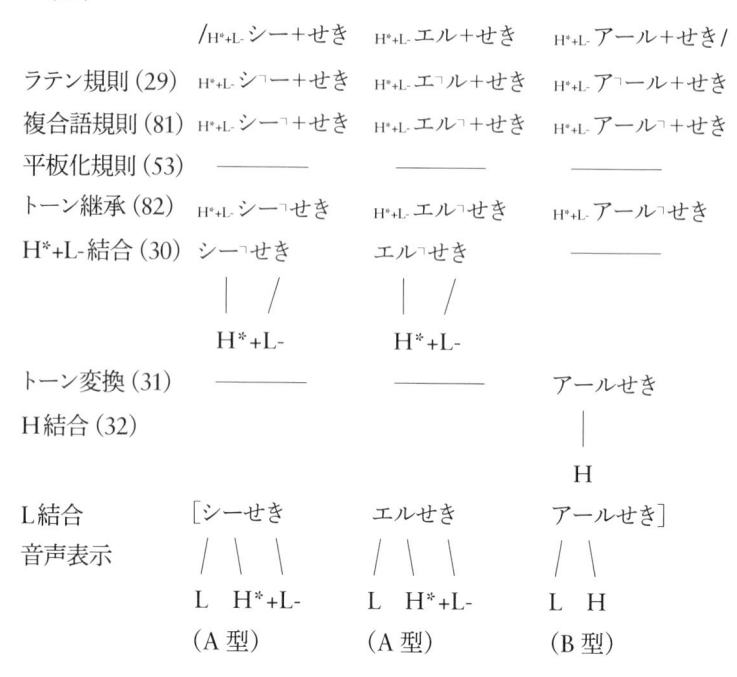

		/H*+L-シー+せき	H*+L-エル+せき	H*+L-アール+せき/
ラテン規則 (29)		H*+L-シー⌐+せき	H*+L-エル⌐+せき	H*+L-アール⌐+せき
複合語規則 (81)		H*+L-シー⌐+せき	H*+L-エル⌐+せき	H*+L-アール⌐+せき
平板化規則 (53)		———	———	———
トーン継承 (82)		H*+L-シー⌐せき	H*+L-エル⌐せき	H*+L-アール⌐せき
H*+L-結合 (30)		シー⌐せき | H*+L-	エル⌐せき | H*+L-	———
トーン変換 (31)		———	———	アールせき | H
H結合 (32)				
L結合 音声表示		[シーせき / \ L　H*+L- （A型）	エルせき / \ L　H*+L- （A型）	アールせき] / \ L　H （B型）

　以上では、アルファベット頭文字語やアルファベット複合語は、外来語や複合語と同じ規則によって記述できることを明らかにした。

4.5　まとめ

　本節では、長崎方言のアルファベット頭文字語、アルファベット複合語のトーンがどのような規則性を持つかを明らかにし、その規則性を外来語や複合語と同じ規則によって記述した。

　第4章の調査では、長崎方言の複合語トーンには後部要素の形態素が関与していなかったが、本節の調査では、一部の形態素（たとえば「型」）は前部要素に関わらずトーンをB型にする性質を持っていることが明らかになった。これは第4章で見てきた複合語には見られなかった特徴である。今後は、同じ特性を持つ形態素が他にもないか、そして、前部要素に関わらず複合語をB型にするという特性がアルファベット複合語以外にも見られるのかを検討する必要がある。

5. 形態素に対するアクセント指定と音韻規則　まとめ

　本章では、長崎方言の二字漢語、人名、アルファベット関連語彙のトーンについて検討した。その結果、二字漢語、人名、アルファベット頭文字語では、東京方言で初頭2モーラにアクセントがあればA型に、東京方言でそれ以外のアクセントパターンならばB型に発音されるという規則性が見られた。また、アルファベット複合語は他の複合語と同様、前部要素が2モーラ以下ならば前部要素のトーン（A型）が、前部要素が3モーラ以上ならばB型が複合語全体のトーンになった。

　そして、この規則性を記述するために必要な基底形と規則を提案した。二字漢語、人名、アルファベットの基底形は、原則としてH*+L-メロディーを持った形（A型）であり、一部の人名や複合語の後部要素は全体を平板式にするというアクセントに関する指定を持っていることを主張した。

(86) 形態素に対する指定
　　a.　前部要素によって平板式にする（例：田、山）
　　b.　名前全体を平板式にする（例：夫、美）
　　c.　複合語全体を平板式にする（例：型）

これらの形態素を含む語彙について、まず、以下のアクセントを指定する規則を適用し、アクセントのパターンを決めた。

(50) アクセント指定書き換え規則
　　a.　"D"を後部要素に持つとき、音配列の条件に適合すれば平板式にせよ。適合しないときは"D"の指定を削除せよ。
　　b.　全体が2モーラならば、アクセントの指定（"0"もしくは"D"）を削除せよ。

(29) ラテン語アクセント規則
　　　　次末音節が重音節ならばそこに、軽音節ならばもう1つ前の音節にアクセントを付与せよ。

(81) 複合語アクセント規則
　　　　前部要素の最終モーラにアクセントを付与せよ。

(53) 平板化規則

  "0"の指定を持つ要素が後部要素にあるならば、全体を平板式にせよ。

(28) 二字漢語のアクセント規則

  a. 後部要素が2モーラの場合、全体を平板式にせよ。

  b. 前部要素に促音を含む場合、全体を平板式にせよ。

次に、以下のトーンメロディーに関する規則が適用され、音声表示が導かれた。

(82) トーン継承規則

  前部要素のトーンメロディーを複合語のトーンメロディーにせよ。

(30) H*+L-メロディー結合規則（再改訂版）

  初頭2モーラにアクセントがあれば、第2モーラにH*を、最終モーラにL-を結合せよ。ただし、全体が2モーラならば第1モーラにH*を結合せよ。

(31) トーン変換規則

  どのモーラにも結合されていないH*+L-メロディーをHメロディーにせよ。

(32) Hメロディー結合規則

  Hメロディーを第2モーラに結合せよ。

(33) Lメロディー結合規則

  第1モーラに何も結合されていなければ、第1モーラにLを結合せよ。

これらの規則のほとんどは、外来語や複合語でも用いた規則である。このことは、これらの規則が長崎方言において一般的なものであることを示唆している。

 今後、5モーラ以上の人名のトーンについて調査を行うことで、長崎方言にアクセントがあるかという疑問が解決されていくと思われる。また、第4章では見られなかった、平板化形態素（「型」）についても、東京方言のアクセントに関して言われている平板化形態素をさらに調査していくことによって、形態素における語音調の指定という点で方言差が見られるかなどが明らかになっていくだろう。

*1 影山（1993）によると、二字漢語は語幹レベルであり、「ないし」や「および」で並列させることができない（i-a）のに対して、複合語の場合はそれが可能である（i-b）という。（(i) は影山による判断）
(i) a.*［中国ないし韓国］人、*［日本及び台湾］ザル、* 不［衛生ないし摂生］
　　b. 中国人ないし韓国人、日本ザル及び台湾ザル、不衛生ないし不摂生
*2 ただし、「子」の前が3モーラ以上ある場合は「子」の直前にアクセントが置かれる。
(i) さくら⌐こ（桜子）、かおる⌐こ（薫子）、しょうわ⌐こ（昭和子、プロレスラーの名前）
*3 なお、三字以上からなるアルファベット頭文字語のアクセントは最後の字の初頭音節に置かれる。
(i) a.アイピーエ⌐ー（IPA）、エージーエ⌐フ（AGF）、ビーエムダ⌐ブル（BMW）
　　b.アイエスディーエ⌐ヌ（ISDN）、シーティービーティ⌐ー（CTBT）
*4 漢語の第2音節の母音は予測可能なので基底形では存在しないと考えられているが（Tateishi 1990, Ito and Mester 1996）、音調の議論には関わらないので、特に分節音単位で表記しない。
*5 3モーラ+1モーラの人名もB型になるが、これらは「田」が後部要素にある人名のため、前部要素の長さが問題なのか後部要素が原因なのかが分からない。
*6 「平」は1名の話者のみA型で発音したものだったので例外として以下では扱わない。
*7 McCawley（1968）は平板化形態素には尾高型が多いことを指摘しているが、その理由については不明であるとしている。
*8 「田」を後部要素とする人名に関して佐藤（2007）において詳細に検討されている。
*9 「一太郎」、「小太郎」や「梅次郎」、「小次郎」のような「太郎」や「次郎」などを後部要素にする名前については別のアクセント規則が必要である（窪薗1998）が、ここでは割愛する。
*10 氏名のアクセントと外来語アクセントを同じ一般化でもって捉えたものに寺川・日下（1941）がある。第3章でも言及したように、寺川・日下は「基本アクセント」という概念（いわゆるデフォルトのアクセントと言い換えて差し支えないだろう）を用いて、外来語のほかに氏名もこれに従うとしている。ただし氏名のアクセントには様々な例外があり、それについては寺川（1945）で一般化を行っている。
*11 全体が短い場合、前部要素の影響を受ける（Kubozono and Fujiura 2004）が、本章の議論とは関わらないのでこれ以上は立ち入らない。

第6章
和語の音調現象

　本章では、3モーラの和語におけるトーンの分布について考察する。そして、長崎方言における和語のトーンは、外来語や人名とは異なり、東京方言のアクセントの有無と対応関係があることを指摘する。また、音節構造や形態構造などが長崎方言のトーンに影響するかどうかを検討する。

1. 和語における語音調の規則性

1.1　類別語彙

　従来から、日本語諸方言における和語の語音調に関する研究は多く行われており、主に語音調の歴史的な変遷や祖形に関心が向けられている。語音調の区別を持つ方言では、あるパターンを持つ語で1つのグループにまとめることができる。方言間で比較すると、パターンの音声形は異なるのに対して、グループ内の単語が同じであることがある。このグループに属する語彙は類別語彙と呼ばれる。金田一（1937、1974）によると、2モーラ語は5つのグループに分類できるという。平山（1960）を参考にして、東京方言、京都方言、長崎方言の和語の語音調を（1）に示す。（△は助詞を表わす）

(1) 方言間の語音調の対応

1モーラ語

語類	第1類	第2類	第3類
例	柄/子/戸	名/葉/日	木/田/火
東京	○[△	○[△	[○]△
京都	[○△	[○]△	○[△
長崎	[○]△	[○]△	○△=

2モーラ語

語類	第1類	第2類	第3類	第4類	第5類
例	姉/柿/庭	痣/石/川	足/草/山	跡/麦/肌	雨/琴/股
東京	○[○△	○[○]△	○[○]△	[○]○△	[○]○△
京都	[○○△	[○]○△	[○]○△	○○[△	○[○]△
長崎	○[○]△	○[○]△	○○△=	○○△=	○○△=

類別語彙における東京方言と長崎方言の語音調のパターンを比べると、高低がほぼ逆の関係になっている。すなわち、東京方言でアクセントがある単語は、長崎方言では非下降調のB型になり、東京方言でアクセントがない単語は、長崎方言ではA型になるのである。坂口（2001）によると、この関係は名詞だけではなく、動詞や形容詞についても当てはまるという。なお、本書の話者（OF-05、MF-06、MF-07）についても、80語ほどの類別語彙について調査したところ同じ結果が得られた*1。

1.2 音節構造、形態構造、聞こえ度とアクセント

前節で見た語音調の規則性は異なる方言間の対応関係に見られるものであった。それでは、1つの方言内で共時的に見られる規則性にはどのようなものがあるだろうか。

Kubozono（2006）によると、東京方言では、和語の71％が平板式になるという。そして、残り30％の語におけるアクセントの位置は、音節構造や形態構造の影響を受けているという。Kubozono（2006）によれば、起伏式になる語だけに絞った場合、軽音節＋重音節からなる語の79％が第2モーラにアクセントが置

かれるという。Kubozono（2006）は、これは重音節は軽音節よりもアクセントが置かれやすいという多くの言語で見られる原理の反映であると説明している。このことから、Kubozono（2006）は和語においても音節構造がアクセントに影響するとしている。

また、田中（2008）はNHK『日本語発音アクセント辞典』（1985年版）に収録されている3モーラ、4モーラの和語3131語のアクセントについて分析を行い、和語のアクセントは全体の約7割が平板式になることを指摘している。さらに、田中（2008）はアクセントのある和語について、アクセントの位置について分析し、形態素境界がある場合はそこに置かれ、ない場合は第1モーラにアクセントが置かれやすい傾向にあることを指摘した。

(2) 形態素境界とアクセント（ハイフンで形態素境界を示す）
 a. うす-び⁰（薄日）、け-あな⁰（毛穴）、いわし⁰（鰯）
 b. よ⌐-みち（夜道）、の⌐-たか（野鷹）
 c. いた⌐-ど（板戸）、なか⌐-み（中身）
 d. あ⌐るじ（主）、な⌐みだ（涙）

なお、田中（1998）は母音の聞こえ度に着目しており、形態素境界を含まない3モーラ和語において、第1モーラにアクセントが置かれるパターンが多く見られるのは、初頭音節の母音が /a/ であるものだということを指摘している。これは母音 /a/ が聞こえ度が最も高いため、アクセントが置かれやすいのだと説明している。

このように、東京方言における3モーラの和語のアクセントは、基本的に平板式が多いものの、起伏式のアクセントの位置は音節構造、形態構造、母音の聞こえ度の影響を受けている。

2. 長崎方言の和語におけるトーンの分布

本節では、長崎方言において音節構造、形態構造、母音の聞こえ度がトーンの分布に影響するかどうかを検討する。

2.1 調査概要

調査語彙として、上野善道氏作成の『アクセント調査票B』に掲

載されている3モーラ語のうち、類別語彙に含まれない和語名詞を256語抽出した。話者はOF-05、MM-04、MF-06、MF-07の4名である。これらの話者が調査語彙を読んだものを記録した結果、1024個のトークンが集まった。

2.2　東京方言のアクセントとの対応関係

　まずトークン全体の分布を見る。東京方言では音節構造に関わらず和語は平板式になる語が多かった。その一方で、外来語などでは東京方言のアクセントと長崎方言のトーンについて（3）の対応関係が見られた。

　(3)　東京方言のアクセントと長崎方言のトーンの対応関係

　　　a.　東京方言で初頭2モーラにアクセントがあれば、長崎方言ではA型になる。

　　　b.　東京方言でそれ以外のアクセントパターンならば、長崎方言ではB型になる。

この対応関係が和語にも見られるならば、長崎方言の和語はB型が多く見られるはずである。ところが、トークン全体の分布を見ると、A型が488個（47.7%）、B型が536個（52.3%）であった。

　(4)　3モーラ和語の分布

A型	B型	合計
488（47.7%）	536（52.3%）	1024

　(5)　A型：え[も]の（獲物）、す[き]ま（隙間）、し[つ]け（躾）
　　　B型：でぐち＝（出口）、わかて＝（若手）、ひとみ＝（瞳）

　次に、東京方言のアクセントとの対応関係を見てみると、東京方言において第1モーラにアクセントがある場合と第3モーラにアクセントがある場合はB型に、東京方言において平板式になる場合はA型が優勢になった。

(6) 東京方言のアクセントと長崎方言のトーン

	A型	B型	合計
1μ	55 (33.5%)	109 (66.5%)	164
2μ	47 (53.4%)	41 (46.6%)	88
3μ	27 (16.1%)	141 (83.9%)	168
平板式	359 (59.4%)	245 (40.6%)	604
合計	488 (47.7%)	536 (52.3%)	1024

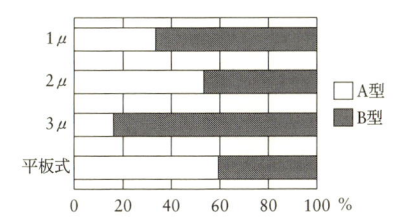

東京方言において第2モーラにアクセントがある和語では、A型とB型の語数の間に大きな差は見られなかったが、このタイプの単語を詳しく見てみると、「おつゆ」や「お古」のように接頭辞の「お」を伴ったものが32個見られ、そのうち27個（84.4%）がA型であった。そこで、この32個を除外した56個ついて分析したところ、36個（64.3%）がB型であった。すなわち、東京方言で第2モーラにアクセントがある和語についても、第1モーラ、第3モーラにアクセントがある単語と同様、B型になるという傾向が見られるのである。

(7) 和語における東京方言のアクセントと長崎方言のトーンの対応関係
    a. 東京方言においてアクセントがある和語は、長崎方言においてB型になる。
    b. 東京方言においてアクセントがない和語は、長崎方言においてA型になる。

このように、(7)の対応関係は類別語彙だけではなく、他の和語にも見られることが明らかになった。

しかし、和語の場合には外来語や人名などとは異なり、対応関係

は弱いものになっている。この原因の1つとして考えられるのは、複合語トーンである。3モーラ和語の場合、形態構造として1つの形態素からなるもの（8a）の他に、1モーラ＋2モーラ（8b）、2モーラ＋1モーラ（8c）というように2つの形態素からなるものがある。

 （8）a. さそり、噂、瓦、笑い、体
   b. 田植え、日影、毛虫、野原、木箱
   c. 下見、花火、隙間、枯葉、首輪

このうち2つの形態素からなる和語には、前部要素がトーンに影響しているものが見られる。たとえば、「日」や「毛」を前部要素に含む和語はA型に、「出」や「花」を前部要素に含む和語はB型になる傾向が見られる。

 （9）同じ形態素を共有する和語
   a. 日：日なた（A型）、日影（A型）、日焼け（A型）、日暮れ（B型）
   b. 毛：毛穴（A型）、毛糸（A型）、毛虫（A型）、毛皮（A型）
   c. 出：出べそ（B型）、出口（B型）、出窓（B型）
   d. 花：花火（B型）、花見（B型）、花輪（B型）

これらはそれぞれ単独のときも「日」や「毛」はA型、「出る」や「花」はB型で発音される。すなわち、平山の法則（10）に従っているのである。

 （10）平山の法則
    前部要素のトーンが複合語全体のトーンになる。

今回の調査では、（9）のように同じ形態素を前部要素に持つ和語はそれほど多く調査しなかったので、どこまで平山の法則に従っているかははっきりとはしないが、3モーラ和語のトーンに影響を及ぼしている要因の1つとして重要なものであると思われる。

2.3 音節構造とトーン

本節では、音節構造によってトーンの分布が異なるかを検討する。和語は重音節を含むことが少なく、今回の調査語彙も重音節を含む

語は16語であった。Kubozono（2006）が言うように重音節にアクセントが置かれやすいとしても、HL構造、LH構造、LLL構造はどれも初頭2モーラにアクセントが置かれることになる。しかし、これらの分布を見たところ、HL構造では20/32個（62.5％）がB型に、LH構造では21/32個（65.6％）がA型であった。また、LLL構造では505/960個（52.6％）がB型であった。

(11) 和語の音節構造とトーン

	A型	B型	合計
HL	12 (37.5%)	20 (62.5%)	32
LH	21 (65.6%)	11 (34.4%)	32
LLL	455 (47.4%)	505 (52.6%)	960
合計	488 (47.7%)	536 (52.3%)	1024

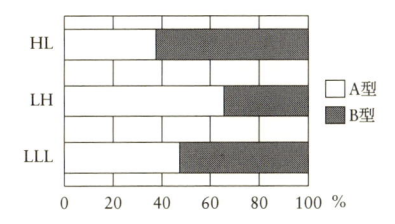

このように、音節構造によって違いはあるものの、全体としてA型とB型でどちらが多いとは言えない結果になった。

2.4 母音の聞こえ度とトーン

2.2節でも述べたように、3モーラ和語には1つの形態素からなるもの、1モーラ＋2モーラの構造からなるもの、2モーラ＋1モーラの構造からなるものの3つがある。このうち、2つの形態素からなる和語は前部要素のトーンと同じになる傾向にある。そのため、1つの形態素からなる和語について分析する。

母音の聞こえ度が高いほどアクセントを引きつける傾向がある。外来語や人名などで見られた東京方言との対応関係から考えると、初頭2モーラの母音の聞こえ度が高ければそこにアクセントが置かれ、結果としてA型になるという可能性が考えられる。そこで、

第1モーラ、第2モーラの母音ごとにトーンの分布を集計した結果を（12）と（13）に示す。

(12) 第1モーラの母音とトーン（LLL構造）

	A型	B型	合計
/i/	23（38.3%）	37（61.7%）	60
/e/	10（50.0%）	10（50.0%）	20
/a/	41（38.0%）	67（62.0%）	108
/o/	27（37.5%）	45（62.5%）	72
/u/	30（57.7%）	22（42.3%）	52
合計	131（42.0%）	181（58.0%）	312

(13) 第2モーラの母音とトーン（LLL構造）

	A型	B型	合計
/i/	9（25.0%）	27（75.0%）	36
/e/	12（50.0%）	12（50.0%）	24
/a/	65（47.8%）	71（52.2%）	136
/o/	27（39.7%）	41（60.3%）	68
/u/	18（37.5%）	30（62.5%）	48
合計	131（42.0%）	181（58.0%）	312

聞こえ度の高い母音 /a/、/e/、/o/ について、これらが第1モーラにあるとき、A型の割合は37%から50%、第2モーラにあるとき39%から50%と決して高いとは言えず、むしろ低い数字である。次に /i/ と /u/ がアクセントを忌避する可能性もあるのでそれについて検討すると、初頭2モーラの母音が /i/ のときB型が61%から75%とそれなりに高い割合を占める。しかし、母音が /u/ のときはB型の割合は42%から62%と高いとは言えない。このように、第1モーラ、第2モーラの母音はトーンにほとんど影響しないように見える。

それでは2つの母音の組み合わせではどうだろうか。（14）に、第1モーラと第2モーラの母音の組み合わせとトーンの関係を示す。

(14) 初頭2モーラの母音とトーン（A型／全体、A型の割合）

V1\V2	/i/	/e/	/a/	/o/	/u/	合計
/i/	4/20 (20.0%)	3/4 (75.0%)	12/0 (100.0%)	0/16 (0.0%)	4/8 (50.0%)	23/60 (61.7%)
/e/	0/4 (0.0%)	N.A.	0/4 (0.0%)	8/8 (100.0%)	2/4 (50.0%)	10/20 (50.0%)
/a/	4/8 (50.0%)	7/16 (43.8%)	21/60 (35.0%)	4/12 (33.3%)	5/12 (41.7%)	41/108 (38.0%)
/o/	N.A.	2/4 (50.0%)	13/32 (40.6%)	11/24 (45.8%)	1/12 (8.3%)	27/72 (37.5%)
/u/	1/4 (25.0%)	N.A.	19/28 (67.9%)	4/8 (50.0%)	6/12 (50.0%)	30/52 (57.7%)
合計	9/36 (25.0%)	12/24 (50.0%)	65/136 (52.2%)	27/68 (39.7%)	18/48 (37.5%)	131/312 (42.0%)

表から明らかなように、第2モーラの母音が /i/ のときにB型の割合が高めであることを除くとやはりほとんど偏りに一貫性が見られない。どちらかの型が70％を超えるものについてのみ抽出すると (15) のようになる。

(15) 初頭2モーラの母音とトーンの分布
    a.　A型が70％以上：i-e、i-a、e-o
    b.　A型が30％以下：i-i、i-o、e-i、e-a、o-u、u-i

これを見ると一応、第2モーラの母音が狭くない（/i/、/u/以外）のときにA型が多くなるという傾向が見て取れるがそれも決して強い傾向ではない。

以上から、母音の聞こえ度とトーンの分布の間には関係はほぼないと結論づける。

3. まとめ

本章では、長崎方言における和語のトーンについて、東京方言のアクセントと対応関係があるかを考察し、和語の場合、(7) のように、外来語や人名とは異なる対応関係が見られることを示した。

(7) 和語における東京方言のアクセントと長崎方言のトーンの対応関係
    a. 東京方言においてアクセントがある和語は、長崎方言においてB型になる。
    b. 東京方言においてアクセントがない和語は、長崎方言においてA型になる。

また、短い和語の場合に、外来語や人名などとは異なる規則性が見られた原因として、平山の法則による影響を指摘した。

  また、音節構造と母音の聞こえ度が長崎方言における和語のトーンに影響するか否かを考察した。その結果、これらの要因はトーンにほとんど影響しないことが明らかになった。

---

*1　調査結果の詳細は付録5aを参照のこと。

第7章
語音調の音韻過程
まとめと今後の課題

1. 長崎方言における語音調の構造

　本節では、前章までの結果を整理し、そこから得られた知見について述べる。第2章では、長崎方言におけるトーンの音響音声学的特徴について検討した。2モーラから5モーラまでの単語・句について、F0値を計測した結果、A型におけるF0値の推移は、第1モーラから第2モーラにかけて上昇し、そこから最終モーラにかけて直線的に下降するというものであった。一方、B型におけるF0値の推移は、第1モーラと第2モーラの間で上昇があり、その後はほぼ同じ値を保ち続けるというものであった。

（1）5モーラ語におけるF0推移の模式図

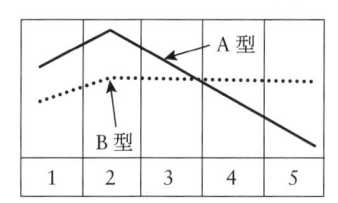

そして、この結果をもとに、長崎方言の語音調の音声表示を提案した。

（2）A型の音声表示

2モーラ語	3モーラ語	4モーラ語	5モーラ語
μ μ	μ μ μ	μ μ μ μ	μ μ μ μ μ
\ \	│ │ \	│ │ │ \	│ │ │ │ \
L H* L-	L H* L-	L H* L-	L H* L-

(3) B型の音声表示

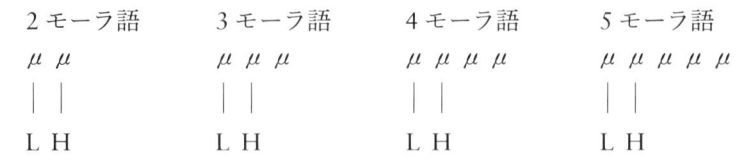

2モーラ語	3モーラ語	4モーラ語	5モーラ語
μ μ	μ μ μ	μ μ μ μ	μ μ μ μ μ
| |	| |	| |	| |
L H	L H	L H	L H

　A型におけるH*+L-メロディーは、東京方言においてアクセントに結合されるメロディーと同じ機能を持つと仮定すると、第1モーラにおいてアクセント上昇（Accentual Boost）が起こるため、A型における第1モーラのF0がB型における第1モーラにおけるF0よりも高くなったと解釈できる。

　第3章では、外来語のトーンについて検討した。聞き取り調査の結果、長崎方言における外来語のトーンは短ければA型、長ければB型が優勢になる傾向が見られた。そして、長崎方言のトーンの型と東京方言のアクセントのパターンを対照したところ、(4)の対応関係が見られることを示した。

(4) 東京方言のアクセントと長崎方言のトーンの対応関係
　　a. 東京方言で初頭2モーラにアクセントがあれば、長崎方言ではA型になる。
　　b. 東京方言でそれ以外のアクセントパターンならば、長崎方言ではB型になる。

(4)の対応関係が見られるということは、長崎方言の外来語トーンを記述する際に、東京方言の研究で提案されている外来語アクセント規則が有用であることを示している。そこで、本書では、長崎方言の外来語トーンの現象をアクセント規則とトーンメロディー結合規則を用いて記述した。アクセント規則としては、ラテン語アクセント規則(5)が適用できることを示し、他にも特殊モーラの聞こえ度や、語末音節、次末音節の母音の聞こえ度が影響することも指摘した。

(5) ラテン語アクセント規則
　　　　　次末音節が重音節ならばそこに、軽音節ならばもう1つ前の音節にアクセントを付与せよ。

次に、トーンの基底形と音韻規則について検討した。(2)、(3)の

音声表示において、A型とB型の間で第1モーラにLメロディーがあるという点で共通していることから、基底形ではLメロディーは不要であるとした。また、長崎方言における音調の対立には、位置の情報は不要なので、基底形ではトーンメロディーが単語に結合されているものを仮定し、(6)の基底形を提案した。

(6) 長崎方言のトーンの基底形

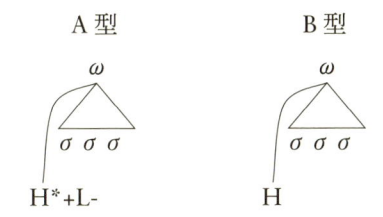

  A型   B型

  ω   ω
  ／|＼   ／|＼
 σ σ σ   σ σ σ
 | |
H*+L-   H

そして、多くの日本語の方言において、外来語は下降調で発音される傾向にあることから、長崎方言の外来語も基底形ではA型（下降調）であると仮定した。そして、この仮定のもとでは、(5)などのアクセント規則が適用された後に、(7)から(10)のトーンメロディーに関わる規則を適用することによって、外来語のトーンの分布が記述できることを示した。

(7) H*+L-メロディー結合規則（再改訂版）
   初頭2モーラにアクセントがあれば、第2モーラにH*を、最終モーラにL-を結合せよ。ただし、全体が2モーラならば第1モーラにH*を結合せよ。

(8) トーン変換規則
   どのモーラにも結合されていないH*+L-メロディーをHメロディーにせよ。

(9) Hメロディー結合規則
   Hメロディーを第2モーラに結合せよ。

(10) Lメロディー結合規則
   第1モーラに何も結合されていなければ、第1モーラにLを結合せよ。

第4章では、長崎方言の複合語トーンについて考察した。従来の研究では、長崎方言の複合語トーンは前部要素のトーンが複合語全

第7章　語音調の音韻過程　159

体のトーンになると言われてきた。しかし、複合語の中には前部要素と関係なくB型になるものが多く見られた。このような例外的なパターンが現れる条件として、全体が長いと現れるという仮説と、前部要素が長いと現れるという仮説の2つの可能性を示した。本書では、前部要素が1モーラから6モーラ、全体が4から11モーラとなる複合語について調査を行った。その結果、前部要素が2モーラ以下ならば前部要素の型が、前部要素が3モーラ以上ならばB型が複合語全体の型になることを示した。そして、この規則性を記述するために、基底形におけるトーンの区別のほかに、複合語アクセント規則（11）が必要であることを主張した。

(11) 長崎方言の複合語アクセント規則

　　　　　前部要素の最終モーラにアクセントを付与せよ。

この規則により決まったアクセントの位置をもとに、H*+L-トーン結合規則（7）によってH*+L-メロディーが結合できるかが決まる。そして、これらに加え、トーン変換規則（8）、Hトーン結合規則（9）、Lトーン結合規則（10）を用いることによって、複合語のトーンの型が記述できることを示した。

　第5章では、長崎方言の二字漢語、人名、アルファベット関連語彙のトーンについて検討した。その結果、アルファベット複合語を除く全ての語種において、（4）で見られた対応関係が見られた。そして、この規則性を記述するための基底形と規則を提案した。

　二字漢語、人名、アルファベットの基底形は、原則的にH*+L-メロディーを持った形（A型）であり、一部の人名や複合語の後部要素は全体を平板式にするというアクセントに関する指定を持っていると仮定した。

(12) 形態素に対する指定
　　　a.　前部要素によって平板式にする（例：田、山）
　　　b.　名前全体を平板式にする（例：夫、美）
　　　c.　複合語全体を平板式にする（例：型）

また、二字漢語に関して、後部要素の長さ、前部要素に促音が含まれるかを参照するアクセント規則（13）を提案した。

(13) 二字漢語のアクセント規則

a. 後部要素が2モーラの場合、全体を平板式にせよ。

b. 前部要素に促音を含む場合、全体を平板式にせよ。

人名やアルファベット複合語では、(14)のアクセント指定書き換え規則と、平板化規則、ラテン語アクセント規則、複合語アクセント規則によってアクセントを指定し、その後でH*+L-メロディー結合規則、トーンメロディー変換規則、Hメロディー結合規則を適用することで記述した。

(14) アクセント指定書き換え規則

a. "D"を後部要素に持つとき、音配列の条件に適合すれば平板式にせよ。適合しないときは"D"の指定を削除せよ。

b. 全体が2モーラならば、アクセントの指定（"0"もしくは"D"）を削除せよ。

第6章では、長崎方言における和語のトーンについて、東京方言のアクセントと対応関係があるかを考察し、和語の場合、(4)の対応関係は見られず、(15)のような対応関係が見られることを示した。

(15) 東京方言のアクセントと長崎方言のトーンの対応関係

a. 東京方言でアクセントがあれば、長崎方言ではB型になる。

b. 東京方言でアクセントがなければ、長崎方言ではA型になる。

そして、和語の場合に、(4)の対応関係に当てはまらない例が多い原因として、平山の法則に影響を受けている可能性を指摘した。また、音節構造、形態構造、母音の聞こえ度が長崎方言における和語のトーンに影響するかを考察した。その結果、これらの要因はトーンにほとんど影響しないことが明らかになった。

以上の結果をもとに、長崎方言における語音調の規則性を記述するのに必要な基底形と規則をまとめる。長崎方言の形態素はトーンに関して2種類の指定を持つ。ただし、多くの語種において、基底形はA型である。また、複合語全体のアクセントに関する指定を持っている形態素もある。

(16) a. 外来語：H*+L-テレビ、H*+L-モノラル、H*+L-アンコール、H*+L-エキスパート
　　 b. 漢語：H*+L-アイ（愛）、H*+L-カ（加）、H*+L-シュツ（出）、H*+L-サン（参）
　　 c. 人名：H*+L-コ（子）、H*+L-オ₀（夫）、H*+L-タ_D（田）
　　 d. アルファベット：H*+L-ディー（D）、H*+L-エル（L）、H*+L-アール（R）
　　 e. 和語：H*+L-カカシ、H*+L-カラダ、Hアナゴ、Hニキビ、H*+L-カタ₀（型）*1

そして、基底形に対して、まず初めにアクセントの規則が適用される。本書で提案したアクセント規則の主なものとして、ラテン語アクセント規則（5）と複合語アクセント規則（11）がある。また、形態素に含まれる情報をもとにアクセントの指定を書き換える規則（14）が必要である。

　(17) 長崎方言のアクセントに関する規則
　　 a. ラテン語アクセント規則（5）
　　 b. 複合語アクセント規則（11）
　　 c. アクセント指定書き換え規則（14）

これらの規則に基づいて決まったアクセントを参照し、H*+L-メロディー結合規則（7）、トーンメロディー変換規則（8）、Hメロディー結合規則（9）、Lメロディー結合規則（10）によってA型になるかB型になるかが決まる。

　(18) 長崎方言のトーンメロディーに関する規則
　　 a. H*+L-メロディー結合規則（7）
　　 b. トーンメロディー変換規則（8）
　　 c. Hメロディー結合規則（9）
　　 d. Lメロディー結合規則（10）

そして、結合されたトーンメロディーに基づいて、音声実現のアルゴリズムによってF0の形状が決まる。

2. 今後の課題

最後に、今後の研究において検討すべき課題について述べておく。

2.1 オノマトペの音調現象

オノマトペには、繰り返し構造を持つ表現（19a）、繰り返さずに「と」や「り」などを伴う表現（19b, c）がある。このうちここで扱うのは（19a）のように繰り返しを含む形式である。

(19) a.　ばた→ばたばた
 b.　ばた→ばたっと
 c.　ばた→ばたり（と）

秋永（1981）や田守・スコーラップ（1999）、和田（1990）によると、東京方言では、繰り返し構造を持つオノマトペは統語的位置によって異なるアクセントで実現する。副詞的位置に現れるオノマトペは、初頭モーラにアクセントが置かれる（20a, b）。一方、述語的位置に現れるオノマトペは、平板式になる（20c, d）。

(20) a.　フ⌐ラフラ揺れている。
 b.　ボ⌐ロボロこぼれる。
 c.　ブクブク⁰に太った。
 d.　パンパン⁰に腫れる。

(21) 東京方言のオノマトペのアクセント
 a.　副詞的位置に現れるオノマトペは、頭高型になる。
 b.　述語的位置に現れるオノマトペは、平板式になる。

長崎方言において、オノマトペが述語的位置にあるか副詞的位置にあるかでトーンに違いが見られるかを調査したところ、オノマトペを副詞的位置に含む文では、オノマトペは例外なくA型で発音された。一方、オノマトペを述語的位置に含む文では、A型が8個、B型が24個だった。

(22) オノマトペのトーン

	A型	B型	合計
副詞的位置	40（100.0%）	0（ 0.0%）	40
述語的位置	8（ 25.0%）	24（75.0%）	32
合計	48（ 67.0%）	24（33.0%）	72

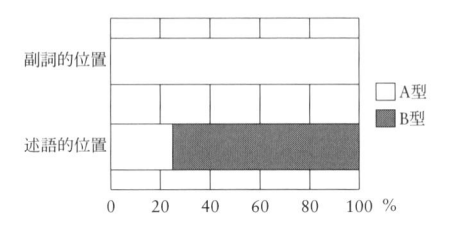

 このように、オノマトペにおいても東京方言のアクセントと長崎方言のトーンに対応関係（4）が成り立つ。すなわち、長崎方言におけるオノマトペのトーンも、その統語的環境によって決まると言えそうである。オノマトペの音調に関わる規則については、和田（1990）などで議論されているが、この繰り返し現象がどのレベル（たとえば語幹、語）の繰り返しなのかなど、はっきりとしない部分がある。そのため、本書ではオノマトペの音調の規則性についてはこれ以上扱わず、今後の課題とする。

2.2 世代差および標準語（東京方言）との対応

 第3章では外来語において若年層話者が中・高年層に比べより東京方言と音調の分布が一致していることを示した。本書では外来語のみ扱ったが、今後は同じ傾向が他の語種にも見られるのかなどに注意して世代差の調査を行う必要がある。

 これと併せて重要なのが標準語との対応に関するさらなる裏付けである。本書における重要な主張の1つに、トーンのみを持つ言語とされる長崎方言において、アクセントの情報を用いるということがある。本書の議論では、アクセントはH*+L-メロディーを結合するときに参照する情報として用いられるもので、そのままでは音声として実現することはなかった。

しかし、長崎方言話者（中・高年層）による標準語アクセントの発音では、このアクセントが表面に現れていると思われるものが見られる。中年層、高年層では、日常会話や調査時にはほぼ意識せずとも長崎方言の音調パターンを用いるが、標準語で発音するよう指示すると*2、A型でもB型でもないような音調のパターンを用いることがある。たとえば、長崎方言においてA型で発音される語を標準語で発音した場合、第1モーラに下降が来る場合がある。

(23) 長崎方言話者による標準語発音のパターン（A型）
　　a.　オニ⌐オン（MF-07）、オ⌐ニオン（OF-05、MF-06）
　　b.　ボ⌐ブスレー（OF-05）、ボブ⌐スレー（MF-06、MF-07）

また、B型の外来語の場合にも、アクセントのような下降が見られることがある。その場合の下降の位置は、逆3型規則のパターンかラテン語アクセント規則のパターンであることが多く、第3モーラより後ろである。

(24) 長崎方言話者による標準語発音のパターン（B型）
　　a.　アンソ⌐ロジー（OF-05）、アンソロ⌐ジー（MF-07）、アンソロジー⁰（MF-06）
　　b.　コンク⌐ール（OF-05、MF-07）、コンクール⁰（MF-06）

さらに、長崎方言において話者によってA型とB型に分かれるものについても同様のことが成り立つ。すなわち、A型で発音する話者は初頭2モーラにアクセントを置き、B型で発音する話者はそれ以外のパターンにする。

(25) a.　スク⌐ランブル（OF-05：A型）、スクランブ⌐ル（MF-06：B型）、スクラ⌐ンブル（MF-07：B型）
　　b.　リク⌐エスト（MF-07：A型）、リクエ⌐スト（OF-05、MF-06：B型）
　　c.　ヘル⌐メット（OF-05：A型）、ヘルメット⁰（MF-06、MF-07：B型）

これらの事実は、長崎方言話者が東京方言と同じ外来語アクセント規則を使っていることの強い証拠となりうる。しかし、長崎方言と

して発音したときのトーンの型と、標準語として発音したときのアクセントの位置が（4）の対応関係と一致しないものも見られる。

(26) a. スチュ⌐ワーデス（OF-05：B型）、スチュワーデス⁰（MF-06：B型）、スチュワ⌐ーデス（MF-07：B型）
b. ボー⌐カリスト（OF-05：B型）、ボーカリ⌐スト（MF-06：B型）、ボーカリスト⁰（MF-07：B型）
c. ピラ⌐ミッド（OF-05：B型）、ピラミッド⁰（MF-06、MF-07：B型）

このように、長崎方言話者の標準語発音のデータは、長崎方言の分析においてアクセントが重要な要素となっているのかを明らかにできる可能性を持っている。また、長崎方言話者による標準語の発音が音響音声学的にどう実現するかということや、東京方言話者とどのような点で異なっているかなども明らかにしていく必要があるだろう。

2.3 句レベルの音調現象

本書では語レベルの音調現象を中心に扱ってきた。しかし、語に特有の現象を見つけるためには、それが句や発話とどのように関係するのかを明らかにしなければならない。たとえば、第2章では語が持つトーンメロディーとしてH*+L-とHの2つを仮定し、第1モーラのLトーンは句の音調だとしたが、これが妥当な解釈なのかなどはフォーカスの位置とトーン実現の仕方などを見ていく必要がある。

2.4 音調の類型論

語音調の類型論的な研究として、早田（1977、1999）、Hayata（1999）によるものがあることを第1章において述べた。早田の類型論では、音調を「アクセント」と「トーン」に分けている。アクセントとは、基底形において位置が重要である音調を指す。一方、トーンとは、基底形において種類（型、形）が重要である音調を指している。

これらの特徴のうち、どちらか片方だけを持つ言語もあれば、両

方とも持つ、あるいは両方とも持たない言語もある。日本語の場合、いわゆる東京式方言の多くは、下降（音声形における"]"）がどこにあるかということが基底形において表示されていれば、適切な音声形を導き出せる。そのため、そのような方言はアクセント（⌐）のみを持ち、トーンを持たないことになる。

(27) 東京方言
基底形　こども⁰-が　は⌐なび-が　はさ⌐み-が　おとこ⌐-が
音声形　こ[どもが　[は]なびが　は[さ]みが　お[とこ]が
　　　　（子供）　（花火）　（ハサミ）　（男）

同じように、関西方言においても下降の位置は重要な特徴である。しかし、関西地方の方言では、下降の位置に加えて、語が高く始まるか低く始まるかという情報も重要である。この情報は位置には関係なく、種類の問題である。そのため、関西方言はアクセントのほかにトーン（HかL）を持つと考えることによって、適切に記述できる。

(28) 京都方言
基底形　ᴴこども⁰-が　ᴴひと⌐り-が　ᴸむかし⁰-が　ᴸたま⌐ご-が
音声形　[こどもが　[ひと]りが　むかし[が　た[ま]ごが
　　　　（子供）　（一人）　（昔）　（卵）
　　　　　　　　　　　　　　　　　　（平山1960より）

また、小林方言は、韻律語の末尾音節のみが高くなる。つまり、基底形において高くなる位置やどのような形になるかという情報がなくとも適切に記述できる。そのため、小林方言は、アクセントもトーンも持たないということになる。

(29) 小林方言
基底形　おはん-が　なおみ-が　りんごが　なごやだいがく
音声形　おはん[が　なおみ-[が　りんご[が　なごやだい[がっ
　　　　（あなた）　（直美）　（リンゴ）　（名古屋大学）
　　　　　　　　　　　　　　　　　　（佐藤2005より）

本書で対象とした長崎方言は、2つの型（H*+L- と H）の対立を持つが、それが語のどこにあるかという位置の情報がなくとも適切に記述できる。

(30) 長崎方言

基底形	H*+Lかみ-が	Hあき-が	H*+Lおもり-が	Hおくば-が
音声形	か[み]-が	あき-が	お[も]り-が	おくば-が
	（紙）	（秋）	（重り）	（奥歯）

　そのため、音調の類型論の中ではトーンのみを持つ言語と位置づけられる。

(31) 音調の類型論と日本語の方言

	アクセントを持つ	アクセントを持たない
トーンを持つ	京都方言、大阪方言	長崎方言、鹿児島方言
トーンを持たない	東京方言、岩手方言	小林方言、熊本方言

　しかし、本書中で見てきたとおり、長崎方言におけるトーンの現象の記述において、アクセントの情報は有効なものである。つまり、形態素が弁別的な情報としてアクセントを持たない言語・方言においても、派生の中間段階ではアクセントを持っているのである。このような非弁別的な、そして抽象的なレベルでのみ存在するアクセントが音調の類型論においてどのように位置づけられるかは、今後の課題である。

---

*1　「型」の単独のトーンについては未調査のため、平山（1960）における鹿児島方言の型を当てる。
*2　実際には単語を「これは_____です。」などのキャリア文に入れて、そのままの形でNHKのアナウンサーになったようなイメージで発音するよう指示している。

付録1 準備調査100語の調査結果

準備調査で使用した100語の調査結果を掲載する。

ID	項目	OF-05	MM-03	MM-04	MF-06	MF-07	YF-09	YF-10	YF-11
Gen-001	バイオリン	A	A	B	A	A	A	B	B
Gen-002	アジ	A	A	A	A	A	A	A	A
Gen-003	川	A	A	A	A	A	A	B	B
Gen-004	卵	B	B	B	B	B	B	A	A
Gen-005	ロボット	A	A	A	A	A	A	A	A
Gen-006	紫	B	B	B	*	B	B	A	A
Gen-007	涙	A	A	B	A	A	A	A	A
Gen-008	タバコ	B	B	B	B	B	B	B	B
Gen-009	人参	A	A	A	A	A	A	B	B
Gen-010	来月	A	A	A	A	A	A	A	A
Gen-011	白髪	B	B	B	B	B	B	B	B
Gen-012	お寺	B	B	B	B	B	B	B	B
Gen-013	針金	B	B	B	B	B	B	B	B
Gen-014	村	A	B	A	A	A	A	B	B
Gen-015	胡麻	B	B	B	B	B	B	B	B
Gen-016	網	B	B	B	B	B	B	B	B
Gen-017	梅	A	A	A	A	A	A	B	B
Gen-018	味噌	B	B	B	B	B	B	A	A
Gen-019	ミミズ	B	B	B	B	B	B	B	B
Gen-020	お金	B	B	B	B	B	B	B	B
Gen-021	エレベーター	B	B	B	B	B	B	*	B
Gen-022	百合	A	A	A	A	A	A	B	B
Gen-023	緑	B	B	B	B	B	B	A	A
Gen-024	嵐	A	A	A	A	A	A	A	A
Gen-025	ザボン	B	B	B	B	B	B	B	B
Gen-026	岩	A	A	A	A	A	A	*	B
Gen-027	雪	A	A	A	A	A	A	*	B
Gen-028	柿	A	A	A	A	A	A	*	B
Gen-029	エスカレーター	B	B	B	B	B	B	*	B
Gen-030	ビニール	A	A	A	A	A	A	A	A
Gen-031	ハマグリ	A	B	B	B	B	B	A	A
Gen-032	枕	B	B	B	B	B	B	A	A
Gen-033	よだれ	A	A	A	A	A	A	A	B
Gen-034	ウグイス	B	B	B	B	B	B	B	B
Gen-035	クリスマス	A	A	A	A	A	A	A	A
Gen-036	エンジン	A	A	A	A	A	A	A	A
Gen-037	猿	B	B	B	B	B	B	A	A
Gen-038	虹	B	B	B	B	B	B	B	B
Gen-039	煙	A	A	A	A	A	A	B	B
Gen-040	プレゼント	A	A	A	A	A	A	A	A
Gen-041	運	A	A	B	A	A	A	A	A
Gen-042	海老	A	A	A	A	A	A	B	B
Gen-043	コーヒー	B	B	B	B	B	B	*	*
Gen-044	糸	B	B	B	B	B	B	A	A

ID	項目	OF-05	MM-03	MM-04	MF-06	MF-07	YF-09	YF-10	YF-11
Gen-045	帯	B	B	B	B	B	A	B	B
Gen-046	フランス	B	B	B	B	B	B	B	B
Gen-047	ズボン	A	A	A	A	A	A	A	B
Gen-048	名前	A	A	A	A	A	A	B	B
Gen-049	ネズミ	B	B	B	B	B	B	B	B
Gen-050	アメリカ	B	B	B	B	B	B	B	B
Gen-051	汁	A	A	B	A	A	A	A	A
Gen-052	油	B	B	B	B	B	B	B	B
Gen-053	トタン	B	B	B	B	B	B	B	B
Gen-054	ヨーグルト	A	A	A	A	A	B	*	A
Gen-055	犬	B	B	B	B	B	B	B	B
Gen-056	ベンチ	A	A	A	A	A	A	A	A
Gen-057	兄弟	B	B	B	B	B	A	A	A
Gen-058	リュックサック	A	B	A	A	A	A	A	A
Gen-059	サイクリング	A	A	B	A	A	A	A	A
Gen-060	鏡	B	B	B	B	B	A	B	B
Gen-061	アルコール	B	B	B	B	B	B	B	B
Gen-062	梅干	A	A	A	A	A	A	A	A
Gen-063	カマキリ	B	B	B	B	B	A	A	A
Gen-064	テレビ	A	B	A	A	A	A	A	A
Gen-065	昨日	A	A	A	A	A	A	A	A
Gen-066	カード	A	A	A	A	A	A	A	A
Gen-067	カレンダー	A	A	A	A	A	A	A	A
Gen-068	店	B	B	B	B	B	B	A	B
Gen-069	松茸	B	B	B	B	B	B	B	B
Gen-070	ボーリング	B	B	B	B	B	B	B	B
Gen-071	ひっかかる	A	A	A	A	A	A	*	A
Gen-072	上がる	A	B	A	A	A	A	A	A
Gen-073	笑う	A	A	A	A	A	A	A	A
Gen-074	頼む	B	B	B	B	B	A	B	B
Gen-075	泳ぐ	B	B	B	B	B	A	B	B
Gen-076	暗い	A	A	A	A	A	A	A	A
Gen-077	読む	B	A	A	B	B	A	A	B
Gen-078	売る	A	B	B	A	A	B	B	B
Gen-079	旨い	A	A	A	A	A	A	A	A
Gen-080	始める	A	A	A	A	A	A	A	A
Gen-081	会う	B	B	B	B	B	A	B	B
Gen-082	出る	B	B	B	B	B	A	B	B
Gen-083	見る	B	B	B	B	B	A	B	B
Gen-084	忘れる	A	A	A	A	A	A	A	A
Gen-085	赤い	A	A	A	A	A	A	A	A
Gen-086	生きる	B	B	B	B	B	A	B	B
Gen-087	白い	B	B	B	B	B	B	A	A
Gen-088	遊ぶ	A	A	A	A	A	A	A	A
Gen-089	青い	B	B	B	B	B	B	A	B
Gen-090	生まれる	A	A	A	A	A	A	A	A
Gen-091	寝る	B	A	B	B	A	B	B	A

ID	項目	OF-05	MM-03	MM-04	MF-06	MF-07	YF-09	YF-10	YF-11
Gen-092	隠れる	B	B	B	B	B	B	B	B
Gen-093	答える	B	B	B	B	B	A	B	B
Gen-094	危ない	A	A	A	A	A	A	A	A
Gen-095	悪い	B	B	B	B	B	B	B	B
Gen-096	教える	A	A	A	A	A	A	A	A
Gen-097	飛ぶ	A	A	B	B	A	B	B	B
Gen-098	惜しい	A	B	B	A	B	B	B	B
Gen-099	いる	B	B	B	A	B	A	B	B
Gen-100	甘い	A	A	A	A	A	A	A	A

付録2　外来語の調査結果

空欄は未調査を意味する。また、「東京」という項目の数字は東京方言のアクセントを語頭からモーラ単位で数えた位置を表す。

ID	項目	OF-05	MM-03	MM-04	MF-06	MF-07	YF-09	YF-10	YF-11	東京
F-001	ガス	A	A	A	A	A	A	A	A	1
F-002	ガム	A	A	A	A	A	A	A	A	1
F-003	キー	A	A	A	A	A	A	A	A	1
F-004	コネ	B	B	B	B	B	B	A	B	2
F-005	ゴム	A	A	A	A	A	A	A	A	1
F-006	サブ	A	A	A	A	A	A	B	A	1
F-007	シャツ	A	A	A	A	A	A	A	A	1
F-008	ダム	A	A	A	A	A	A	A	A	1
F-009	チョコ	A	A	A	A	A	A	A	A	1
F-010	ドア	A	A	A	A	A	A	A	A	1
F-011	バー	A	A	A	A	A	A	A	A	1
F-012	パイ	A	A	A	A	A	A	A	A	1
F-013	バス	A	A	A	A	A	A	A	A	1
F-014	ハム	A	A	A	A	A	B	A	A	1
F-015	パン	A	A	A	A	A	A	A	A	1
F-016	ビル	A	A	A	A	A	A	B	A	1
F-017	ピン	A	A	A	A	A	A	A	A	1
F-018	フル	A	A	A	A	A	A	A	A	1
F-019	ベル	A	A	A	A	A	A	A	A	1
F-020	ペン	A	A	A	A	A	A	A	A	1
F-021	モカ	A	A	A	A	A	A	A	A	1
F-022	ラボ	A	A	A	A	A	A	A	A	1
F-023	ロゴ	A	A	A	A	A	B	B	A	0
F-024	ガラス	A	A	A	A	A	A	B	A	0
F-025	キャップ	A	A	A	A	A	B	B	A	0
F-026	ケーキ	A	A	B	A	A	A	A	A	1
F-027	コップ	A	A	A	A	A	A	B	A	0
F-028	ジュース	A	A	A	A	A	A	A	A	1
F-029	スキー	A	A	A	A	A	A	A	A	2
F-030	ソーダ	A	A	A	A	A	A	A	A	1

ID	項目	OF-05	MM-03	MM-04	MF-06	MF-07	YF-09	YF-10	YF-11	東京
F-031	ソファー	A	A	A	A	A	A	A	A	1
F-032	ダンス	A	A	A	A	A	A	A	A	1
F-033	ダンプ	A	A	A	A	A	A	A	A	1
F-034	テープ	A	A	A	A	A	A	A	A	1
F-035	テレビ	A	B	A	A	A	A	A	A	1
F-036	ドライ	A	A	A	A	A	A	A	A	2
F-037	ナイフ	A	A	A	A	A	A	A	A	1
F-038	ネット	A	A	A	A	A	A	A	A	1
F-039	ハンド	A	A	A	A	A	A	A	A	1
F-040	ビデオ	A	A	A	A	A	A	A	A	1
F-041	ブルー	A	A	A	A	A	A	A	A	2
F-042	プレー	A	A	A	A	A	A	A	A	2
F-043	ペダル	A	A	A	A	A	B	B	A	0
F-044	ペンキ	A	A	A	A	A	B	B	B	0
F-045	ホーム	A	A	A			A	A	A	1
F-046	ボール	A	A	A	A	A	A	B	B	0
F-047	ポット	A	A	A	A	A	A	A	A	1
F-048	マスク	A	A	A	A	A	A	A	A	1
F-049	マント	A	A	B	A	A	A	A	A	1
F-050	ミルク	A	A	A	A	A	A	A	A	1
F-051	メダル	A	A	A	A	A	B	B	A	0
F-052	メロン	A	A	A	A	A	A	A	A	1
F-053	ライト	A	A	A	A	A	A	A	A	1
F-054	ラッシュ	A	A	A	A	A	A	A	A	1
F-055	アクション	A	A	A	A	A	A	A	A	1
F-056	アクセル	A	A	A	A	A	A	A	A	1
F-057	アップル	A	A	A	A	A	A	A	A	1
F-058	アトリエ	B		B	B	B				0
F-059	アドリブ	B	A	B	B	B	B	B	B	0
F-060	アネモネ	B		B	B	B				0
F-061	アパート	A		A	A	A				2
F-062	アマチュア	B		A	B	B				0
F-063	アラスカ	B		B	B	B				0
F-064	アリゾナ	B		B	B	B				0
F-065	アルペン	A		A	A	A				1
F-066	アルミナ	B		B	B	B				0
F-067	アレグロ	A		A	B	B				0
F-068	アンカー	A		A	A	A				1
F-069	アンカラ	B		B	B	B				0
F-070	アンゴラ	B		B	A	B				0
F-071	アンテナ	B	B	B	B	B	B	B	B	0
F-072	アンドラ	A		B	A	A				0
F-073	インター	A		A	A	A				1
F-074	ウクレレ	B		B	B	B				0
F-075	エジプト	B		B	B	B				0
F-076	エッセー	A		A	A	A				1
F-077	エプロン	A		A	A	A				1

ID	項目	OF-05	MM-03	MM-04	MF-06	MF-07	YF-09	YF-10	YF-11	東京
F-078	エンジン	A	A	A	A	A	A	A	A	1
F-079	オーナー	A		A	A	A				1
F-080	オーバー	A	A	A	A	A	A	A	A	1
F-081	オープン	A	A	A	A	A	A	A	A	1
F-082	オーボエ	A		B	A	B				0
F-083	オーロラ	B		B	B	B				0
F-084	オカリナ	B		B	B	B				0
F-085	オカルト	A		A	A	B				0
F-086	オニオン	A	A	A	A	A	A	A	A	1
F-087	オレンジ	A	A	B	A	A	A	A	A	2
F-088	カーテン	A	A	A	A	A	A	A	A	1
F-089	カーボン	A		A	A	A				1
F-090	カシミア	B		B	B	B				0
F-091	カジュアル	A		A	A	A				1
F-092	ガソリン	A	A	A	A	A	B	B	B	0
F-093	カナリア	B		B	B	B				0
F-094	カプセル	A		A	A	A				1
F-095	カルチャー	A	A	A	A	A	A	A	A	1
F-096	カルデラ	B		B	B	B				0
F-097	カロリー	A		A	A	A				1
F-098	キッチン	A	A	A	A	A	A	A	A	1
F-099	キャラメル	A		A	A	A				0
F-100	キャンディー	A		A	A	A				1
F-101	キャンパス	A		A	A	A				1
F-102	キャンベラ	B		B	B	B				0
F-103	キリスト	A		A	A	A				0
F-104	ギロチン	A	A	A	A	B	B	B	B	0
F-105	クーポン	A		A	A	A				1
F-106	クッキー	A	A	A	A	A	A	B	A	1
F-107	グラビア	B		B	B	B				0
F-108	クリーム	A	A	A	A	A	A	A	A	2
F-109	クレープ	A		A	A	A				2
F-110	クロレラ	B		B	B	B				0
F-111	コーヒー	B	B	B	B	B	B	B	B	3
F-112	コスモス	A		A	A	A				1
F-113	コロニー	A		A	A	A				1
F-114	コロラド	B		B	B	B				0
F-115	コンソメ	B		B	B	B				0
F-116	コンテナ	B		B	B	A				0
F-117	ゴンドラ	A		B	B	B				0
F-118	サーカス	A	A	A	A	A	A	A	A	1
F-119	サービス	A		A	A	A				1
F-120	サイダー	A	A	A	A	A	A	A	A	1
F-121	サイレン	A	A	A	A	A	A	A	A	1
F-122	サッカー	A		A	A	A				1
F-123	サバンナ	A		A	A	A				2
F-124	サルビア	B		B	B	B				0

ID	項目	OF-05	MM-03	MM-04	MF-06	MF-07	YF-09	YF-10	YF-11	東京
F-125	サンホセ	B		A	B	B				0
F-126	シアトル	A		A	A	A				1
F-127	シーズン	A	A	A	A	A	A	A	A	1
F-128	シールド	A		A	A	B				0
F-129	ジオラマ	B		B	B	B				0
F-130	ジャングル	A		A	A	A				1
F-131	シャンプー	A	A	A	A	A	A	A	A	1
F-132	シラブル	A		A	B	A				1
F-133	シルバー	A		A	A	A				1
F-134	シンガー	A		A	A	A				1
F-135	シンプル	A		A	A	A				1
F-136	スカート	A		A	A	A				2
F-137	スケート	A	A	A	A	A	B	A	B	0
F-138	スタート	A		A	A	A				2
F-139	スタイル	A	A	A	A	A	A	A	A	2
F-140	スタジオ	B		B	B	B				0
F-141	スタミナ	B	B	B	B	B	B	B	B	0
F-142	ステレオ	B		B	B	B				0
F-143	ストロー	A		A	A	A				2
F-144	スピード	A	A	A	A	A	B	B	A	0
F-145	スプレー	A	A	A	A	A	A	A	A	2
F-146	スポンジ	B	A	A	A	A	B	B	B	0
F-147	スマトラ	B		B	B	B				0
F-148	セーター	A	A	A	A	A	A	A	A	1
F-149	セカンド	A	A	A	A	A	B	A	B	1
F-150	セレクト	A	A	A	A	A	A	A	B	2
F-151	ソナチネ	B		B	B	B				0
F-152	ソプラノ	B		B	B	B				0
F-153	ソマリア	B		B	B	B				0
F-154	ダイナモ	B		B	B	B				0
F-155	タイマー	A		A	A	A				1
F-156	タクシー	A	A	A	A	A	A	A	A	1
F-157	タックル	A	A	A	A	A	A	A	A	1
F-158	ダブルス	A		A	A	A				1
F-159	ツンドラ	B		B	B	B				0
F-160	テーブル	A	A	A	A	A	B	B	B	0
F-161	テーラー	A		A	A	A				1
F-162	デザート	A		A	A	A				2
F-163	デッサン	A	A	A	A	A	A	A	A	1
F-164	ドクター	A		A	A	A				1
F-165	トラック	A	A	A	A	A	A	A	A	2
F-166	トランク	A		A	A	A				2
F-167	ドリンク	A	A	A	A	A	A	A	A	2
F-168	トレモロ	B		B	B	B				0
F-169	トロフィー	A		A	A	A				1
F-170	ナイター	A		A	A	A				1
F-171	ナイロビ	B		B	B	B				0

ID	項目	OF-05	MM-03	MM-04	MF-06	MF-07	YF-09	YF-10	YF-11	東京
F-172	ナイロン	A	A	A	A	A	A	A	A	1
F-173	ナンバー	A	A	A	A	A	A	A	A	1
F-174	ニアミス	A		A	A	B				0
F-175	ニッケル	A	A	A	A	A	A	A	A	0
F-176	ニュートン	A	A	A	A	A	A	A	A	1
F-177	ネーブル	A		A	A	A				1
F-178	ネクタイ	A	A	A	A	A	A	A	A	1
F-179	パーティー	A		A	A	A				1
F-180	ハイヤー	A	A	A	A	A	A	A	A	1
F-181	パノラマ	B		B	B	B				0
F-182	パラソル	A	A	A	A	A	B	A	A	1
F-183	パラボラ	B		B	B	B				0
F-184	パロディー	A		A	A	A				1
F-185	ハンカチ	A	A	A	A	A	A	B	A	3
F-186	ハンドル	A	A	A	A	A	B	B	A	0
F-187	ハンマー	A		A	A	A				1
F-188	ピーマン	A		A	A	A				1
F-189	ビジネス	A		A	A	A				1
F-190	ピストル	A		A	A	A				0
F-191	ビタミン	A	A	A	A	A	A	A	A	2
F-192	ピラニア	B		B	B	B				0
F-193	ピリオド	A	A	A	A	A	A	A	A	1
F-194	ファイアー	A		A	A	A				1
F-195	フォアグラ	B		B	B	B				0
F-196	フォーカス	A		A	A	A				1
F-197	ブラウン	A		A	A	B				2
F-198	ブラジル	A		A	A	B	A			0
F-199	フラスコ	B		A	B	B				0
F-200	プラチナ	B		B	B	B				0
F-201	フラッシュ	A	A	A	A	A	A	A	A	2
F-202	プリズム	A	A	A	A	A	B	A	A	2
F-203	プリンス	A		A	A	A				2
F-204	ブレーキ	A	A	A	A	A	A	A	A	2
F-205	プレート	A	A	A	A	B	B	B	B	0
F-206	ブレザー	A	A	A	A	A	A	A	A	2
F-207	プレハブ	A		B	A	B				0
F-208	プロペラ	B	B	B	B	B	B	B	B	0
F-209	ペースト	A		A	A	A				0
F-210	ベテラン	B	B	B	B	B	B	B	B	1
F-211	ペンギン	B	B	A	B	B	B	B	B	0
F-212	ボーナス	A	A	A	A	A	A	A	A	1
F-213	ポケット	A	A	A	A	A	A	A	A	2
F-214	ホッケー	A	A	A	A	A	A	A	A	1
F-215	ホノルル	A		B	B	B				0
F-216	ホルモン	A		A	A	A				1
F-217	マカロニ	B		B	B	B				0
F-218	マドンナ	A	A	A	A	A	A	A	A	2

ID	項目	OF-05	MM-03	MM-04	MF-06	MF-07	YF-09	YF-10	YF-11	東京
F-219	マラカス	A		A	A	A				0
F-220	ミネルバ	A		A	B	A				2
F-221	メートル	A	A	A	A		B	B	B	0
F-222	メドレー	A		A	A	A				1
F-223	メリット	A	A	A	A	A	A	A	A	1
F-224	メロディー	A		A	A	A				1
F-225	メンバー	A		A	A	A				1
F-226	モザイク	A		A	A	A				2
F-227	モスクワ	A		A	B	B				0
F-228	モノラル	A	A	A	A	A	B	B	A	0
F-229	モルタル	A		A	A	B				0
F-230	モルヒネ	B		B	B	B				0
F-231	モンキー	A		A	A	A				1
F-232	モンゴル	A		A	B	A				1
F-233	ユニオン	A		A	A	A				1
F-234	ラジウム	A	A	A	A	A	B	A	A	2
F-235	ラッカー	A		A	A	A				1
F-236	リベラル	A		A	A	A				1
F-237	レーザー	A		A	A	A				1
F-238	レーズン	A	A	A	A	A	A	A	A	1
F-239	レコード	A		A	A	A				2
F-240	ロジック	A	A	A	A	A	A	A	A	1
F-241	ワイパー	A		A	A	A				1
F-242	アーチェリー			A	A	A				1
F-243	アーティスト	A		A	A	A				1
F-244	アーモンド	A		A	A	A				1
F-245	アイシャドー			B	B	B				3
F-246	アイボリー			A	A	A				1
F-247	アイロニー			A	B	B				1
F-248	アウトロー			A	B	B				4
F-249	アカデミー	B	B	A	B	A	A	A	A	2
F-250	アスタチン			B	B	B				3
F-251	アスピリン			B	B	B				0
F-252	アスベスト	B	B	B	B	B	B	B	B	3
F-253	アセチレン			B	B	B				0
F-254	アップリケ	B	B	A	B	B	A	A	B	3
F-255	アドミラル	A		A	B	A				3
F-256	アナロジー			A	A	B				2
F-257	アフォリズム	A		A	B	A				3
F-258	アメニティー			A	A	A				2
F-259	アルコール	B	B	B	B	B	B	B	B	0
F-260	アルジェリア	B		B	B	B				0
F-261	アルチザン			A	B	B				3
F-262	アルバイト	B	B	B	B	B	B	B	B	3
F-263	アルバニア	B		B	B	B				0
F-264	アルマジロ	B	B	B	B	B	B	B	B	3
F-265	アルメニア	B		B	B	B				0

ID	項目	OF-05	MM-03	MM-04	MF-06	MF-07	YF-09	YF-10	YF-11	東京
F-266	アレゴリー			A	A	A				2
F-267	アレルギー			A	B	A				2
F-268	アンコール	B	B	B	B	B	B	B	B	3
F-269	アンジェラス	A		A	A	A				1
F-270	アンダンテ	B	B	A	B	B	B		B	3
F-271	アンチモン			B	B	B				3
F-272	アンティーク	B		B	B	B				3
F-273	アンモニア	B	B	B	B	B	B	B	B	0
F-274	イースター			A	A	A				1
F-275	イスパニア	B		B	B	B				0
F-276	イスラエル	B		A	A	A				3
F-277	イニシアル	A		A	B	B				1
F-278	イレギュラー			A	A	A				2
F-279	インシュリン			B	B	B				0
F-280	インタビュー			A	A	A				1
F-281	インパクト	A	A	A	A	A	A	A	A	1
F-282	ウイスキー			B	B	B				2
F-283	ウエイター			A	A	A				0
F-284	ウェートレス	A		A	A	A				1
F-285	ウエスタン			A	A	A				2
F-286	ウエルダン			A	A	A				2
F-287	ウラニウム	B		B	B	B				3
F-288	エゴチズム	A		A	A	B				3
F-289	エコノミー	B	A	A	A	A	A	A	A	2
F-290	エスキモー	B	B	B	B	B	A	A	B	3
F-291	エチオピア	B		B	B	B				0
F-292	エネルギー			A	A	A				3
F-293	エピグラム	A		A	A	B				3
F-294	エベレスト	B		B	B	B				3
F-295	エンゲージ	A		B	B	A				3
F-296	エンジニア	B		B	B	B				3
F-297	エントリー			A	A	A				1
F-298	オイスター			A	A	A				1
F-299	オーキシン			A	A	A				3
F-300	オークション			A	A	A				1
F-301	オードブル	A	A	A	A	A	A	A	A	1
F-302	オーラミン			A	A	A				3
F-303	オセアニア	B		B	B	B				0
F-304	オピニオン	A	B	A	A	A	A	A	A	2
F-305	オリエント	B	A	A	B	A	A	A	A	3
F-306	オリジナル	A		A	A	A				2
F-307	オルゴール	B	B	B	B	B	B	B	B	3
F-308	カーニバル			A	A	A	A	A	A	1
F-309	ガスタンク			A	B	A	A	A	A	3
F-310	カタルシス	A		A	A	B	A	A	B	2
F-311	カテゴリー			A	A	A				2
F-312	カテドラル	B		A	A	A				2

ID	項目	OF-05	MM-03	MM-04	MF-06	MF-07	YF-09	YF-10	YF-11	東京
F-313	カドミウム	B		B	B	B				3
F-314	カメラマン			B	B	B				3
F-315	カメレオン			B	B	B				3
F-316	カリキュラム	A		A	A	A				1
F-317	カルシウム	B	B	B	B	B	B	B	B	3
F-318	カレンダー	A	A	A	A	A	A	A	A	2
F-319	カンガルー			A	B	B				3
F-320	カンタータ	B		B	B	B				3
F-321	カントリー	A	A	A	A	A	A	A	A	1
F-322	カンパニー			A	A	A				1
F-323	キャブレター			B	B	B				3
F-324	キャラクター			A	B	A				2
F-325	ギャンブラー			A	A	A				1
F-326	キュービズム	A	A	A	A	A	B	A	B	3
F-327	キリシタン			A	B	A				2
F-328	キログラム	B		A	A	B				3
F-329	クーデター	B	B	B	B	B	A	A	B	3
F-330	クラクション	A	A	A	A	A	A	A	A	2
F-331	クラシカル	A	A	A	A	A	A	A	A	2
F-332	クラッカー	A	A	A	A	A	A	A	A	2
F-333	クリスタル	A		A	A	A				2
F-334	クリスチャン			A	A	A				2
F-335	クリスマス	A	A	A	A	A	A	A	A	3
F-336	グリセリン			B	B	B				0
F-337	クリニック	B	A	B	A	A	A	A	A	2
F-338	クリプトン			A	A	A				2
F-339	グルタミン	B	B	B	B	B	B	B	B	0
F-340	クレイジー			A	A	A				2
F-341	クレジット	A	A	B	A	A	A	A	A	2
F-342	クレムリン			A	A	A				2
F-343	グロサリー			A	A	A				2
F-344	クロスバー			A	B	B				4
F-345	コースター	A	A	A	A	A	A	A	A	1
F-346	コーチゾン			A	B	B				3
F-347	コーデュロイ			A	B	B				3
F-348	コールテン			B	B	B				1
F-349	コスタリカ	B		A	B	A				3
F-350	コミュニティー			A	B	A				2
F-351	コメディアン			A	A	A				2
F-352	コレクション			A	B	A				2
F-353	コレクター			A	B	A				2
F-354	コロシアム	A	A	A	A	B	A	A	A	3
F-355	コンクール	B	B	A	B	B	B	B	B	3
F-356	コングレス	A		A	A	B				1
F-357	コンコース	B		B	B	B				3
F-358	コンサート	A	A	A	A	A	A	A	A	1
F-359	コンソール	B		B	B	B				3

ID	項目	OF-05	MM-03	MM-04	MF-06	MF-07	YF-09	YF-10	YF-11	東京
F-360	コンタクト	B	A	B	A	A	A	A	A	1
F-361	コンツェルン			A	A	A				1
F-362	コンディション			B	B	B				3
F-363	コンテスト	A		A	A	A				1
F-364	コンフリー			A	A	B				1
F-365	コンポート	B		B	B	B				3
F-366	サイネリア	B		B	B	B				3
F-367	サイプレス	A		A	B	B				3
F-368	サウスポー			A	A	A				3
F-369	サクソフォン			A	B	B				3
F-370	サッカリン			B	B	B				0
F-371	サブマリン			A	B	B				3
F-372	シームレス	A		A	A	A				1
F-373	シガレット	A	A	A	A	A	A	A	A	1
F-374	シクラメン	A	B	B	B	B	B	A	B	3
F-375	シノプシス	A	B	B	B	B	A	A	B	2
F-376	シビリアン			A	B	B				2
F-377	ジベレリン			A	B	B				0
F-378	シャープナー			A	A	A				1
F-379	ジャスティファイ			B	B	B				1
F-380	シャンデリア	B		B	B	B				3
F-381	ジャンボリー			A	A	A				1
F-382	ジュラルミン			B	B	B				0
F-383	シルエット	A	A	A	A	A	A	A	A	1
F-384	シングルス	A		A	A	A				1
F-385	ジンテーゼ	B		B	A	A				3
F-386	シンデレラ	B	B	B	B	B	B	B	B	3
F-387	シンフォニー			A	A	A				1
F-388	スクラップ	A	B	B	B	B	B	B	B	3
F-389	スケルトン	A	B	A	A	A	A	A	A	2
F-390	スコアラー			A	A	A				2
F-391	スタジアム	B	A	A	A	A	A	A	A	2
F-392	ステーション	A	A	A	A	A	A	A	A	2
F-393	ストーリー	A	A	A	A	A	A	A	A	2
F-394	スノビズム	B		B	B	B				3
F-395	スパゲティー			A	B	A				3
F-396	スローガン	A	A	A	A	A	A	A	A	2
F-397	スロベニア	B		B	B	B				0
F-398	セーフティー			A	A	A				1
F-399	セクシュアル	A		A	A	A				1
F-400	セミコロン			A	B	A				3
F-401	セレクション			A	A	A				2
F-402	セレモニー	A	A	A	A	A	A	A	A	1
F-403	センテンス	A	B	A	A	A	A	A	A	1
F-404	セントラル	A		A	A	A				1
F-405	ソーセージ	A	A	A	A	A	A	B	A	3
F-406	ターミナル	A		A	A	A				1

付録 179

ID	項目	OF-05	MM-03	MM-04	MF-06	MF-07	YF-09	YF-10	YF-11	東京
F-407	ダイアリー			A	A	A				1
F-408	ダイカスト	A		B	A	B				3
F-409	ダイジェスト	A		A	A	A				1
F-410	タイピスト	B	A	B	A	B	A	A	B	3
F-411	タイムリー			A	A	A				1
F-412	ダイレクト	A		A	B	A				1
F-413	タガヤサン			A	B	B				3
F-414	タキシード	A	A	A	A	A	A	A	B	3
F-415	タブロイド	B	B	B	A	B	B	B	B	3
F-416	タンバリン	A	A	A	A	A	A	A	A	1
F-417	タンブール	B		B	B	B				3
F-418	ダンプカー	B	B	B	B	B	B	B	B	3
F-419	タンブラー			A	A	A				1
F-420	タンブリン			A	A	A				1
F-421	チャーミング	A		A	A	A				1
F-422	チャンピオン			A	A	A				1
F-423	チューリップ	A	A	A	A	A	A	A	A	1
F-424	チョコレート	B	B	B	B	B	B	B	B	3
F-425	チロリアン			A	B	B				2
F-426	ツングース	A		B	B	B				3
F-427	ディスプレー			A	A	A				1
F-428	ディレクター			A	B	B				0
F-429	ティンパニー			A	A	A				1
F-430	テクスチャー			B	B	B				1
F-431	テクニカル	A		A	A	A				2
F-432	テクニシャン			A	A	A				3
F-433	テクニック	A	A	A	A	A	A	A	A	1
F-434	デポジット	A	B	A	A	A	A	B	A	2
F-435	デリカシー			A	A	A				2
F-436	テリトリー			A	A	A				1
F-437	テレパシー			A	A	A				2
F-438	テロリズム	A		A	B	A				3
F-439	トースター			A	A	A				1
F-440	ドーピング	B	A	B	B	B	B	B	B	0
F-441	ドクトリン			A	B	A				1
F-442	トラクター			A	B	A				2
F-443	トラベラー			A	B	A				2
F-444	トロピカル	A		A	A	A				2
F-445	ナトリウム	B		B	B	B				3
F-446	ナポレオン	B	B	B	B	B	B	B	B	0
F-447	ナルシズム	A		A	B	A				3
F-448	ニヒリスト	B	B	A	B	B	A	B	B	3
F-449	ニヒリズム	A		A	A	B				3
F-450	ニュートロン			A	A	A				1
F-451	ネクタリン			B	A	A				0
F-452	ネグレクト	B	B	A	B	B	B		B	3
F-453	ノベルティー			A	A	A				0

ID	項目	OF-05	MM-03	MM-04	MF-06	MF-07	YF-09	YF-10	YF-11	東京
F-454	ノンシャラン			A	A	B				3
F-455	ノンセクト	A		B	A	B				3
F-456	パーキング	A		A	A	A				1
F-457	バーコード	B	A	A	B	B	B	B	B	3
F-458	バースデー			A	A	A				1
F-459	パーセント	B	B	B	B	B	B	B	B	3
F-460	パーソナル	A		A	B	A				1
F-461	パートナー			A	A	A				1
F-462	パーフェクト	A		B	A	A				1
F-463	バーベキュー	B	B	B	B	B	B	B	B	3
F-464	ハーモニー			A	A	A				1
F-465	ハーモニカ	B	B	B	B	B	B	B	B	0
F-466	バイオリン			B	A	A				0
F-467	ハイブロー			B	B	B				4
F-468	バクテリア	B	B	B	B	B	B	B	B	0
F-469	バケーション	A	A	A	A	A	A	A	A	2
F-470	バスカード	A	A	A	A	A	A	A	B	3
F-471	バスケット	B	B	B	B	B	B	A	B	3
F-472	バタフライ	A	A	A	A	A	B	A	A	1
F-473	パッケージ	A	A	A	B	A	A	A	A	1
F-474	パトロール	B	B	B	B	B	B	B	B	3
F-475	パビリオン			A	A	A				2
F-476	ハムスター			A	A	A				2
F-477	バラエティー			A	A	A				2
F-478	パラチオン	B	B	B	B	B	A	A	B	3
F-479	バルコニー			A	B	B				3
F-480	パルチザン			B	B	B				3
F-481	パルテノン	B	B	A	B	B	B	B	B	3
F-482	パレスチナ	B		A	A	A				2
F-483	ハングリー	A	A	A	A	A	A	A	A	1
F-484	パンタロン			B	A	A				1
F-485	ビクトリー	A	A	A	A	A	A	A	A	1
F-486	ピクニック	A	B	A	A	A	A	A	A	1
F-487	ヒスタミン			B	B	B				0
F-488	ヒステリー			B	B	A				3
F-489	ビックベン			B	B	B				4
F-490	ピッチング	B	B	B	B	B	B	B	B	0
F-491	ビブラホン			A	A	A				3
F-492	ピューリタン			A	A	A				1
F-493	ピラミッド	B	B	B	B	B	B	B	B	3
F-494	ピレトリン			B	B	B				0
F-495	ファーマシー			A	A	B				1
F-496	ファクシミリ	A	A	A	A	A	A	A	A	1
F-497	ファンタジー			A	A	A				1
F-498	ファンファーレ	B		B	B	B				3
F-499	フィロソフィー			B	B					2
F-500	ブーメラン	A	B	A	A	A	A	A	A	1

ID	項目	OF-05	MM-03	MM-04	MF-06	MF-07	YF-09	YF-10	YF-11	東京
F-501	フェアプレー			B	B	B				4
F-502	フェスティバル	A		A	A	A				1
F-503	フェミニズム	A		B	A	B				3
F-504	フォルマリン			B	B	B				0
F-505	ブカレスト	B		B	A	B				3
F-506	フライパン	B	B	B	B	B	B	B	B	0
F-507	フラクション			A	B	A				2
F-508	フラメンコ	B	B	B	A	B	B	B	B	3
F-509	ブランデー	A	B	B	B	B	B	B	B	0
F-510	ブルガリア	B		B	B	B				0
F-511	ブレーカー	A	A	A	B	A	B	B	B	0
F-512	プレゼント	A	A	A	A	A	A	A	A	2
F-513	プレミアム	B		B	B	A				0
F-514	プログラム	A	A	A	A	A	B	B	A	3
F-515	プロポーズ	B	A	A	B	B	B	B	B	3
F-516	ブロマイド	B	B	B	B	B	B	B	B	3
F-517	ベーカリー			A	A	A				1
F-518	ヘゲモニー			A	A	B				2
F-519	ペッサリー			A	A	A				1
F-520	ペナルティー			A	A	A				2
F-521	ペニシリン			B	B	B				0
F-522	ヘルメット	A	A	B	B	B	B	A	A	3
F-523	ベンゾール	B		B	B	B				3
F-524	ボーイング	A		A	A	A				1
F-525	ポータブル	A		A	A	A				1
F-526	ホームラン	B	B	B	B	B	B		B	4
F-527	ポーランド	A		A	A	A				1
F-528	ボクシング	A	A	A	A	A	A	A	A	1
F-529	ホッチキス	A		A	A	A				1
F-530	ボブスレー	A	A	A	A	A	A	A	A	1
F-531	ボヘミアン			B	A	B				2
F-532	ポリネシア	B		B	B	B				0
F-533	ホルスター			A	A	A				1
F-534	ホルマリン	B	B	B	B	B	B	B	B	0
F-535	マーガリン			A	A	A				1
F-536	マーケット	A	A	A	A	A	A	A	A	1
F-537	マキシマム	A		A	A	A				1
F-538	マジョリティー			A	A	A				2
F-539	マットレス	A		A	A	A				1
F-540	マテリアル	A		A	A	A				2
F-541	マドリガル	B		A	B	A				3
F-542	マホガニー			A	B	A				2
F-543	マングース	B		B	B	B				3
F-544	マンスリー			A	A	A				1
F-545	マンドリン			B	A	B				0
F-546	ミステリー	B	B	A	B	A	A	A	A	1
F-547	ミュージカル	A		A	A	A				1

ID	項目	OF-05	MM-03	MM-04	MF-06	MF-07	YF-09	YF-10	YF-11	東京
F-548	ミリグラム	B		A	A	A				3
F-549	メカニカル	A	A	A	A	A	A	A	B	3
F-550	メカニズム	B		A	B	B				3
F-551	メチオニン			B	B	B				0
F-552	メッセージ	A	A	A	A	A	A	A	A	1
F-553	メンソール	B		B	B	B				3
F-554	モーニング	A		A	A	A				1
F-555	モーメント	A		A	A	A				1
F-556	モダニズム	B		B	B	B				3
F-557	モノグラム	B		A	B	A				3
F-558	モノポリー			A	B	B				2
F-559	モンスター	A	A	A	A	A	A	A	A	1
F-560	モンタージュ	B		B	B	B				3
F-561	ユーザンス	A		A	A	A				1
F-562	ユートピア	B		B	B	B				3
F-563	ユーモラス	A		A	A	A				1
F-564	ヨーグルト	A	A	A	A	A	B	A	B	3
F-565	ラジオボイ			B	B	B				4
F-566	ラプソディー			A	A	A				1
F-567	ラブレター	B	B	B	B	B	B		B	3
F-568	ランキング	B	A	A	A	B	B	B	B	0
F-569	ランジェリー			A	A	A				1
F-570	ランドセル	B	B	B	B	B	B	B	B	4
F-571	ランドリー			A	A	A				1
F-572	リアクション			A	B	A				2
F-573	リアリズム	A		A	B	B				3
F-574	リアリティー			A	A	A				2
F-575	リーゼント	A		A	A	A				1
F-576	リクエスト	B	B	B	B	A	B	A	B	3
F-577	リズミカル	A		A	A	A				3
F-578	リンガフォン			B?	A	A				3
F-579	レジスター			A	A	A				2
F-580	レストラン	A	B	A	A	A	A	A	A	1
F-581	レズビアン			A	A	A				2
F-582	レスリング	A	A	A	A	A	A	A	A	1
F-583	レセプション			A	A	A				2
F-584	レモネード	B	B	B	B	B	B	B	B	3
F-585	レンタカー	B	B	B	B	B	B	B	B	3
F-586	レントゲン	B	B	B	B	B	B	B	B	0
F-587	ロースター			A	A	A				1
F-588	ロカビリー			A	A	A				3
F-589	ワイヤレス	A		A	B	A				1
F-590	ワンダフル	A		A	A	A				1
F-591	アクロバット	B	B	B	B	B	B	B	B	4
F-592	アコーディオン			B	B	B				4
F-593	アップルパイ	B	B	B	B	B	B	A	B	4
F-594	アドバイザー	B	B	B	B	B	A	B	B	3

ID	項目	OF-05	MM-03	MM-04	MF-06	MF-07	YF-09	YF-10	YF-11	東京
F-595	アドレナリン	B	B	B	B	B	B	B	B	0
F-596	アバンゲール			B	B	B				4
F-597	アバンチュール			B	B	B				4
F-598	アンサンブル	B	B	B	B	B	B		B	3
F-599	アンソロジー	B	B	A	B	B	A		B	3
F-600	アンバランス	B	A	B	B	B	B	B	B	3
F-601	アンモナイト	B	B	B	B	B	B	B	B	4
F-602	インターバル	B	A	B	B	B		B	B	3
F-603	インタレスト	B	B	B	A	A	B	A	A	1
F-604	エアポケット	B	B	B	B	B	B		B	3
F-605	エキスパート	B	B	B	B	B	B		B	4
F-606	エピゴーネン	B	A	A	B	B	B		B	3
F-607	オーケストラ	B	B	B	B	B	B	B	B	3
F-608	オープニング	B	B	B	B	B	B	B	B	0
F-609	オープンシャツ	B	B	B	B	B	B	B	B	3
F-610	オキシダント	B	A	A	A	A	A	A	A	1
F-611	オペレーター	B	B	B	B	B	B	B	B	3
F-612	オリンピック	B	B	B	B	B	B	B	B	4
F-613	カートリッジ	B	B	A	B	A	A	A	A	1
F-614	ガードレール	B	B	B	B	B	B	B	B	4
F-615	カスタネット	B	B	B	B	B	B	B	B	4
F-616	カマンベール	B	B	B	B	B	B	B	B	4
F-617	カモフラージュ	B	B	B	B	B	B	B	B	4
F-618	グラジオラス	B	B	B	B	B	B	B	B	4
F-619	グラデーション	B	B	B	B	B	B	B	B	3
F-620	クラリネット	B	B	B	B	B	B	B	B	4
F-621	クリーニング	A	B	B	B	B	B	B	B	2
F-622	グリコーゲン	B	B	B	B	B	B	B	B	3
F-623	グリンピース			B	B	B				4
F-624	グレーカラー			B	B	B				4
F-625	グロッサリー	B	A	B	A	A	A	A	A	2
F-626	クロロホルム	B	B	B	B	B	B	B	B	4
F-627	クロワッサン	B	B	B	B	B	B	B	B	3
F-628	ゲゼルシャフト	B	B	B	B	B	B		B	4
F-629	コケットリー			A	A	A				2
F-630	コックピット	B	B	B	B	B	B		B	4
F-631	コミッショナー			A	A	A				2
F-632	コンクリート	A	B	A	B	B	B	B	B	4
F-633	コンダクター	B	B	B	B	B	B		B	3
F-634	コントラバス	B	B	B	B	B	B		B	5
F-635	コントロール	B	B	B	B	B	B		B	4
F-636	コンポジション	B	B	B	B	B	B		B	4
F-637	サイクリング	A	B	A	B	B	A	A	A	1
F-638	サスペンダー	B	B	B	B	B	A	A	B	3
F-639	サブタイトル	A	A	A	B	B	B		B	3
F-640	サリドマイド	B	B	B	B	B	B	B	B	4
F-641	サンタマリア	B	B	B	B	B	B	B	B	4

ID	項目	OF-05	MM-03	MM-04	MF-06	MF-07	YF-09	YF-10	YF-11	東京
F-642	シーズンオフ	B	B	B	B	B	B	B	B	5
F-643	シーラカンス	B	B	A	B	B	B	B	B	4
F-644	シンポジウム	A	B	A	B	B	B	A	B	4
F-645	シンメトリー	A	B	A	B	B	B		B	3
F-646	スカーレット	B	A	A	A	A	A	A	A	2
F-647	スキーイング			A	B	A				2
F-648	スクーリング			A	A	B				0
F-649	スクランブル	A	B	A	B	B	B	B	B	3
F-650	スケーティング			A	A	B				0
F-651	スターティング			B	B	B				0
F-652	スターリング			B	A	A				2
F-653	スタイリスト	B	A	B	B	B	B	B	B	4
F-654	スタッカート	B	B	B	B	B	B	B	B	4
F-655	スタンダード	B	B	B	B	B	B	B	B	4
F-656	スチュワーデス	B	B	A	B	B	B	A	B	3
F-657	ステアリング	A	B	B	B	B	B	B	B	0
F-658	ステンカラー	B	B	B	B	B	B	B	B	4
F-659	ストッキング	A	A	B	A	A	A	A	A	2
F-660	スパーリング	B	B	B	A	B	B	B	B	0
F-661	スパンコール	B	B	B	B	B	B	B	B	4
F-662	スモーキング			A	A	A				2
F-663	セカンドラン	B	B	B	B	B	B	B	B	5
F-664	ダイナマイト	B	B	B	B	B	B	B	B	4
F-665	ダイヤモンド	B	B	B	B	B	B	B	B	4
F-666	タコメーター	B	B	B	B	B	B	B	B	3
F-667	デモクラシー	A	A	A	B	B	B	A	B	3
F-668	トーナメント	A	B	A	B	A	A	A	A	1
F-669	トランジスタ	B	B	B	B	B	B	B	B	4
F-670	トランポリン	A	A	B	A	A	A	A	A	2
F-671	トレーニング	A	B	B	B	B	A	B	A	2
F-672	ドローイング			A	A	B				2
F-673	ドロンワーク			B	B	B				4
F-674	ノーコメント	B	A	B	B	B	B		B	3
F-675	ノンストップ	B	B	B	B	B	B		B	4
F-676	バイアスロン	B	B	B	B	B	B	A	B	3
F-677	ハイアラキー	B	A	B	B	B	B		B	3
F-678	ハイオクタン	B	B	B	B	B	B		B	3
F-679	バイオリズム	B	B	B	B	B	B	B	B	4
F-680	パイナップル	B	B	B	B	B	B		B	3
F-681	パフォーマンス			A	A	A				2
F-682	パンタグラフ	B	B	B	B	B	B	B	B	4
F-683	パントマイム	B	B	B	B	B	B	B	B	4
F-684	パンフレット	A	A	B	A	A	A	A	A	1
F-685	ビエンナーレ			B	B	B				4
F-686	プライバシー			A	A	A				2
F-687	フラッシュガン	B	B	B	B	B	B	B	B	4
F-688	ブラッシング	A	A	B	B	A	B	B	B	0

ID	項目	OF-05	MM-03	MM-04	MF-06	MF-07	YF-09	YF-10	YF-11	東京
F-689	プランクトン			B	B	A				2
F-690	フリーランス			A	B	B				4
F-691	プリンシプル	B	B	A	A	A	B	B	B	2
F-692	ブルーカラー			B	B	B				4
F-693	ブルドーザー	B	B	B	B	B	B	B	B	3
F-694	フレキシブル	B	B	A	A	A	A	B	A	2
F-695	プレジデント	A	B	A	A	A	A	A	A	2
F-696	ブロッキング	A	A	B	B	A	B	A	B	0
F-697	ブロッコリー	A	A	A	A	A	A	A	A	2
F-698	プロムナード	B	B	B	B	B	B	B	B	4
F-699	プロンプター			A	B	A				2
F-700	ヘーゲリアン	A	B	A	A	B		B		3
F-701	ペダントリー			B	B	B				2
F-702	ヘモグロビン	B	B	B	B	B	B	B	B	0
F-703	ボーカリスト	B	B	B	B	B	B	B	B	4
F-704	ボキャブラリー	A	A	A	A	A	A	A	A	2
F-705	ポリエチレン	B	B	B	B	B	B	B	B	3
F-706	マーガレット	A	A	A	A	A	A	A	A	1
F-707	マクドナルド	B	B	B	B	B	B	B	B	4
F-708	マグナカルタ	B	B	B	B	B	B	B	B	4
F-709	マッシュルーム	B	B	B	B	B	B	B	B	4
F-710	メインポール			B	B	B				4
F-711	メートルトン	B	B	B	B	B	B	B	B	4
F-712	メタセコイア	B	B	B	B	B	B	B	B	4
F-713	メランコリー	B	B	B	A	B			A	2
F-714	モンゴロイド	B	B	B	B	B			B	4
F-715	ライブラリー	A	B	A	A	B	A	A	A	1
F-716	ラッシュアワー	B	B	B	B	B			B	4
F-717	リバーシブル	A	B	A	A	A	B	A	A	2
F-718	レコーディング			B	B	B				0
F-719	レジスタンス	A	A	A	A	A	A	A	A	2
F-720	レパートリー			A	A	A				2
F-721	ローマナイズ	B	B	B	B	B	A	B	B	4
F-722	ロマンチック	B	B	B	B	B	B	B	B	4
F-723	エスカレーター	B	B	B	B	B	B	B	B	4
F-724	オーストラリア	B	B	B	B	B	B	B	B	5
F-725	オレンジジュース	B	B	B	B	B	B	B	B	5
F-726	トライアスロン	B	B	B	B	B	B	B	B	4
F-727	トライアングル	B	B	B	B	B	B	B	B	4
F-728	ナイチンゲール	B	B	B	B	B	B	B	B	5
F-729	バイオレーション	B	B	B	B	B	B	B	B	4
F-730	バウムクーヘン	B	B	B	B	B	B	B	B	4
F-731	パトロールカー	B	B	B	B	B	B	B	B	5
F-732	ミルクコーヒー	B	B	B	B	B	B	B	B	6
F-733	ガソリンスタンド	B	B	B	B	B	B	B	B	6
F-734	キッチンペーパー	B	B	B	B	B	B	B	B	5
F-735	クリームコロッケ	B	B	B	B	B	B	B	B	5

ID	項目	OF-05	MM-03	MM-04	MF-06	MF-07	YF-09	YF-10	YF-11	東京
F-736	クリスマスツリー	B	B	B	B	B	B	B	B	6
F-737	コンタクトレンズ	B	B	B	B		B	A	B	6
F-738	スピードメーター	B	B	B	B	B	B	B	B	5
F-739	テープレコーダー	B	B	B	B	B	B	B	B	5
F-740	ネクタイホルダー	B	B	B	B	B	B	B	B	5
F-741	バーベキューソース	B	B	B	B	B	B	B	B	6
F-742	バスケットボール	B	B	B	B	B	B	B	B	6
F-743	バストロンボーン	A	B	B	A	B	A	B	B	6
F-744	ハモンドオルガン	B	B	B	B	B	A	B	B	5
F-745	パワーリフティング	B	B	B	B	B	B	B	B	4
F-746	ハンドドライヤー	B	B	B	B	B	B	B	B	5
F-747	ブルーマウンテン	B	B	B	B	B	B	B	B	4
F-748	フルオーケストラ	B	B	B	A	B	B	B	B	5
F-749	ボーダースカート	B	B	B	B	B	B	B	B	6
F-750	ホームランボール	B	B	B	B	B	B	B	B	6
F-751	ミルクチョコレート	B	B	B	B	B	B	B	B	6
F-752	メチルアルコール	B	B	B	B	B	B	B	B	4
F-753	モノラルレコード	B	B	B	B	B	B	B	B	5

付録3　複合語

第4章における議論で使用した複合語の調査結果を掲載する。

それぞれの単語について、前部要素の型と複合語の型を並べている。すなわち、ABならば、前部要素はA型で発音し、複合語全体はB型で発音したことを意味する。

ID	表記	MM-03	MF-07	MF-06	OF-05
C-001	根腐り	BB	BA	BB	BB
C-002	葉桜	AA	AA	AA	AA
C-003	顔見せ	AA	AA	AA	AA
C-004	柿パイ	AA	AA	AA	AB
C-005	風虫	AA	AA	AA	AA
C-006	釜揚げ	AA	AB	AA	AA
C-007	腰骨	AA	AA	AA	AA
C-008	猿虫	BB	BB	BB	BB
C-009	西長崎	AB	AB	AB	AB
C-010	岩飾り	AA	AA	AA	AA
C-011	枝分かれ	AA	AA	AA	AA
C-012	ガス会社	AA	AA	AA	AA
C-013	皿回し	AA	AA	AA	AA
C-014	寺めぐり	AA	AA	AA	AB
C-015	夏桜	AA	AA	AA	AA
C-016	バス会社	AA	AA	AA	AA
C-017	ビル掃除	AA	AA	AA	AA
C-018	フル稼働	AA	AB	AB	AA

ID	表記	MM-03	MF-07	MF-06	OF-05
C-019	雪祭り	AA	AA	AA	AA
C-020	青信号	BB	AA	AB	AA
C-021	赤鉛筆	AA	AA	AA	AA
C-022	牛泥棒	AA	AA	AA	AA
C-023	梅せんべい	AA	AA	AA	AA
C-024	海老まんじゅう	AA	AA	AA	AA
C-025	北長崎	AB	AB	AB	AB
C-026	酒まんじゅう	AA	AA	AA	AA
C-027	自己満足	AA	AA	AA	AA
C-028	ダム見学	AA	AA	AA	AA
C-029	チョコまんじゅう	AA	AA	AA	AA
C-030	チリ人	AA	AA	AA	AA
C-031	梨まんじゅう	AA	AA	AA	AA
C-032	パン工場	AA	AA	AA	AA
C-033	ペン工場	AA	AA	AA	AA
C-034	水羊羹	AA	AA	AA	AA
C-035	味噌まんじゅう	BB	BB	BB	BB
C-036	伊勢物語	AA	AA	AA	AA
C-037	鳥ソーセージ	AA	AA	AA	AA
C-038	冬物語	AA	AA	AB	AA
C-039	ギター部	AB	AB	AB	AB
C-040	抗議後	AB	AB	AB	AB
C-041	スキー部	AB	AB	AB	AB
C-042	ダンス部	AB	AB	AB	AB
C-043	ドイツ語	AB	AB	AB	AB
C-044	ボート部	AB	AB	AB	AB
C-045	田舎好き	AB	AB	AB	AB
C-046	イワシ釣り	AB	AB	AB	AB
C-047	インド人	AA	AA	AB	AB
C-048	車好き	AB	AB	AB	AB
C-049	高度計	AB	AB	AB	AB
C-050	ジュース好き	AB	AB	AB	AB
C-051	ニュース記事	AB	AB	AB	AB
C-052	ビデオ機器	AB	AB	AB	AB
C-053	プリンパイ	AB	AB	AB	AB
C-054	緑虫	BB	BB	BB	BB
C-055	ミルク好き	AB	AB	AB	AB
C-056	ミンチ肉	AB	AB	AB	AB
C-057	イチゴケーキ	BB	BB	BB	BB
C-058	大気汚染	AB	AB	AB	AB
C-059	頼み上手	BB	BB	BB	BB
C-060	卵プリン	BB	BB	BB	BB
C-061	ナイフ使い	AB	AB	AB	AB
C-062	ネット作り	AB	AB	AB	AB
C-063	枕カバー	BB	BB	BB	BB
C-064	昔話	AB	AB	AB	AB
C-065	遊び友達	AB	AB	AB	AB

ID	表記	MM-03	MF-07	MF-06	OF-05
C-066	男友達	BB	BB	BB	BB
C-067	女友達	AB	AB	AB	AB
C-068	氷まんじゅう	AB	AB	AB	AB
C-069	ソーダまんじゅう	AB	AB	AB	AB
C-070	テレビ番組	BB	AB	AB	AB
C-071	東長崎	AB	AB	AB	AB
C-072	南長崎	AB	AB	AB	AB
C-073	アメリカ人	BB	BB	BB	BB
C-074	猪鍋	AB	AB	AB	AB
C-075	梅干パイ	AB	AB	AB	AB
C-076	運賃表	AB	AB	AB	AB
C-077	日光浴	AB	AB	AB	AB
C-078	ニワトリ小屋	AB	AB	AB	AB
C-079	紫色	BB	BB	BB	BB
C-080	オレンジ畑	AB	AB	AB	AB
C-081	釜揚げうどん	AB	BB	AB	AB
C-082	コスモス畑	AB	AB	AB	AB
C-083	ビニール袋	AB	AB	AB	AB
C-084	操り人形	AB	AB	AB	AB
C-085	エンジントラブル	AB	AB	AB	AB
C-086	石炭自動車	AB	AB	AB	AB
C-087	イソップ物語	AB	AB	AB	AB
C-088	コンサート後	AB	AB	AB	AB
C-089	レスリング部	AB	AB	AB	AB
C-090	スタジアム前	AB	AB	AB	AB
C-091	バイオリン弾き	AB	AB	AB	AB
C-092	クリスマスケーキ	AB	AB	AB	AB
C-093	チューリップ畑	AB	AB	AB	AB
C-094	ブーメラン作り	BB	AB	AB	AB
C-095	プレゼント探し	AB	AB	BB	AB
C-096	チョコレートまんじゅう	BB	BB	BB	BB
C-097	ボクシング同好会	AB	AB	AB	AB
C-098	トランポリン部	AB	AB	BB	AB
C-099	パイナップル畑	BB	BB	BB	BB
C-100	ブロッコリー畑	AB	AB	AB	AB

付録4a 二字漢語（実在語）

第5章における議論で使用した二字漢語（実在語）の調査結果を掲載する。

ID	表記 カナ	MF-06	OF-05	MM-01	MM-04	MF-07	MM-03
S-0703-001	愛嬌 アイ＃キョウ	B	B	B			
S-0703-002	愛犬 アイ＃ケン	B	B	B			
S-0703-003	愛好 アイ＃コウ	B	B	B			
S-0703-004	愛国 アイ＃コク	B	B	B			

ID	表記	カナ	MF-06	OF-05	MM-01	MM-04	MF-07	MM-03
S-0703-005	愛妻	アイ#サイ	B	B	B			
S-0703-006	愛人	アイ#ジン	B	B	B			
S-0703-007	愛想	アイ#ソ	B	B	B			
S-0703-008	愛憎	アイ#ゾウ	B	B	B			
S-0703-009	愛知	アイ#チ	A	A	A			
S-0703-010	愛馬	アイ#バ	B	A				
S-0703-011	運河	ウン#ガ	A	A	A			
S-0703-012	運休	ウン#キュウ	B	B	B			
S-0703-013	運行	ウン#コウ	B	B	B			
S-0703-014	運勢	ウン#セイ	A	A	A			
S-0703-015	運送	ウン#ソウ	B	B	B			
S-0703-016	運賃	ウン#チン	A	A	A			
S-0703-017	運転	ウン#テン	B	B	B			
S-0703-018	運動	ウン#ドウ	B	B	B			
S-0703-019	運輸	ウン#ユ	A	A	A			
S-0703-020	運用	ウン#ヨウ	B	B	B			
S-0709-001	王位	オウ#イ	A	A		A	A	
S-0709-002	王冠	オウ#カン	B	A		B	B	
S-0709-003	王宮	オウ#キュウ	B	B		B	B	
S-0709-004	王国	オウ#コク	A	B		B	A	
S-0709-005	王座	オウ#ザ	A	A		A	A	
S-0709-006	王子	オウ#ジ	A	A		A	A	
S-0709-007	王室	オウ#シツ	B	B		B	B	
S-0709-008	王族	オウ#ゾク	B	B		B	A	
S-0709-009	王道	オウ#ドウ	B	B		B	B	
S-0709-010	王妃	オウ#ヒ	A	A		A	A	
S-0703-021	加害	カ#ガイ	B	B	A			
S-0703-022	加減	カ#ゲン	B	B	B			
S-0703-023	加工	カ#コウ	B	B	B			
S-0703-024	加算	カ#サン	B	B	B			
S-0703-025	加勢	カ#セイ	B	B	B			
S-0703-026	加担	カ#タン	B	B	B			
S-0703-027	加熱	カ#ネツ	B	B	B			
S-0703-028	加筆	カ#ヒツ	B	B	B			
S-0703-029	加法	カ#ホウ	B	B	B			
S-0703-030	加味	カ#ミ	A	A			A	A
S-0703-031	加盟	カ#メイ	B	B	B			
S-0703-032	開花	カイ#カ	B	A	B			
S-0703-033	開会	カイ#カイ	B	B	B			
S-0703-034	開館	カイ#カン	B	B	B			
S-0703-035	開業	カイ#ギョウ	B	B	B			
S-0703-036	開口	カイ#コウ	B	B	B			
S-0703-037	開催	カイ#サイ	B	B	B			
S-0703-038	開始	カイ#シ	B	B	B			
S-0703-039	開示	カイ#ジ	B	B	B			
S-0703-040	開拓	カイ#タク	B	B	B			
S-0703-041	開通	カイ#ツウ	B	B	B			

ID	表記	カナ	MF-06	OF-05	MM-01	MM-04	MF-07	MM-03
S-0703-042	開店	カイ#テン	B	B	B			
S-0703-043	開発	カイ#ハツ	B	B	B			
S-0703-044	開閉	カイ#ヘイ	B	B	B			
S-0703-045	開放	カイ#ホウ	B	B	B			
S-0703-046	開幕	カイ#マク	B	B	B			
S-0709-011	記憶	キ#オク	B	B			B	B
S-0709-012	記号	キ#ゴウ	B	B			B	B
S-0709-013	記載	キ#サイ	B	B			B	B
S-0709-014	記者	キ#シャ	A	A			A	A
S-0709-015	記述	キ#ジュツ	B	B			B	B
S-0709-016	記帳	キ#チョウ	B	B			B	B
S-0709-017	記入	キ#ニュウ	B	B			B	B
S-0709-018	記念	キ#ネン	B	B			B	B
S-0703-047	共学	キョウ#ガク	B	B	B			
S-0703-048	共感	キョウ#カン	B	B	B			
S-0703-049	共催	キョウ#サイ	B	B	B			
S-0703-050	共済	キョウ#サイ	B	B	B			
S-0703-051	共存	キョウ#ゾン	B	B	B			
S-0703-052	共犯	キョウ#ハン	B	B	B			
S-0703-053	共謀	キョウ#ボウ	B	B	B			
S-0703-054	共鳴	キョウ#メイ	B	B	B			
S-0703-055	共有	キョウ#ユウ	B	B	B			
S-0703-056	共用	キョウ#ヨウ	B	B	B			
S-0703-057	共和	キョウ#ワ	B	B		B		B
S-0709-019	軍医	グン#イ	A	A			A	A
S-0709-020	軍歌	グン#カ	A	A			A	A
S-0709-021	軍艦	グン#カン	B	B			B	B
S-0709-022	軍人	グン#ジン	B	B			B	B
S-0709-023	軍隊	グン#タイ	A	A			A	A
S-0709-024	軍閥	グン#バツ	B	A			A	B
S-0709-025	軍務	グン#ム	A	A			A	A
S-0709-026	軍律	グン#リツ	B	B			B	B
S-0709-027	軍令	グン#レイ	B	B			B	B
S-0703-058	高圧	コウ#アツ	B	B	B			
S-0703-059	高位	コウ#イ	A	A	A			
S-0703-060	高温	コウ#オン	B	B	B			
S-0703-061	高価	コウ#カ	A	A	A			
S-0703-062	高額	コウ#ガク	B	B	B			
S-0703-063	高官	コウ#カン	B	B	B			
S-0703-064	高貴	コウ#キ	A	A	A			
S-0703-065	高級	コウ#キュウ	B	B	B			
S-0703-066	高潔	コウ#ケツ	B	B	B			
S-0703-067	高原	コウ#ゲン	B	B	A			
S-0703-068	高校	コウ#コウ	A	B	B			
S-0703-069	高所	コウ#ショ	A	A	A			
S-0703-070	高尚	コウ#ショウ	B	B	B			
S-0703-071	高層	コウ#ソウ	B	B	B			

ID	表記	カナ	MF-06	OF-05	MM-01	MM-04	MF-07	MM-03
S-0703-072	高速	コウ#ソク	B	B	B			
S-0703-073	高低	コウ#テイ	B	B	B			
S-0703-074	高度	コウ#ド	A	A	A			
S-0703-075	高等	コウ#トウ	B	B	B			
S-0703-076	高騰	コウ#トウ	B	B	B			
S-0703-077	高熱	コウ#ネツ	B	B	B			
S-0703-078	高齢	コウ#レイ	B	B	B			
S-0703-079	作為	サク#イ	A	A	A			
S-0703-080	作詞	サク#シ	B	B	B			
S-0703-081	作者	サク#シャ	A	A	B			
S-0703-082	作図	サク#ズ	B	B	B			
S-0703-083	作成	サク#セイ	B	B	B			
S-0703-084	作戦	サク#セン	B	B	B			
S-0703-085	作品	サク#ヒン	B	B	B			
S-0703-086	作風	サク#フウ	B	B	B			
S-0703-087	作文	サク#ブン	B	B	B			
S-0703-088	作事	サク#ジ	B	B			A	A
S-0703-089	作家	サッ#カ	B	B	B			
S-0703-090	作曲	サッ#キョク	B	B	B			
S-0703-091	参加	サン#カ	B	B	B			
S-0703-092	参賀	サン#ガ	A	A	A			
S-0703-093	参会	サン#カイ	B	B	B			
S-0703-094	参画	サン#カク	B	B	B			
S-0703-095	参観	サン#カン	B	B	B			
S-0703-096	参議	サン#ギ	B	B	A			
S-0703-097	参考	サン#コウ	B	B	B			
S-0703-098	参事	サン#ジ	B	A			A	A
S-0703-099	参照	サン#ショウ	B	B	B			
S-0703-100	参上	サン#ジョウ	B	B	B			
S-0703-101	参戦	サン#セン	B	B	B			
S-0703-102	参堂	サン#ドウ	B	B	B			
S-0703-103	参入	サン#ニュウ	B	B	B			
S-0703-104	参拝	サン#パイ	B	B	B			
S-0703-105	参謀	サン#ボウ	B	B	B			
S-0703-106	参与	サン#ヨ	A	A	A			
S-0703-107	参列	サン#レツ	B	B	B			
S-0709-028	市営	シ#エイ	B	B		B	B	
S-0709-029	市価	シ#カ	A	A		A	A	
S-0709-030	市外	シ#ガイ	A	A		A	A	
S-0709-031	市場	シ#ジョウ	B	B		B	B	
S-0709-032	市長	シ#チョウ	A	A		A	A	
S-0709-033	市内	シ#ナイ	A	A		A	A	
S-0709-034	市民	シ#ミン	A	B		A	A	
S-0709-035	市立	シ#リツ	B	B		B	B	
S-0703-108	自愛	ジ#アイ	B	B	B			
S-0703-109	自衛	ジ#エイ	B	B	B			
S-0703-110	自害	ジ#ガイ	B	B	A			

ID	表記	カナ	MF-06	OF-05	MM-01	MM-04	MF-07	MM-03
S-0703-111	自覚	ジ＃カク	B	B	B			
S-0703-112	自決	ジ＃ケツ	B	B	B			
S-0703-113	自己	ジ＃コ	A	A	A			
S-0703-114	自作	ジ＃サク	B	B	B			
S-0703-115	自失	ジ＃シツ	B	B	B			
S-0703-116	自習	ジ＃シュウ	B	B	B			
S-0703-117	自称	ジ＃ショウ	B	B	B			
S-0703-118	自信	ジ＃シン	A	A	A			
S-0703-119	自炊	ジ＃スイ	B	B	B			
S-0703-120	自制	ジ＃セイ	B	B	B			
S-0703-121	自責	ジ＃セキ	B	A	B			
S-0703-122	自説	ジ＃セツ	B	B	B			
S-0703-123	自足	ジ＃ソク	B	A	B			
S-0703-124	自宅	ジ＃タク	B	B	B			
S-0703-125	自転	ジ＃テン	B	B	B			
S-0703-126	自認	ジ＃ニン	B	B	B			
S-0703-127	自白	ジ＃ハク	B	B			B	B
S-0703-128	自発	ジ＃ハツ	B	B	B			
S-0703-129	自筆	ジ＃ヒツ	B	B	B			
S-0703-130	自負	ジ＃フ	A	A	A			
S-0703-131	自分	ジ＃ブン	B	B	B			
S-0703-132	自慢	ジ＃マン	A	A	B			
S-0703-133	自滅	ジ＃メツ	B	B	B			
S-0703-134	自由	ジ＃ユウ	B	B	B			
S-0703-135	自力	ジ＃リキ	B	B	B			
S-0703-136	自律	ジ＃リツ	B	B	B			
S-0709-037	実家	ジッ＃カ	B	B		B	B	
S-0709-038	実感	ジッ＃カン	B	B		B	B	
S-0709-039	実況	ジッ＃キョウ	B	B		B	B	
S-0709-040	実施	ジッ＃シ	B	B		B	B	
S-0709-041	実地	ジッ＃チ	B	B		B	B	
S-0709-036	実印	ジツ＃イン	B	B		A	B	
S-0709-042	実母	ジツ＃ボ	A	B		B	A	
S-0709-043	実名	ジツ＃メイ	B	B		B	B	
S-0709-044	実利	ジツ＃リ	B	B		A	A	
S-0703-137	出火	シュッ＃カ	B	B	B			
S-0703-138	出荷	シュッ＃カ	B	B	B			
S-0703-139	出勤	シュッ＃キン	B	B	B			
S-0703-140	出家	シュッ＃ケ	B	B	B			
S-0703-141	出欠	シュッ＃ケツ	B	B	B			
S-0703-142	出血	シュッ＃ケツ	B	B	B			
S-0703-143	出港	シュッ＃コウ	B	B	B			
S-0703-144	出資	シュッ＃シ	B	B	B			
S-0703-145	出所	シュッ＃ショ	B	B	B			
S-0703-146	出身	シュッ＃シン	B	B	B			
S-0703-147	出世	シュッ＃セ	B	B	B			
S-0703-148	出征	シュッ＃セイ	B	B	B			

ID	表記	カナ	MF-06	OF-05	MM-01	MM-04	MF-07	MM-03
S-0703-149	出生	シュッ#セイ	B	B	B			
S-0703-150	出席	シュッ#セキ	B	B	B			
S-0703-151	出廷	シュッ#テイ	B	B	B			
S-0703-152	出頭	シュッ#トウ	B	B	B			
S-0703-153	出発	シュッ#パツ	B	B	B			
S-0703-154	出版	シュッ#パン	B	B	B			
S-0703-155	出費	シュッ#ピ	B	B	B			
S-0703-156	出品	シュッ#ピン	B	B	B			
S-0703-157	出願	シュツ#ガン	B	B	B			
S-0703-158	出撃	シュツ#ゲキ	B	B	B			
S-0703-159	出現	シュツ#ゲン	B	B	B			
S-0703-160	出獄	シュツ#ゴク	B	B	B			
S-0703-161	出場	シュツ#ジョウ	B	B	B			
S-0703-162	出土	シュツ#ド	B	B	A			
S-0703-163	出動	シュツ#ドウ	B	B	B			
S-0703-164	出馬	シュツ#バ	B	B	B			
S-0703-165	出没	シュツ#ボツ	B	B	B			
S-0703-166	出塁	シュツ#ルイ	B	B	B			
S-0709-045	職員	ショク#イン	A	A		A	A	
S-0709-046	職業	ショク#ギョウ	A	B		A	A	
S-0709-047	職種	ショク#シュ	B	A		A	B	
S-0709-048	職務	ショク#ム	A	A		A	A	
S-0709-049	職歴	ショク#レキ	B	B		A	B	
S-0709-050	職権	ショッ#ケン	B	B		B	B	
S-0709-051	職工	ショッ#コウ	B	B		B	B	
S-0703-167	石材	セキ#ザイ				A	A	A
S-0703-168	石像	セキ#ゾウ				A	A	A
S-0703-169	石炭	セキ#タン				B	B	B
S-0703-170	石版	セキ#バン				A	A	A
S-0703-171	石盤	セキ#バン				A	B	B
S-0703-172	石碑	セキ#ヒ				A	B	A
S-0703-173	石墨	セキ#ボク				B	B	B
S-0703-174	石油	セキ#ユ				A	B	B
S-0703-175	石灰	セッ#カイ				A	B	A
S-0703-176	石器	セッ#キ				A	B	B
S-0703-177	石鹸	セッ#ケン				B	B	B
S-0703-178	石膏	セッ#コウ				B	B	B
S-0703-179	絶海	ゼッ#カイ				A	B	A
S-0703-180	絶景	ゼッ#ケイ				B	B	B
S-0703-181	絶交	ゼッ#コウ				B	B	B
S-0703-182	絶好	ゼッ#コウ				B	B	B
S-0703-183	絶賛	ゼッ#サン				B	B	B
S-0703-184	絶頂	ゼッ#チョウ				B	B	B
S-0703-185	絶版	ゼッ#パン				B	B	B
S-0703-186	絶筆	ゼッ#ピツ				B	B	B
S-0703-187	絶壁	ゼッ#ペキ				B	B	B
S-0703-188	絶縁	ゼツ#エン				B	B	B

ID	表記	カナ	MF-06	OF-05	MM-01	MM-04	MF-07	MM-03
S-0703-189	絶大	ゼツ＃ダイ				B	B	B
S-0703-190	絶望	ゼツ＃ボウ				B	B	B
S-0703-191	絶無	ゼツ＃ム				B	B	B
S-0703-192	絶命	ゼツ＃メイ				B	B	B
S-0703-193	絶滅	ゼツ＃メツ				B	B	B
S-0703-194	大火	タイ＃カ				A	A	A
S-0703-195	大河	タイ＃ガ				A	A	A
S-0703-196	大会	タイ＃カイ				B	B	B
S-0703-197	大気	タイ＃キ				A	A	A
S-0703-198	大金	タイ＃キン				B	B	A
S-0703-199	大群	タイ＃グン				B	B	A
S-0703-200	大差	タイ＃サ				A	A	A
S-0703-201	大衆	タイ＃シュウ				B	B	B
S-0703-202	大正	タイ＃ショウ				B	B	B
S-0703-203	大食	タイ＃ショク				B	B	B
S-0703-204	大切	タイ＃セツ				A	A	A
S-0703-205	大戦	タイ＃セン				B	B	B
S-0703-206	大敵	タイ＃テキ				B	B	B
S-0703-207	大破	タイ＃ハ				A	A	A
S-0703-208	大敗	タイ＃ハイ				B	B	B
S-0703-209	大半	タイ＃ハン				B	B	B
S-0703-210	大変	タイ＃ヘン				A	B	A
S-0703-211	大砲	タイ＃ホウ				A	A	A
S-0703-212	大役	タイ＃ヤク				B	B	A
S-0703-213	大洋	タイ＃ヨウ				A	B	A
S-0703-214	大陸	タイ＃リク				B	B	A
S-0703-215	大量	タイ＃リョウ				B	B	B
S-0703-216	中央	チュウ＃オウ				B	B	B
S-0703-217	中核	チュウ＃カク				B	B	B
S-0703-218	中学	チュウ＃ガク				A	A	A
S-0703-219	中間	チュウ＃カン				B	B	B
S-0703-220	中級	チュウ＃キュウ				B	B	B
S-0703-221	中継	チュウ＃ケイ				B	B	B
S-0703-222	中元	チュウ＃ゲン				B	B	B
S-0703-223	中古	チュウ＃コ				B	B	A
S-0703-224	中国	チュウ＃ゴク				A	A	A
S-0703-225	中座	チュウ＃ザ				B	B	B
S-0703-226	中止	チュウ＃シ				B	B	B
S-0703-227	中軸	チュウ＃ジク				B	B	B
S-0703-228	中秋	チュウ＃シュウ				B	B	B
S-0703-229	中傷	チュウ＃ショウ				B	B	B
S-0703-230	中小	チュウ＃ショウ				B	A	A
S-0703-231	中心	チュウ＃シン				B	B	B
S-0703-232	中世	チュウ＃セイ				A	A	A
S-0703-233	中性	チュウ＃セイ				A	B	A
S-0703-234	中東	チュウ＃トウ				B	B	B
S-0703-235	中等	チュウ＃トウ				B	B	B

ID	表記	カナ	MF-06	OF-05	MM-01	MM-04	MF-07	MM-03
S-0703-236	中毒	チュウ#ドク				A	A	A
S-0703-237	中年	チュウ#ネン				B	B	A
S-0703-238	中盤	チュウ#バン				B	B	B
S-0703-239	中部	チュウ#ブ				A	A	A
S-0703-240	中腹	チュウ#フク				B	B	B
S-0703-241	中立	チュウ#リツ				B	B	B
S-0703-242	中略	チュウ#リャク				B	B	B
S-0703-243	中流	チュウ#リュウ				B	B	B
S-0703-244	中和	チュウ#ワ				B	B	B
S-0709-052	天下	テン#カ	A	A	A	A		
S-0709-053	天気	テン#キ	A	A	A	A		
S-0709-054	天災	テン#サイ	B	A	B	B		
S-0709-055	天職	テン#ショク	A	A	A	A		
S-0709-056	天体	テン#タイ	B	B	B	B		
S-0709-057	天女	テン#ニョ	A	A	A	A		
S-0703-245	日銀	ニチ#ギン				A	B	A
S-0703-246	日時	ニチ#ジ				A	A	B
S-0703-247	日常	ニチ#ジョウ				B	B	B
S-0703-248	日独	ニチ#ドク				A	A	B
S-0703-249	日仏	ニチ#フツ				A	A	A
S-0703-250	日米	ニチ#ベイ				A	A	A
S-0703-251	日僕	ニチ#ボク				B	B	B
S-0703-252	日夜	ニチ#ヤ				A	A	A
S-0703-253	日曜	ニチ#ヨウ				B	B	B
S-0703-254	日輪	ニチ#リン				A	B	A
S-0703-255	日課	ニッ#カ				B	B	B
S-0703-256	日刊	ニッ#カン				B	B	B
S-0703-257	日記	ニッ#キ				B	B	B
S-0703-258	日給	ニッ#キュウ				A	B	B
S-0703-259	日勤	ニッ#キン				B	B	B
S-0703-260	日光	ニッ#コウ				A	A	A
S-0703-261	日産	ニッ#サン				B	B	B
S-0703-262	日誌	ニッ#シ				B	B	B
S-0703-263	日収	ニッ#シュウ				B	B	B
S-0703-264	日食	ニッ#ショク				B	B	B
S-0703-265	日数	ニッ#スウ				B	B	B
S-0703-266	日赤	ニッ#セキ				B	B	B
S-0703-267	日中	ニッ#チュウ				A	A	A
S-0703-268	日直	ニッ#チョク				B	B	B
S-0703-269	日程	ニッ#テイ				B	B	B
S-0703-270	日当	ニッ#トウ				B	B	B
S-0703-271	日本	ニッ#ポン				B	B	B
S-0709-058	馬脚	バ#キャク	B	B	B	B		
S-0709-059	馬車	バ#シャ	A	A	A	A		
S-0709-060	馬術	バ#ジュツ	A	A	A	A		
S-0709-061	馬上	バ#ジョウ	B	B	B	B		
S-0709-062	馬力	バ#リキ	A	A	A	A		

ID	表記	カナ	MF-06	OF-05	MM-01	MM-04	MF-07	MM-03
S-0703-272	発火	ハッ#カ				B	B	B
S-0703-273	発覚	ハッ#カク				B	B	B
S-0703-274	発刊	ハッ#カン				B	B	B
S-0703-275	発揮	ハッ#キ				B	A	B
S-0703-276	発掘	ハッ#クツ				B	B	B
S-0703-277	発見	ハッ#ケン				B	B	B
S-0703-278	発光	ハッ#コウ				B	B	B
S-0703-279	発行	ハッ#コウ				B	B	B
S-0703-280	発酵	ハッ#コウ				B	B	B
S-0703-281	発散	ハッ#サン				B	B	B
S-0703-282	発射	ハッ#シャ				B	B	B
S-0703-283	発信	ハッ#シン				B	B	B
S-0703-284	発生	ハッ#セイ				B	B	B
S-0703-285	発声	ハッ#セイ				B	B	B
S-0703-286	発想	ハッ#ソウ				B	B	B
S-0703-287	発送	ハッ#ソウ				B	B	B
S-0703-288	発達	ハッ#タツ				B	B	B
S-0703-289	発注	ハッ#チュウ				B	B	B
S-0703-290	発展	ハッ#テン				B	B	B
S-0703-291	発破	ハッ#パ				B	B	B
S-0703-292	発表	ハッ#ピョウ				B	B	B
S-0703-293	発奮	ハッ#プン				B	B	B
S-0703-294	発砲	ハッ#ポウ				B	B	B
S-0703-295	発案	ハツ#アン				B	B	B
S-0703-296	発育	ハツ#イク				B	B	B
S-0703-297	発音	ハツ#オン				B	B	B
S-0703-298	発芽	ハツ#ガ				B	B	B
S-0703-299	発言	ハツ#ゲン				B	B	B
S-0703-300	発動	ハツ#ドウ				B	B	B
S-0703-301	発熱	ハツ#ネツ				B	B	B
S-0703-302	発売	ハツ#バイ				B	B	B
S-0703-303	発病	ハツ#ビョウ				B	B	B
S-0703-304	発明	ハツ#メイ				B	B	B
S-0703-305	発令	ハツ#レイ				B	B	B
S-0703-306	発露	ハツ#ロ				A	A	A
S-0709-063	別館	ベッ#カン	B	B		B	B	
S-0709-064	別記	ベッ#キ	B	B		B	B	
S-0709-065	別居	ベッ#キョ	B	B		B	B	
S-0709-068	別席	ベッ#セキ	B	B		B	B	
S-0709-067	別人	ベツ#ジン	B	B		B	A	
S-0709-066	別荷	ベツ#ニ	B	B		B	B	
S-0709-069	別便	ベツ#ビン	B	B		B	B	
S-0709-070	本意	ホン#イ	A	A		A	A	
S-0709-071	本校	ホン#コウ	A	A		A	A	
S-0709-072	本国	ホン#ゴク	B	A		A	A	
S-0709-073	本社	ホン#シャ	A	A		A	A	
S-0709-074	本籍	ホン#セキ	A	A		A	A	

ID	表記	カナ	MF-06	OF-05	MM-01	MM-04	MF-07	MM-03
S-0709-075	本体	ホン#タイ	A	A		A	A	
S-0709-076	本部	ホン#ブ	A	A		A	A	
S-0709-077	本文	ホン#ブン	A	A		A	A	
S-0709-078	有益	ユウ#エキ	B	B		B	B	
S-0709-079	有期	ユウ#キ	A	B		A	A	
S-0709-080	有給	ユウ#キュウ	B	B		B	B	
S-0709-081	有限	ユウ#ゲン	A	B		B	B	
S-0709-082	有毒	ユウ#ドク	A	B		B	B	
S-0709-083	有利	ユウ#リ	A	B		A	A	
S-0709-084	有力	ユウ#リョク	B	B		B	B	

付録4b 二字漢語（臨時語）

第5章における議論で使用した二字漢語（臨時語）の調査結果を掲載する。

ID	表記	カナ	MM-03	MF-07	MF-06	OF-05	MM-04
Sb-0709-002	王派	オウ#ハ		A	A	A	A
Sb-0709-001	王美	オウ#ビ		A	A	A	A
Sb-0709-003	王目	オウ#モク		B	B	B	B
Sb-0703-005	加自	カ#ジ	A	A	A	A	
Sb-0703-006	加道	カ#ドウ	A	A	B	B	
Sb-0703-004	加殺	カ#サツ	B	B	B	B	
Sb-0703-001	開可	カイ#カ	A	B	B	A	
Sb-0703-002	開草	カイ#ソウ	B	B	B	B	
Sb-0703-003	開復	カイ#フク	B	B	B	B	
Sb-0709-004	記具	キ#グ		A	A	A	A
Sb-0709-005	記別	キ#ベツ		B	B	B	A
Sb-0709-006	記労	キ#ロウ		B	B	B	B
Sb-0703-007	共確	キョウ#カク	B	B	B	B	
Sb-0703-008	共子	キョウ#シ	A	A	A	A	
Sb-0703-009	共件	キョウ#ダン	B	B	B	B	
Sb-0709-007	軍差	グン#サ		A	A	A	A
Sb-0709-008	軍度	グン#ド		A	A	A	A
Sb-0709-009	軍録	グン#ロク		B	B	B	B
Sb-0703-010	高指	コウ#シ	A	A	A	A	
Sb-0703-011	高贈	コウ#ゾウ	B	B	B	B	
Sb-0703-012	高突	コウ#トツ	B	B	B	B	
Sb-0703-013	作伐	サク#バツ	B	B	B	B	
Sb-0703-014	作偏	サク#ヘン	A	B	B	B	
Sb-0703-015	作魅	サク#ミ	B	B	B	B	
Sb-0703-016	作過	サツ#カ	A	B	B	B	
Sb-0703-017	参指	サン#シ	B	A	A	B	
Sb-0703-018	参草	サン#ソウ	B	B	B	B	
Sb-0703-019	参没	サン#ボツ	B	B	B	B	
Sb-0709-010	市物	シ#ブツ		B	B	B	B
Sb-0709-011	市乱	シ#ラン		A	B	B	A

ID	表記	カナ	MM-03	MF-07	MF-06	OF-05	MM-04
Sb-0709-012	市労	シ#ロウ		B	B	B	A
Sb-0703-020	自接	ジ#セツ	A	B	B	A	
Sb-0703-021	自飽	ジ#ホウ	A	B	B	B	
Sb-0703-022	自和	ジ#ワ	A	B	B	A	
Sb-0709-013	実庫	ジッ#コ		A	B	B	A
Sb-0709-014	実電	ジツ#デン		B	B	B	B
Sb-0709-015	実場	ジツ#バ		A	B	B	B
Sb-0703-023	出建	シュッ#ケン	B	B	B	B	
Sb-0703-024	出拓	シュッ#タク	B	B	B	B	
Sb-0703-025	出破	シュッ#パ	A	B	B	B	
Sb-0703-026	出美	シュツ#ビ	A	A	B	A	
Sb-0709-017	職船	ショク#セン		B	B	B	B
Sb-0709-018	職婦	ショク#フ		A	A	A	B
Sb-0709-016	職密	ショク#ミツ		B	B	A	B
Sb-0709-020	天送	テン#ソウ		B	B	B	B
Sb-0709-019	天部	テン#ブ		A	A	A	A
Sb-0709-021	天壁	テン#ペキ		B	B	B	B
Sb-0709-022	馬才	バ#サイ		B	B	B	B
Sb-0709-023	馬酒	バ#シュ		A	B	A	A
Sb-0709-024	馬達	バ#タツ		B	B	B	B
Sb-0709-025	別設	ベッ#セツ		B	B	B	B
Sb-0709-026	別素	ベッ#ソ		B	A	B	B
Sb-0709-027	本庫	ホン#コ		B	A	A	B
Sb-0709-028	本雑	ホン#ザツ		B	B	A	B
Sb-0709-029	本老	ホン#ロウ		B	B	B	B
Sb-0709-030	有牛	ユウ#ギュウ		B	B	B	B
Sb-0709-031	有港	ユウ#コウ		B	B	B	B
Sb-0709-032	有馬	ユウ#バ		A	A	A	A

付録4c 人名

第5章における議論で使用した人名の調査結果を掲載する。

ID	表記	カナ	MM-03	MF-07	MF-06	OF-05	YF-09
N-001	春	ハル	A	A	A	A	A
N-001c	春さん	ハルサン	A	A	A	A	A
N-002	春夫	ハルオ	B	B	B	B	B
N-002c	春夫さん	ハルオサン	B	B	B	B	B
N-003	春彦	ハルヒコ	A	A	A	A	A
N-003c	春彦さん	ハルヒコサン	A	A	A	A	A
N-004	春子	ハルコ	A	A	A	A	A
N-004c	春子さん	ハルコサン	A	A	A	A	A
N-005	春美	ハルミ	B	B	B	B	B
N-005c	春美さん	ハルミサン	B	B	B	B	B
N-006	夏	ナツ	A	A	A	A	A
N-006c	夏さん	ナツサン	A	A	A	A	A
N-007	夏夫	ナツオ	B	B	B	B	B

付録　199

ID	表記	カナ	MM-03	MF-07	MF-06	OF-05	YF-09
N-007c	夏夫さん	ナツオサン	B	B	B	B	B
N-008	夏彦	ナツヒコ	A	A	A	A	A
N-008c	夏彦さん	ナツヒコサン	A	A	A	A	A
N-009	夏子	ナツコ	A	A	A	A	A
N-009c	夏子さん	ナツコサン	A	A	A	A	A
N-010	夏美	ナツミ	B	B	B	B	B
N-010c	夏美さん	ナツミサン	B	B	B	B	B
N-011	裕太	ユウタ	A	A	A	A	A
N-011c	裕太さん	ユウタサン	A	A	A	A	A
N-012	裕介	ユウスケ	A	A	A	A	A
N-012c	裕介さん	ユウスケサン	A	A	A	A	A
N-013	裕子	ユウコ	A	A	A	A	A
N-013c	裕子さん	ユウコサン	A	A	A	A	A
N-014	裕美	ユミ	A	A	A	A	A
N-014c	裕美さん	ユミサン	A	A	A	A	A
N-015	銀	ギン	A	A	A	A	A
N-015c	銀さん	ギンサン	A	A	A	A	A
N-016	銀太	ギンタ	A	A	A	A	A
N-016c	銀太さん	ギンタサン	A	A	A	A	A
N-017	銀介	ギンスケ	A	A	A	A	A
N-017c	銀介さん	ギンスケサン	A	A	A	A	A
N-018	銀子	ギンコ	A	A	A	A	A
N-018c	銀子さん	ギンコサン	A	A	A	A	A
N-019	浩太	コウタ	A	A	A	A	A
N-019c	浩太さん	コウタサン	A	A	A	A	A
N-020	浩平	コウヘイ	B	B	B	B	B
N-020c	浩平さん	コウヘイサン	B	B	B	B	B
N-021	由香	ユカ	A	A	A	A	A
N-021c	由香さん	ユカサン	A	A	A	A	A
N-022	美香	ミカ	A	A	A	A	A
N-022c	美香さん	ミカサン	A	A	A	A	A
N-023	裕香	ユウカ	A	A	A	A	A
N-023c	裕香さん	ユウカサン	A	A	A	A	A
N-024	杉	スギ	A	A	A	A	A
N-024c	杉さん	スギサン	A	A	A	A	A
N-025	杉田	スギタ	B	A	B	B	A
N-025c	杉田さん	スギタサン	B	A	B	B	A
N-026	杉山	スギヤマ	B	B	B	B	B
N-026c	杉山さん	スギヤマサン	B	B	B	B	B
N-027	杉村	スギムラ	A	A	A	A	A
N-027c	杉村さん	スギムラサン	A	A	B	A	A
N-028	杉木	スギキ	B	B	B	B	B
N-028c	杉木さん	スギキサン	B	B	B	B	B
N-029	松	マツ	A	A	A	A	A
N-029c	松さん	マツサン	A	A	A	A	A
N-030	松田	マツダ	B	B	B	B	B
N-030c	松田さん	マツダサン	B	B	B	B	B

ID	表記	カナ	MM-03	MF-07	MF-06	OF-05	YF-09
N-031	松山	マツヤマ	A	A	B	B	A
N-031c	松山さん	マツヤマサン	B	A	B	B	A
N-032	松村	マツムラ	A	A	A	A	A
N-032c	松村さん	マツムラサン	A	A	A	A	A
N-033	松木	マツキ	B	B	B	B	B
N-033c	松木さん	マツキサン	B	B	B	B	B
N-034	大きか	オオキカ	A	A	A	B	A
N-035	大田	オオタ	B	B	B	B	B
N-035c	大田さん	オオタサン	B	B	B	B	B
N-036	大山	オオヤマ	B	B	B	B	B
N-036c	大山さん	オオヤマサン	B	B	B	B	B
N-037	大村	オオムラ	A	A	A	B	A
N-037c	大村さん	オオムラサン	A	A	B	B	A
N-038	大木	オオキ	B	B	B	B	B
N-038c	大木さん	オオキサン	B	B	B	B	B
N-039	東田	ヒガシダ	B	B	B	B	B
N-039c	東田さん	ヒガシダサン	B	B	B	B	B
N-040	東山	ヒガシヤマ	B	B	B	B	B
N-040c	東山さん	ヒガシヤマサン	B	B	B	B	B
N-041	東村	ヒガシムラ	B	B	B	B	B
N-041c	東村さん	ヒガシムラサン	B	B	B	B	B
N-042	北田	キタダ	B	A	B	B	B
N-042c	北田さん	キタダサン	B	A	B	B	B
N-043	北山	キタヤマ	B	B	B	B	B
N-043c	北山さん	キタヤマサン	B	B	B	B	B
N-044	北村	キタムラ	B	B	B	B	B
N-044c	北村さん	キタムラサン	B	B	B	B	B
N-045	西田	ニシダ	A	A	B	A	A
N-045c	西田さん	ニシダサン	B	A	B	A	A
N-046	西山	ニシヤマ	B	B	B	B	B
N-046c	西山さん	ニシヤマサン	B	B	B	B	B
N-047	西村	ニシムラ	A	A	B	A	A
N-047c	西村さん	ニシムラサン	A	A	B	A	A
N-048	南田	ミナミダ	B	B	B	B	B
N-048c	南田さん	ミナミダサン	B	B	B	B	B
N-049	南山	ミナミヤマ	B	B	B	B	B
N-049c	南山さん	ミナミヤマサン	B	B	B	B	B
N-050	南村	ミナミムラ	B	B	B	B	B
N-050c	南村さん	ミナミムラサン	B	B	B	B	B
N-051	L	エル	A	A	A	A	A
N-051c	Lさん	エルサン	A	A	A	A	A
N-052	P	ピー	A	A	A	A	A
N-052c	Pさん	ピーサン	A	A	A	A	A
N-053	裕平	ユウヘイ	B	B	B	B	B
N-053c	裕平さん	ユウヘイサン	B	B	B	B	B
N-054	銀平	ギンペイ	A	B	B	B	B
N-054c	銀平さん	ギンペイサン	A	B	B	B	B

付録4d　アルファベット関連語彙

第5章における議論で使用したアルファベット関連語彙の調査結果を掲載する。

ID	単語	カナ	MM-04	MF-06	MF-07	OF-05
AI-001	A	エー	A	A	A	A
AI-002	B	ビー	A	A	A	A
AI-003	C	シー	A	A	A	A
AI-004	D	ディー	A	A	A	A
AI-005	E	イー	A	A	A	A
AI-006	F	エフ	A	A	A	A
AI-007	G	ジー	A	A	A	A
AI-008	H	エイチ	A	A	A	A
AI-009	I	アイ	A	A	A	A
AI-010	J	ジェイ	A	A	A	A
AI-011	K	ケー	A	A	A	A
AI-012	L	エル	A	A	A	A
AI-013	M	エム	A	A	A	A
AI-014	N	エヌ	A	A	A	A
AI-015	O	オー	A	A	A	A
AI-016	P	ピー	A	A	A	A
AI-017	Q	キュー	A	A	A	A
AI-018	R	アール	A	B	A	A
AI-019	S	エス	A	A	A	A
AI-020	T	ティー	A	A	A	A
AI-021	U	ユー	A	A	A	A
AI-022	V	ブイ	A	A	A	A
AI-023	W	ダブル	A	A	A	A
AI-024	X	エックス	A	A	A	A
AI-025	Y	ワイ	A	A	A	A
AI-026	Z	ゼット	A	A	A	A
AA-001	AB	エービー	B	B	B	B
AA-002	AFS	エーエフエス	B	B	B	B
AA-003	AGF	エージーエフ	B	B	B	B
AA-004	AM（午前）	エーエム	B	B	B	B
AA-005	AM（ラジオ）	エーエム	B	B	B	B
AA-006	AO	エーオー	B	B	B	B
AA-007	AP	エーピー	A	B	B	B
AA-008	ASL	エーエスエル	B	B	B	B
AA-009	ATM	エーティーエム	B	B	B	B
AA-010	BGM	ビージーエム	B	B	B	B
AA-011	BMW	ビーエムダブリュ	B	B	B	B
AA-012	BS	ビーエス	B	B	B	B
AA-013	CIA	シーアイエー	B	B	B	B
AA-014	CM	シーエム	B	B	B	B
AA-015	CPU	シーピーユー	B	B	B	B
AA-016	CT	シーティー	B	B	B	B

ID	単語	カナ	MM-04	MF-06	MF-07	OF-05
AA-017	DDI	ディーディーアイ	B	B	B	B
AA-018	DH	ディーエイチ	B	B	B	B
AA-019	DJ	ディージェイ	B	B	B	B
AA-020	DNA	ディーエヌエー	B	B	B	B
AA-021	ES	イーエス	B	B	B	B
AA-022	ESP	イーエスピー	B	B	B	B
AA-023	ET	イーティー	B	B	B	B
AA-024	EU	イーユー	B	B	B	B
AA-025	FA	エフエー	B	B	B	B
AA-026	FBI	エフビーアイ	B	B	B	B
AA-027	FM	エフエム	B	B	B	B
AA-028	GHQ	ジーエイチキュー	B	B	B	B
AA-029	GM	ジーエム	B	B	B	B
AA-030	HB	エイチビー	B	B	B	B
AA-031	IBM	アイビーエム	B	B	B	B
AA-032	IHI	アイエイチアイ	B	B	B	B
AA-033	IM	アイエム	B	B	B	B
AA-034	IPA	アイピーエー	B	B	B	B
AA-035	IQ	アイキュー	B	B	B	B
AA-036	IRA	アイアールエー	B	B	B	B
AA-037	IT	アイティー	B	B	B	B
AA-038	JA	ジェイエー	B	B	B	B
AA-039	JCB	ジェイシービー	B	B	B	B
AA-040	JR	ジェイアール	B	B	B	B
AA-041	JT	ジェイティー	B	B	B	B
AA-042	KGB	ケージービー	B	B	B	B
AA-043	LL（教室）	エルエル	B	B	B	B
AA-044	LL（服）	エルエル	B	B	B	B
AA-045	LP	エルピー	B	B	B	B
AA-046	MD	エムディー	B	B	B	B
AA-047	MRI	エムアールアイ	B	B	B	B
AA-048	NG	エヌジー	B	B	B	B
AA-049	NGO	エヌジーオー	B	B	B	B
AA-050	NHK	エヌエイチケー	B	B	B	B
AA-051	NKK	エヌケーケー	B	B	B	B
AA-052	NTT	エヌティーティー	B	B	B	B
AA-053	OCP	オーシーピー	B	B	B	B
AA-054	OHP	オーエイチピー	B	B	B	B
AA-055	OL	オーエル	B	B	B	B
AA-056	ON	オーエヌ	B	B	B	B
AA-057	OS	オーエス	B	B	B	B
AA-058	PC	ピーシー	B	B	B	B
AA-059	PK	ピーケー	B	B	B	B
AA-060	PL	ピーエル	B	B	B	B
AA-061	PM	ピーエム	B	B	B	B
AA-062	PPM	ピーピーエム	B	B	B	B
AA-063	PR	ピーアール	B	B	B	B

ID	単語	カナ	MM-04	MF-06	MF-07	OF-05
AA-064	PTA	ピーティーエー	B	B	B	B
AA-065	QP	キューピー	B	B	A	B
AA-066	QQR	キューキューアール	B	B	B	B
AA-067	SA	エスエー	B	B	B	B
AA-068	SF	エスエフ	B	B	B	B
AA-069	SL	エスエル	B	B	B	B
AA-070	SOS	エスオーエス	B	B	B	B
AA-071	SP	エスピー	B	B	B	B
AA-072	TC	ティーシー	B	B	B	B
AA-073	TDK	ティーディーケー	B	B	B	B
AA-074	TDL	ティーディーエル	B	B	B	B
AA-075	UN	ユーエヌ	B	B	B	B
AA-076	USA	ユーエスエー	B	B	B	B
AA-077	USJ	ユーエスジェー	B	B	B	B
AA-078	VHS	ブイエイチエス	B	B	B	B
AA-079	VTR	ブイティアール	B	B	B	B
AA-080	WC	ダブルシー	B	B	B	B
AA-081	WHO	ダブルエイチオー	B	B	B	B
AA-082	XP	エックスピー	B	B	B	B
AA-083	YKK	ワイケーケー	B	B	B	B
AA-084	YS	ワイエス	B	B	B	B
AC-001	Aさん	エーサン	A	A	A	A
AC-002	Bさん	ビーサン	A	A	A	A
AC-003	Cさん	シーサン	A	A	A	A
AC-004	Dさん	ディーサン	A	A	A	A
AC-005	Eさん	イーサン	A	A	A	A
AC-006	Fさん	エフサン	A	A	A	A
AC-007	Gさん	ジーサン	A	A	A	A
AC-008	Hさん	エイチサン	A	A	A	A
AC-009	Iさん	アイサン	A	A	A	A
AC-010	Jさん	ジェイサン	A	A	A	A
AC-011	Kさん	ケイサン	A	A	A	A
AC-012	Lさん	エルサン	A	A	A	A
AC-013	Mさん	エムサン	A	A	A	A
AC-014	Nさん	エヌサン	A	A	A	A
AC-015	Oさん	オーサン	A	A	A	A
AC-016	Pさん	ピーサン	A	A	A	A
AC-017	Qさん	キューサン	A	A	A	A
AC-018	Rさん	アールサン	A	A	A	A
AC-019	Sさん	エスサン	A	A	A	A
AC-020	Tさん	ティーサン	A	A	A	A
AC-021	Uさん	ユーサン	A	A	A	A
AC-022	Vさん	ブイサン	A	A	A	A
AC-023	Wさん	ダブリュサン	A	A	A	A
AC-024	Xさん	エックスサン	A	A	A	A
AC-025	Yさん	ワイサン	A	A	A	A
AC-026	Zさん	ゼットサン	A	A	A	A

ID	単語	カナ	MM-04	MF-06	MF-07	OF-05
AC-027	Aチーム	エーチーム	A	A	A	A
AC-028	Bチーム	ビーチーム	A	A	A	A
AC-029	Cチーム	シーチーム	A	A	A	A
AC-030	Dチーム	ディーチーム	A	A	A	A
AC-031	Eチーム	イーチーム	A	A	A	A
AC-032	Fチーム	エフチーム	A	A	A	A
AC-033	Gチーム	ジーチーム	A	A	A	A
AC-034	Hチーム	エイチチーム	B	B	B	B
AC-035	Iチーム	アイチーム	A	A	A	A
AC-036	Jチーム	ジェイチーム	A	A	A	A
AC-037	Kチーム	ケイチーム	A	A	A	A
AC-038	Lチーム	エルチーム	A	A	A	A
AC-039	Mチーム	エムチーム	A	A	A	A
AC-040	Nチーム	エヌチーム	A	A	A	A
AC-041	Oチーム	オーチーム	A	A	A	A
AC-042	Pチーム	ピーチーム	A	A	A	A
AC-043	Qチーム	キューチーム	A	A	A	A
AC-044	Rチーム	アールチーム	A	B	B	A
AC-045	Sチーム	エスチーム	A	A	A	A
AC-046	Tチーム	ティーチーム	A	A	A	A
AC-047	Uチーム	ユーチーム	A	A	A	A
AC-048	Vチーム	ブイチーム	A	A	A	A
AC-049	Wチーム	ダブリュチーム	A	B	B	B
AC-050	Xチーム	エックスチーム	A	B	B	B
AC-051	Yチーム	ワイチーム	A	A	A	A
AC-052	Zチーム	ゼットチーム	A	B	B	A
AC-053	A型	エーガタ	B	B	B	B
AC-054	B型	ビーガタ	B	B	B	B
AC-055	C型	シーガタ	B	B	B	B
AC-056	D型	ディーガタ	B	B	B	B
AC-057	E型	イーガタ	B	B	B	B
AC-058	F型	エフガタ	A	A	B	A
AC-059	G型	ジーガタ	A	B	B	B
AC-060	H型	エイチガタ	B	A	B	A
AC-061	I型	アイガタ	B	A	B	B
AC-062	J型	ジェイガタ	B	B	B	B
AC-063	K型	ケイガタ	B	B	B	B
AC-064	L型	エルガタ	B	B	B	B
AC-065	M型	エムガタ	A	B	B	A
AC-066	N型	エヌガタ	B	B	B	A
AC-067	O型	オーガタ	B	B	B	B
AC-068	P型	ピーガタ	B	B	B	B
AC-069	Q型	キューガタ	B	B	B	B
AC-070	R型	アールガタ	B	B	B	B
AC-071	S型	エスガタ	B	B	B	B
AC-072	T型	ティーガタ	B	B	B	B
AC-073	U型	ユーガタ	B	B	B	B

ID	単語	カナ	MM-04	MF-06	MF-07	OF-05
AC-074	V型	ブイガタ	B	B	B	B
AC-075	W型	ダブリュガタ	B	B	B	B
AC-076	X型	エックスガタ	B	B	B	B
AC-077	Y型	ワイガタ	B	B	B	B
AC-078	Z型	ゼットガタ	B	B	B	B
AC-079	A席	エーセキ	A	A	A	A
AC-080	B席	ビーセキ	A	A	A	A
AC-081	C席	シーセキ	A	A	A	A
AC-082	D席	ディーセキ	A	A	A	A
AC-083	E席	イーセキ	A	A	A	A
AC-084	F席	エフセキ	A	A	A	A
AC-085	G席	ジーセキ	A	A	A	A
AC-086	H席	エイチセキ	A	A	B	A
AC-087	I席	アイセキ	B	A	A	A
AC-088	J席	ジェイセキ	A	A	A	A
AC-089	K席	ケイセキ	A	A	A	A
AC-090	L席	エルセキ	A	A	A	A
AC-091	M席	エムセキ	A	A	A	A
AC-092	N席	エヌセキ	A	A	A	A
AC-093	O席	オーセキ	A	A	A	A
AC-094	P席	ピーセキ	A	A	A	A
AC-095	Q席	キューセキ	A	A	A	A
AC-096	R席	アールセキ	A	B	B	A
AC-097	S席	エスセキ	A	A	A	A
AC-098	T席	ティーセキ	A	A	A	A
AC-099	U席	ユーセキ	A	A	A	A
AC-100	V席	ブイセキ	A	A	A	A
AC-101	W席	ダブリュセキ	A	B	B	B
AC-102	X席	エックスセキ	B	B	B	B
AC-103	Y席	ワイセキ	A	A	A	A
AC-104	Z席	ゼットセキ	B	A	B	A

付録5a　アクセント調査票(A)

　第6章における議論で使用した単語類の調査結果を掲載する（上野善道氏作成『アクセント調査票（A）』等参照）。

No.	項目	カナ	MF-06	MF-07	OF-05
N-001	口	クチ	A	A	A
N-002	鼻	ハナ	A	A	A
N-003	水	ミズ	A	A	A
N-004	石	イシ	A	A	A
N-005	紙	カミ	A	A	A
N-006	川	カワ	A	A	A
N-007	足	アシ	B	B	B
N-008	犬	イヌ	B	B	B
N-009	花	ハナ	B	B	B

No.	項目	カナ	MF-06	MF-07	OF-05
N-010	帯	オビ	B	B	B
N-011	肩	カタ	B	B	B
N-012	松	マツ	B	B	B
N-013	秋	アキ	B	B	B
N-014	雨	アメ	B	B	B
N-015	猿	サル	B	B	B
N-016	柄	ガラ	A	A	A
N-017	蚊	カ	A	A	A
N-018	血	チ	A	A	A
N-019	葉	ハ	A	A	A
N-020	日	ヒ	A	A	A
N-021	矢	ヤ	A	A	A
N-022	絵	エ	B	B	B
N-023	手	テ	B	B	B
N-024	火	ヒ	B	B	B
N-025	毛	ケ	A	A	A
N-026	巣	ス	B	B	B
N-027	歯	ハ	B	B	B
N-028	車	クルマ	A	A	A
N-029	魚	サカナ	A	A	A
N-030	桜	サクラ	A	A	A
N-031	小豆	アズキ	A	A	A
N-032	毛抜き	ケヌキ	A	A	A
N-033	娘	ムスメ	A	A	A
N-034	小麦	コムギ	A	A	A
N-035	力	チカラ	A	A	A
N-036	男	オトコ	B	B	B
N-037	鏡	カガミ	B	B	B
N-038	袋	フクロ	B	B	B
N-039	朝日	アサヒ	B	B	B
N-040	命	イノチ	B	B	B
N-041	心	ココロ	A	A	A
N-042	兎	ウサギ	B	B	B
N-043	雀	スズメ	B	B	B
N-044	鼠	ネズミ	B	B	B
N-045	後	ウシロ	B	B	B
N-046	兜	カブト	B	B	B
N-047	畑	ハタケ	B	B	B
N-048	服	フク	B	A	A
N-049	仕事	シゴト	A	A	A
N-050	長崎	ナガサキ	B	B	B
N-051	釘	クギ	A	A	A
N-052	新聞	シンブン	B	B	B
N-053	洋服	ヨウフク	A	A	A
N-054	家	イエ	B	B	B
N-055	締切	シメキリ	B	B	B
N-056	海	ウミ	B	B	B

No.	項目	カナ	MF-06	MF-07	OF-05
N-057	ズボン	ズボン	A	A	A
N-058	留守番	ルスバン	B	B	B
N-059	お金	オカネ	B	B	B
N-060	道路	ドウロ	A	A	A
N-061	部屋	ヘヤ	B	B	B
V-001	着る	キル	A	A	A
V-002	寝る	ネル	A	A	A
V-003	する	スル	A	A	A
V-004	出る	デル	B	B	B
V-005	見る	ミル	B	B	B
V-006	来る	クル	B	B	B
V-007	行く	イク	A	B	A
V-008	売る	ウル	A	A	A
V-009	買う	カウ	A	A	A
V-010	置く	オク	A	A	A
V-011	押す	オス	A	A	A
V-012	飛ぶ	トブ	A	A	A
V-013	会う	アウ	B	B	B
V-014	打つ	ウツ	B	B	B
V-015	書く	カク	B	B	B
V-016	出す	ダス	B	B	B
V-017	取る	トル	B	B	B
V-018	読む	ヨム	B	B	B
V-019	居る	イル	A	A	A
V-020	着せる	キセル	A	A	A
V-021	曲げる	マゲル	A	A	A
V-022	出来る	デキル	B	B	B
V-023	建てる	タテル	B	B	B
V-024	延びる	ノビル	B	B	B
V-025	送る	オクル	A	A	A
V-026	続く	ツヅク	A	A	A
V-027	並ぶ	ナラブ	A	A	A
V-028	笑う	ワラウ	A	A	A
V-029	泳ぐ	オヨグ	B	B	B
V-030	下がる	サガル	B	B	B
V-031	頼む	タノム	B	B	B
V-032	払う	ハラウ	B	B	B
V-033	歩く	アルク	B	B	B
V-034	隠す	カクス	B	B	B
V-035	入る	ハイル	B	B	B
V-036	投げる	ナゲル	A	B	A
V-037	吠える	ホエル	B	B	B
V-038	咲く	サク	B	B	B
V-039	揉む	モム	A	B	A
V-040	使う	ツカウ	A	A	A
V-041	なる	ナル	B	B	B
V-042	降る	フル	B	B	B

No.	項目	カナ	MF-06	MF-07	OF-05
V-043	選ぶ	エラブ	B	B	B
V-044	うつ	ウツ	B	B	-
V-045	射る	イル	-	-	A
V-046	下げる	サゲル	B	-	-
V-047	持つ	モツ	-	B	B
V-048	つける	ツケル	B	B	B
V-049	磨く	ミガク	A	A	A
V-050	入れる	イレル	A	A	A
V-051	守る	マモル	B	B	B
V-052	失う	ウシナウ	A	A	A

付録5b　3モーラ和語

第6章における議論で使用した3モーラ和語の調査結果を掲載する。

No.	表記	カナ	MM-04	MF-06	MF-07	OF-05	東京
Uw-001	相手	アイテ	B	B	B	B	3
Uw-002	赤身	アカミ	A	A	A	A	0
Uw-003	空き家	アキヤ	A	A	A	A	0
Uw-006	あさり	アサリ	A	B	B	B	0
Uw-007	足場	アシバ	B	B	B	B	3
Uw-008	あせも	アセモ	B	B	B	B	3
Uw-009	あそこ	アソコ	B	B	A	B	0
Uw-010	遊び	アソビ	A	A	A	A	0
Uw-011	あだ名	アダナ	B	A	A	A	0
Uw-012	厚着	アツギ	A	A	A	A	0
Uw-013	あなご	アナゴ	B	B	B	B	0
Uw-014	アヒル	アヒル	B	B	B	B	0
Uw-015	雨戸	アマド	A	A	A	A	2
Uw-016	甘み	アマミ	A	A	A	A	0
Uw-017	網戸	アミド	B	B	B	B	2
Uw-018	家出	イエデ	B	B	B	B	0
Uw-019	往き来	イキキ	A	A	A	A	2
Uw-020	市場	イチバ	B	B	B	B	1
Uw-022	稲荷	イナリ	A	A	A	A	1
Uw-023	イビキ	イビキ	B	B	B	B	3
Uw-024	入れ歯	イレバ	A	A	A	A	0
Uw-025	いろは	イロハ	B	B	B	B	2
Uw-026	植木	ウエキ	A	A	A	A	0
Uw-027	薄着	ウスギ	A	A	A	A	0
Uw-029	腕輪	ウデワ	B	B	B	B	0
Uw-030	裏目	ウラメ	B	B	B	B	0
Uw-031	売り手	ウリテ	A	A	A	A	0
Uw-032	鱗	ウロコ	B	B	B	B	3
Uw-033	上着	ウワギ	A	A	A	A	0
Uw-034	噂	ウワサ	A	A	B	A	0

No.	表記	カナ	MM-04	MF-06	MF-07	OF-05	東京
Uw-035	えくぼ	エクボ	A	B	A	B	1
Uw-036	餌食	エジキ	B	B	A	B	1
Uw-037	榎	エノキ	A	A	A	A	0
Uw-039	獲物	エモノ	A	A	A	A	0
Uw-041	おかげ	オカゲ	A	B	B	B	0
Uw-042	おかず	オカズ	B	B	B	B	0
Uw-043	おかめ	オカメ	A	A	A	A	2
Uw-044	奥歯	オクバ	B	B	B	B	1
Uw-045	桶屋	オケヤ	B	B	B	B	2
Uw-046	おさげ	オサゲ	A	A	A	A	2
Uw-047	教え	オシエ	A	A	A	A	0
Uw-048	おしゃれ	オシャレ	A	A	A	A	2
Uw-049	落ち葉	オチバ	B	B	A	B	1
Uw-050	おつゆ	オツユ	B	B	B	B	2
Uw-052	乙女	オトメ	A	A	A	A	2
Uw-053	おとり	オトリ	A	B	B	B	0
Uw-054	同じ	オナジ	B	B	B	B	0
Uw-055	お化け	オバケ	A	A	A	A	2
Uw-056	お古	オフル	A	B	A	A	2
Uw-057	おまけ	オマケ	B	B	B	B	0
Uw-058	重石	オモシ	A	A	A	A	0
Uw-059	おもちゃ	オモチャ	A	A	A	A	2
Uw-060	重り	オモリ	A	A	A	A	0
Uw-061	親父	オヤジ	A	A	A	A	0
Uw-062	楓	カエデ	B	B	A	B	0
Uw-063	かかし	カカシ	A	A	A	A	0
Uw-064	踵	カカト	A	A	B	B	0
Uw-065	係	カカリ	B	B	B	B	1
Uw-067	かけら	カケラ	A	B	A	B	0
Uw-068	片手	カタテ	B	B	B	B	0
Uw-069	肩身	カタミ	B	B	B	B	1
Uw-070	片目	カタメ	B	B	B	B	0
Uw-072	鞄	カバン	B	B	B	B	0
Uw-073	痒み	カユミ	B	B	B	B	3
Uw-074	体	カラダ	A	A	A	A	0
Uw-075	空手	カラテ	B	B	B	B	0
Uw-076	枯葉	カレハ	A	A	A	A	0
Uw-077	瓦	カワラ	B	B	B	B	0
Uw-079	黄色	キイロ	A	A	A	A	0
Uw-080	木こり	キコリ	B	B	B	B	0
Uw-081	きなこ	キナコ	A	A	A	A	1
Uw-082	きのこ	キノコ	B	B	B	B	1
Uw-083	木箱	キバコ	B	B	B	B	1
Uw-084	決まり	キマリ	A	A	A	A	0
Uw-085	気持ち	キモチ	A	A	A	A	0
Uw-086	切り身	キリミ	B	B	B	B	3
Uw-088	くしゃみ	クシャミ	A	A	A	A	2

No.	表記	カナ	MM-04	MF-06	MF-07	OF-05	東京
Uw-089	下だり	クダリ	A	A	A	A	0
Uw-090	口火	クチビ	A	A	B	A	0
Uw-091	首輪	クビワ	A	A	A	A	0
Uw-092	暮らし	クラシ	A	A	A	A	0
Uw-093	胡桃	クルミ	B	B	B	B	0
Uw-094	黒目	クロメ	B	B	B	B	2
Uw-095	毛穴	ケアナ	A	A	A	A	0
Uw-096	毛糸	ケイト	A	A	A	A	0
Uw-097	毛皮	ケガワ	A	A	A	A	0
Uw-098	毛虫	ケムシ	A	A	A	A	0
Uw-099	獣	ケモノ	A	A	A	A	0
Uw-100	けやき	ケヤキ	B	B	B	B	0
Uw-101	小型	コガタ	B	B	B	B	0
Uw-102	小柄	コガラ	B	B	B	B	0
Uw-103	こけし	コケシ	B	A	A	B	0
Uw-104	小皿	コザラ	A	A	A	A	1
Uw-105	答え	コタエ	B	B	B	B	2
Uw-106	子猫	コネコ	A	A	A	A	2
Uw-107	小人	コビト	B	B	B	B	0
Uw-108	こぶし	コブシ	B	B	B	B	0
Uw-109	小麦	コムギ	A	A	A	A	0
Uw-110	米屋	コメヤ	B	B	B	B	2
Uw-111	子守	コモリ	A	A	A	A	3
Uw-112	小指	コユビ	A	A	A	A	0
Uw-113	ごろ寝	ゴロネ	A	A	B	A	0
Uw-114	逆さ	サカサ	A	A	A	A	0
Uw-115	刺し身	サシミ	B	B	B	B	3
Uw-116	さそり	サソリ	A	B	A	A	0
Uw-117	さなぎ	サナギ	A	A	A	A	0
Uw-118	さんま	サンマ	B	B	B	B	0
Uw-119	しじみ	シジミ	B	B	B	B	0
Uw-120	雫	シズク	B	B	B	B	3
Uw-121	下着	シタギ	A	A	A	A	0
Uw-122	下見	シタミ	A	B	B	B	0
Uw-123	躾	シツケ	A	A	A	A	0
Uw-124	芝居	シバイ	A	A	A	A	0
Uw-125	芝生	シバフ	A	B	B	A	0
Uw-126	しめじ	シメジ	A	B	A	A	0
Uw-129	隙間	スキマ	A	A	A	A	0
Uw-130	少し	スコシ	A	A	A	A	2
Uw-131	捨て身	ステミ	A	A	B	A	0
Uw-132	炭火	スミビ	B	B	B	B	0
Uw-133	すみれ	スミレ	B	B	B	B	0
Uw-135	するめ	スルメ	A	A	A	A	0
Uw-136	背丈	セタケ	A	A	B	A	1
Uw-137	背骨	セボネ	A	A	A	A	0
Uw-138	育ち	ソダチ	B	B	B	B	3

No.	表記	カナ	MM-04	MF-06	MF-07	OF-05	東京
Uw-139	備え	ソナエ	A	B	B	B	3
Uw-140	田植え	タウエ	B	B	B	B	3
Uw-141	焚き火	タキビ	A	B	B	A	0
Uw-142	頼り	タヨリ	A	A	A	A	1
Uw-143	垂れ目	タレメ	B	B	B	B	0
Uw-144	違い	チガイ	A	A	A	A	0
Uw-145	近く	チカク	B	B	B	B	1
Uw-146	ちらし	チラシ	A	A	A	A	0
Uw-147	積み木	ツミキ	A	A	A	A	0
Uw-148	手垢	テアカ	B	B	B	B	3
Uw-149	手足	テアシ	A	B	A	B	1
Uw-150	手当て	テアテ	B	B	A	B	1
Uw-151	手紙	テガミ	A	A	A	A	0
Uw-152	出口	デグチ	B	B	B	B	1
Uw-153	手品	テジナ	B	B	A	B	1
Uw-154	出べそ	デベソ	B	B	B	B	1
Uw-156	出窓	デマド	B	B	B	B	0
Uw-157	戸口	トグチ	A	A	A	A	1
Uw-158	とぐろ	トグロ	A	B	B	B	3
Uw-159	床屋	トコヤ	A	A	A	A	0
Uw-160	戸棚	トダナ	A	A	A	A	0
Uw-161	鳥居	トリイ	A	A	A	A	0
Uw-162	鳥目	トリメ	A	A	A	A	0
Uw-163	とろろ	トロロ	B	B	B	B	0
Uw-164	蜻蛉	トンボ	A	A	A	A	0
Uw-165	流し	ナガシ	B	B	B	B	3
Uw-166	中身	ナカミ	B	B	B	B	2
Uw-167	長屋	ナガヤ	B	A	A	A	0
Uw-168	名残り	ナゴリ	B	B	B	B	3
Uw-169	雪崩	ナダレ	B	B	B	B	0
Uw-170	菜っぱ	ナッパ	B	B	B	B	1
Uw-171	海鼠	ナマコ	B	B	B	B	0
Uw-172	苦手	ニガテ	B	B	B	B	0
Uw-173	にきび	ニキビ	B	B	B	B	1
Uw-174	握り	ニギリ	A	A	A	A	0
Uw-175	濁り	ニゴリ	B	B	B	B	3
Uw-176	西日	ニシビ	A	A	A	A	0
Uw-177	にしん	ニシン	A	A	A	B	1
Uw-178	荷札	ニフダ	B	B	B	B	0
Uw-179	庭木	ニワキ	A	A	A	A	0
Uw-180	抜け目	ヌケメ	A	A	B	A	0
Uw-181	盗み	ヌスミ	B	A	B	B	3
Uw-182	塗り絵	ヌリエ	A	A	A	A	0
Uw-183	値上げ	ネアゲ	A	A	A	A	0
Uw-184	寝起き	ネオキ	A	A	A	A	0
Uw-185	寝床	ネドコ	A	A	A	B	0
Uw-187	根元	ネモト	B	B	B	B	3

No.	表記	カナ	MM-04	MF-06	MF-07	OF-05	東京
Uw-188	狙い	ネライ	A	B	B	A	0
Uw-189	野菊	ノギク	A	A	A	B	1
Uw-190	残り	ノコリ	B	B	B	B	3
Uw-191	のっぽ	ノッポ	A	B	A	A	1
Uw-192	野原	ノハラ	B	B	B	B	1
Uw-193	狼煙	ノロシ	B	B	B	B	0
Uw-194	のろま	ノロマ	B	A	A	B	0
Uw-195	羽織	ハオリ	A	A	A	A	3
Uw-196	葉書	ハガキ	A	A	A	A	0
Uw-197	秤	ハカリ	B	B	B	B	3
Uw-198	吐き気	ハキケ	B	B	B	B	3
Uw-199	歯茎	ハグキ	B	B	A	B	1
Uw-200	走り	ハシリ	B	B	B	B	3
Uw-201	叩き	ハタキ	B	B	B	B	3
Uw-202	はっぴ	ハッピ	B	B	B	B	0
Uw-203	はてな	ハテナ	A	A	A	A	1
Uw-204	花火	ハナビ	B	B	B	B	1
Uw-205	花見	ハナミ	B	B	B	B	3
Uw-206	花輪	ハナワ	B	B	B	B	0
Uw-207	はやり	ハヤリ	B	B	B	B	3
Uw-208	日影	ヒカゲ	A	A	A	A	0
Uw-209	日暮れ	ヒグレ	B	B	B	B	0
Uw-210	ひじき	ヒジキ	B	B	A	B	1
Uw-211	火種	ヒダネ	B	B	B	B	0
Uw-212	瞳	ヒトミ	B	B	B	B	0
Uw-213	日なた	ヒナタ	A	A	A	A	0
Uw-215	火花	ヒバナ	B	B	A	B	1
Uw-216	火元	ヒモト	B	B	B	B	3
Uw-217	日焼け	ヒヤケ	A	A	A	A	0
Uw-218	平目	ヒラメ	A	B	A	B	0
Uw-219	昼寝	ヒルネ	A	A	A	B	0
Uw-220	昼間	ヒルマ	A	A	A	B	3
Uw-221	深み	フカミ	B	B	B	B	3
Uw-222	節目	フシメ	B	B	B	B	3
Uw-223	双児	フタゴ	A	A	A	A	0
Uw-224	吹雪	フブキ	A	B	A	B	1
Uw-225	冬場	フユバ	A	A	B	B	0
Uw-226	古着	フルギ	B	B	B	B	0
Uw-227	古巣	フルス	B	B	B	B	0
Uw-228	へちま	ヘチマ	B	B	B	B	0
Uw-229	誇り	ホコリ	A	A	A	A	0
Uw-230	迷い子	マイゴ	A	B	B	B	1
Uw-231	真上	マウエ	A	A	A	A	3
Uw-232	前歯	マエバ	B	B	B	B	1
Uw-233	まぐれ	マグレ	B	B	B	B	1
Uw-234	鮪	マグロ	B	B	B	B	0
Uw-235	真面目	マジメ	A	A	A	A	0

No.	表記	カナ	MM-04	MF-06	MF-07	OF-05	東京
Uw-236	睫毛	マツゲ	B	B	A	B	1
Uw-237	真夏	マナツ	A	A	A	A	0
Uw-238	守り	マモリ	B	B	B	A	3
Uw-239	迷い	マヨイ	B	B	B	B	2
Uw-240	回り	マワリ	A	A	A	A	0
Uw-241	身内	ミウチ	A	A	B	A	0
Uw-242	見方	ミカタ	B	B	B	B	2
Uw-243	身軽	ミガル	A	A	A	A	0
Uw-245	右手	ミギテ	A	A	A	A	0
Uw-246	水着	ミズギ	A	A	A	A	0
Uw-247	三つ葉	ミツバ	B	B	B	B	0
Uw-248	見舞い	ミマイ	B	B	B	B	0
Uw-249	皆	ミンナ	A	A	A	A	3
Uw-250	向かい	ムカイ	A	A	A	A	0
Uw-251	百足	ムカデ	A	A	A	A	0
Uw-252	虫歯	ムシバ	A	A	A	A	0
Uw-253	眼鏡	メガネ	B	B	B	B	1
Uw-254	目先	メサキ	B	B	B	B	3
Uw-255	目玉	メダマ	B	B	B	B	3
Uw-256	目盛り	メモリ	B	B	B	B	0
Uw-257	もぐら	モグラ	B	B	B	B	0
Uw-258	もやし	モヤシ	B	B	B	B	0
Uw-259	八百屋	ヤオヤ	B	B	B	B	0
Uw-260	休み	ヤスミ	B	B	B	B	3
Uw-261	やすり	ヤスリ	A	A	A	A	3
Uw-262	浴衣	ユカタ	B	B	B	B	0
Uw-263	指輪	ユビワ	B	B	B	B	0
Uw-264	湯舟	ユブネ	B	B	A	B	1
Uw-265	夜明け	ヨアケ	B	B	B	B	3
Uw-266	汚れ	ヨゴレ	A	A	A	A	0
Uw-267	弱み	ヨワミ	B	B	B	B	3
Uw-268	若手	ワカテ	B	B	B	B	0
Uw-269	わかめ	ワカメ	B	B	A	A	1
Uw-270	脇見	ワキミ	B	B	B	B	3
Uw-271	私	ワタシ	A	A	A	A	0
Uw-272	笑い	ワライ	A	A	A	A	0
Uw-273	悪さ	ワルサ	B	B	B	B	1
Uw-274	割れ目	ワレメ	A	A	A	A	0

付録6 オノマトペ

第7章における議論で使用したオノマトペの調査結果を掲載する。

No.	表記	東京	提示文	MM-04	OF-05	MF-06	MF-07
OT-01	ガタガタ	1	（雨戸が）ガタガタ音がする	A	A	A	A
OT-02	ザーザー	1	（雨が）ザーザー降る	A	A	A	A
OT-03	スイスイ	1	（プールを）スイスイ泳ぐ	A	A	A	A

No.	表記	東京	提示文	MM-04	OF-05	MF-06	MF-07
OT-04	ドロドロ	1	（水に溶けて）ドロドロする	A	A	A	A
OT-05	パリパリ	1	（せんべいなどを）パリパリ割る	A	A	A	A
OT-06	パンパン	1	（クラッカーなどを）パンパン鳴らす	A	A	A	A
OT-07	ピカピカ	1	（雷が）ピカピカ光る	A	A	A	A
OT-08	フラフラ	1	（酔って）フラフラ揺れる	A	A	A	A
OT-09	ポカポカ	1	（陽気で）ポカポカする	A	A	A	A
OT-10	ボロボロ	1	（ご飯などが）ボロボロこぼれる	A	A	A	A
OT-11	ガタガタ	0	歯がガタガタになる	B	B	B	B
OT-12	ドロドロ	0	汚れてドロドロになる	B	B	B	B
OT-13	パリパリ	0	肌が乾いてパリパリになる	A	B	B	B
OT-14	パンパン	0	（食べ過ぎて）お腹がパンパンになる	B	B	B	B
OT-15	ピカピカ	0	掃除をしてピカピカになる	B	A	A	B
OT-16	フラフラ	0	空腹でフラフラになる	A	A	A	B
OT-17	ポカポカ	0	コタツに入ってポカポカになる	B	A	A	B
OT-18	ボロボロ	0	雑巾がボロボロになる	B	B	B	B

引用文献

秋永一枝（1981）『明解日本語アクセント辞典』（第2版）、東京：三省堂.
秋山英治（2000）「松山市方言における外来語アクセントについて」『人文学論叢』2、pp.61–74、愛媛大学人文学会.
天野成昭・近藤公久（1999）『日本語の語彙特性』東京：三省堂.
Boersma, Paul and David Weenink (2008) Praat: doing phonetics by computer. (Version 5.0.30) [Computer program] Retrived July 22, 2008, from http://www.praat.org/
ニック　キャンベル（1997）「プラグマティック・イントネーション：韻律情報の機能的役割」音声文法研究会（編）『文法と音声』pp.55–74. 東京：くろしお出版.
Dupoux, Emmanuel, Kazuhiko Kakehi, Yuki Hirose, Christophe Pallier and Jacques Mehler (1999) Epenthetic vowels in Japanese: A perceptual illusion? *Journal of Experimental Psychology: Human Perception and Performance* 25(6), pp.1568–1578.
儀利古幹雄（2010）「日本語の外来語における疑似複合構造：語末が/-Cingu/である外来語のアクセント分析」『神戸言語学論叢』7、pp.1–18.
儀利古幹雄（2011）「日本語における疑似複合構造と平板型アクセント：語末が/CiN/である語のアクセント分析」『音韻研究』14、pp.73–84. 東京：開拓社.
Haraguchi, Shosuke (1977) *The Tone Pattern of Japanese: An Autosegmental Theory of Tonology*. Tokyo: Kaitakusha (Doctoral dissertation, MIT 1975).
早田輝洋（1977）「生成アクセント論」『音韻』、pp.323–360、東京：岩波書店.
早田輝洋（1992）「東京方言におけるアクセントの担い手と複合の熟合度」国広哲弥（編）『日本語のイントネーションの実態と分析』、pp.259–264. （科研費報告書No.03208112）
早田輝洋（1999）『音調のタイポロジー』東京：大修館書店.
Hayata, Teruhiro (1999) Accent and tone: Towards a general theory of prosody. In: Kaji, Shigeki (ed.) *Proceedings of the Symposium "Cross-linguistic Studies of Tonal Phenomena: Tonogenesis, Typology, and Related topics"*, pp.221–234. Tokyo: ILCAA.
平山輝男（1951）『九州方言音調の研究』東京：学界之指針社.
平山輝男（1960）『全国アクセント辞典』東京：東京堂出版.
Igarashi, Yosuke (2014/印刷中) Typology of intonational phrasing in Japanese dialects. In Sun-Ah Jun (ed.) *Prosodic Typology II: The Phonology of Intonation and Phrasing*. Oxford University Press: New York.

Ishihara, Shunichi (2004) *An Acoustic-phonetic Descriptive Analysis of Kagoshima Japanese Tonal Phenomena*. Ph.D dissertation, Australian National University.

Ishihara, Shunichi (2012) Osaka and Kagoshima Japanese citation tone acoustics: A linguistic-tonetic comparative study. *Journal of the International Phonetic Association* 42(1), pp.1–12.

Ito, Junko and Armin Mester (1986) The phonology of voicing in Japanese: Theoretical consequences for morphological accesibility. *Linguistic Inquiry* 17, pp.49–73.

Ito, Junko and Armin Mester (1996) Stem and word in Sino-Japanese. In: Takashi Otake and Anne Cutler (eds.) *Phonological Structure and Language Processing: Cross-linguistic Studies*, pp.13–44. The Hargue: Mouton.

Ito, Junko and Armin Mester (2003) *Japanese Morphophonimics: Markedness and Word Structure*. MA: MIT Press.

Jun, Sun-Ah (ed.) (2005) *Prosodic Typology: The Phonology of Tone and Intonation*. Oxford: Oxford University Press.

影山太郎（1993）『文法と語形成』東京：ひつじ書房.

Kenstowicz, Michael (1994) Sonority driven stress. Ms ROA-33, Rutgers Optimality Archive, http://roa.rutgers.edu/

Kenstowicz, Michael and Hyang-Sook Sohn (2001) Accentual adaptation in North Kyungsang Korean. In: Kenstowicz, Michael (ed.) *Ken Hale: A Life in Language*, pp.239–270. MA: MIT press.

木部暢子（1990）「鹿児島市方言のアクセント法則」徳川宗賢（編）『方言音調の諸相―西日本（1）―』（科研費報告書：No.01642007）、pp.127–139.

木部暢子（2000）『西南部九州二型アクセントの研究』東京：勉誠出版.

木部暢子（2003）「方言のしくみ　アクセント・イントネーション」小林隆・篠崎晃一（編）『ガイドブック方言研究』、pp.49–69．東京：ひつじ書房.

木部暢子・橋本優美（2003）「鹿児島方言の外来語の音調」『音声研究』7（3）、pp.92–100.

金田一春彦（1937）「現代諸方言の比較から見た平安朝アクセント―特に二音節名詞に就て―」『方言』7（6）、pp.1–43.

金田一春彦（1974）『国語アクセントの史的研究：原理と方法』東京：塙書房.

国立国語研究所（1990）『日本語の母音，子音，音節―調音運動の実験音声学的研究―』東京：秀英出版.

郡史郎（1997）「日本語のイントネーション：機能と型」国広哲弥・廣瀬肇・河野守夫（編）『アクセント・イントネーション・リズムとポーズ』日本語音声［2］、pp.169–202．東京：三省堂.

Kubozono, Haruo (1995) Constraint interaction in Japanese phonology: Evidence from compound accent. *Phonology at Santa Cruz* 4, pp.21–38.

Kubozono, Haruo (1996) Syllable and accent: Evidence from loanword accentuations. *The Bulletin* (Journal of Phonetic Society of Japan) 211, pp.71–82.

窪薗晴夫（1998）「金太郎と桃太郎のアクセント構造」『神戸言語学論集』1、pp.35–49.

Kubozono, Haruo (2001) Epenthetic vowels and accent in Japanese: Facts and paradoxes. In: van de Weijer, Jeroen and Tetsuo Nishihara (eds.) *Issues in Japanese Phonology and Morphology*, pp.111–140. The Hague: Mouton.

Kubozono, Haruo (2002) Prosodic structure of loanwords in Japanese: Syllable structure, accent and morphology. *Journal of Phonetic Society of Japan* 6(1), pp.79–97.

Kubozono, Haruo (2003) Accent of alphabetic acronyms in Tokyo Japanese. In: Honma, Takeru, Masao Okazaki, Toshiyuki Tabata and Shin-ichi Tanaka (eds.) (2003) *A New Century of Phonology and Phonological Theory: A Festschrift for Professor Shosuke Haraguchi on the Occasion of his Sixtieth Birthday*. Tokyo: Kaitakusha, pp.356–370.

Kubozono, Haruo (2005) Tone and syllable in Kagoshima Japanese, 『神戸言語学論叢』4, pp.69–84.

Kubozono, Haruo (2006) Where does loanword prosody come from? A case study of Japanese loanword accent. *Lingua* 116, pp.1140–1170.

窪薗晴夫（2006）『アクセントの法則』東京：岩波書店.

窪薗晴夫（2007）「レキシコンとアクセント指定―鹿児島方言の外来語アクセント―」影山太郎（編）『レキシコンフォーラム』3、pp.1–32, ひつじ書房.

Kubozono, Haruo (2007) Tonal change in language contact: Evidence from Kagoshima Japanese. In: Gussenhoven, Carlos and and Tomas Riad (eds.) *Tone and Tunes I: Typologicla Studies in Word and Sentence Prosody*. pp.323–351. The Hague: Mouton de Gruyter.

Kubozono, Haruo (2010) Accentuation of alphabetic acronyms in varieties of Japanese, *Lingua* 120, pp.2323–2335.

窪薗晴夫・木部暢子（2004）「鹿児島方言のアルファベット語アクセントについて」窪薗晴夫（編）『プロソディーにおける多様性と普遍性に関する総合的研究（2）』pp.1–22（科研費報告書 No.14310222）.

Kuroda, S-Y. (2002) Rendaku. In: Akatsuka, M. Noriko and Susan Strauss (eds.) *Japanese/Korean linguistics* 10, pp.337–350. CA: CSLI.

松浦年男（2005）「島原市方言における複合語音調の中和と外来語音調」『音韻研究』第8号、pp.49–56. 東京：開拓社.

McCawley, James D. (1968) *The Phonological Component of a Grammar of Japanese*. The Hague: Mouton.

McCawley, James D. (1978) What is a tone language? In: Fromkin, Victoria A (ed.) *Tone: A Linguistic Survey*, pp.113–131. NY: Academic Press.

最上勝也・坂本充・塩田雄大・大西勝也（1999）「『日本語発音アクセント辞典』：改訂の系譜と音韻構造の考察」『NHK放送文化調査研究年報』44、pp.97–157.

森麻衣子（2004）「長崎方言の外来語アクセント」卒業論文，鹿児島大学法文学部.

中井幸比古（1988）「京都方言における外来語のアクセントについて」『言語学

研究』7、pp.130–152、京都大学言語学研究室.
中野洋（1973）「現代日本語の音素連続の実態」国立国語研究所『電子計算機による国語研究V』東京：秀英出版.
那須昭夫（2004）『若年層京阪式アクセントにおける式保存の動態―若年層京都方言話者の複合語音調形成に関する調査資料―』平成15年度大阪外国語大学特定運営経費（B）助成研究「京阪式複合語アクセントの世代差変異を捉える計量的研究」研究成果報告書, 大阪：大阪外国語大学.
Ogawa, Shinji (2004) Sino-Japanese word accent and syllable structure.『音韻研究』第7号、pp.41–48. 東京：開拓社.
小川晋史（2010）「日本語の諸方言における二字漢語アクセント：単純語と複合語の狭間で」大島弘子, 中島晶子, ラウル　ブラン（編）『漢語の言語学』pp.77–90、東京：くろしお出版.
奥村三雄（1955）「東西アクセント分離の時期―外来語のアクセント―」『国語国文』24（12）、pp.34–44.
Pierrehumbert, Janet B. and Mary Beckman E. (1988) *Japanese Tone Structure*. MA: MIT Press.
Polivanov, E. D.（1928）「長崎県三重村方言における二つの音楽的アクセント」、Polivanov, E. D.（村山七郎訳）（1976）『日本語研究』、pp.55–73所収、東京：弘文堂.
Prince, Alan and Paul Smolensky (1993/2004) *Optimality Theory: Constraint Interaction in Generative Grammar*. MA & Oxford: Blackwell.
坂口至（1990）「漢語アクセントの方言化―長崎式二型アクセント話者の場合―」『筑紫語学研究』創刊号、pp.9–16. 筑紫国語学談話会.
坂口至（1998）『長崎県のことば』東京：明治書院.
坂口至（2001）「長崎方言のアクセント」『音声研究』5（3）、pp.33–41.
﨑村弘文（2006）『琉球方言と九州方言の韻律論的研究』東京：明治書院.
佐藤大和（1989）「外来語アクセントの分析と規則化」『日本音響学会講演論文集（平成元年3月）』pp.133–134.
佐藤大和（2002）「外来語における音節複合への区分化とアクセント」『音声研究』6（1）、pp.67–78.
佐藤大和（2007）「音韻およびその配置とアクセント―「柴田さんと今田さん」その後の考察―」音声文法研究会（編）『文法と音声V』pp.159–173、東京：くろしお出版.
佐藤久美子（2005）「小林方言の「一型アクセント」はどのように実現するか」『九州大学言語学論集』25/26、pp.163–187.
Selkirk, Elisabeth (1984) On the major class features. In: Aronoff, Mark and Richard T. Oehrle (eds.) *Language Sound Structure: Studies in Phonology Presented to Morris Halle by his Teacher and Students*, pp.107–136. MA: MIT press.
柴田武（1994）「外来語におけるアクセント核の位置」佐藤喜代治（編）『現代語・方言の研究』、pp. 左1–31. 東京：明治書院.
Shibatani, Masayoshi (1972) The non-cyclic nature of Japanese accentuation. *Language* 48, pp.584–595.

Silverman, Daniel. 1992. Multiple scansions in loanword phonology: Evidence from Cantonese. *Phonology* 9, pp.289-328.
杉藤美代子（1982）『日本語アクセントの研究』東京：三省堂．
杉藤美代子（1996）『大阪・東京アクセント音声辞典』東京：丸善．
田守育啓・ローレンス　スコーラップ（1999）『オノマトペ：形態と意味』東京：くろしお出版．
田中真一（1995）「音節構造から見たカタカナ無意味語と外来語のアクセント」『日本語・日本文化研究』第 5 号，pp.59-68．
田中真一（1998）「和語のアクセントと母音のきこえについて」第 40 回近畿音声言語研究会　発表資料．
田中真一（2008）『日本語におけるリズム・アクセントの「ゆれ」と音韻・形態構造』東京：くろしお出版．
Tanaka, Shin-ichi (2003) The emergence of the 'Unaccented': Possible patterns and variations in Japanese compound accentuation, In: van de Weijer, Jeroen and Tetsuo Nishihara (eds.) *Issues in Japanese Phonology and Morphology*, pp.159-192, The Hague: Mouton.
Tateishi, Koichi (1990) Phonology of Sino-Japanese morphemes. In: Greg Lamontagne and Alison B. Taub (eds.) *UMOP* 13, pp.209-235. MA: GLSA.
寺川喜四男（1945）『東亜日本語論：発音の研究』東京：第一出版．
寺川喜四男・日下三好（1944）『標準日本語發音大辭典』京都：大雅堂．
楳垣実（1944）『日本外来語の研究　増補版』大阪：青年通信社．
上野善道（1984a）「地方アクセントの研究のために」加藤正信（編）『新しい方言研究』，pp.47-64．東京：至文堂．
上野善道（1984b）「アクセント研究法」『講座方言学 2　方言研究法』，pp.229-273．東京：国書刊行会．
上野善道（1992）「鹿児島県吹上町方言の複合名詞のアクセント」国広哲弥（編）『日本語イントネーションの実態と分析』（科研費報告書：No. 03208112），pp.91-208．
上野善道（1997）「複合名詞から見た日本語諸方言のアクセント」国広哲弥・廣瀬肇・河野守夫（編）『アクセント・イントネーション・リズムとポーズ』，pp.231-270．東京：三省堂．
Uwano, Zendo (1998a) Classification of Japanese accent systems, In Kaji, Shigeki (ed.) *Proceedings of the Symposium "Cross-Linguistic Studies of Tonal Phenomena, Tonogenesis, Typology, and Related Topics"*, pp.151-178, Tokyo: ILCAA.
Uwano, Zendo (1998b) A reply to professor Ramsey's comments, In Kaji, Shigeki (ed.) *Proceedings of the Symposium "Cross-Linguistic Studies of Tonal Phenomena, Tonogenesis, Typology, and Related Topics"*, pp.183-184, Tokyo: ILCAA.
上野善道（2005）「日本語方言のアルファベット関連語彙のアクセント」『東京大学言語学論集』24, pp.171-196．
和田学（1990）「日本語の反復擬態語の形態論」『九州大学言語学研究室報告』11, pp.31-40．

あとがき

　本書は 2008 年 2 月に九州大学大学院人文科学府に提出した博士論文をもとに、全体を見直し加筆修正を行ったものです。本書の一部には博士論文提出後に学術雑誌等において公刊されたものも含まれておりますが、長崎方言の音調体系の全体像を可能な限り示し、それに対して規則で記述を行うという目的から、改訂が少ないものであってもそのまま収録しております。また、ほとんどの公刊論文では基底形と規則、および派生に関して議論されておらず、一般化のみ行っています。以下に公刊論文の書誌情報を記します。

第 1 章　書き下ろし
第 2 章　「長崎方言における音調の音声実現：初期報告」寺村政男 (編)『大東文化大学日本語学科 20 周年記念論文集』2013 年 1 月、大東文化大学日本語学科.
第 3 章　"Position sensitivity in Nagasaki Japanese prosody," *Journal of East Asian Linguistics*、第 17 巻 第 4 号、2008 年 12 月.
第 4 章　「長崎方言における例外的複合語アクセントの生起条件」『音韻研究』第 11 号、2008 年 3 月.
第 5 章
　5.1　書き下ろし
　5.2　「長崎方言における二字漢語のアクセント型」『九州大学言語学論集』第 30 号、2009 年 12 月.
　5.3　「長崎方言における人名のアクセント型」『言語の研究：ユーラシア諸言語からの視座』語学教育フォーラム第 16 号、2008 年 10 月、大東文化大学.
　5.4　「長崎方言におけるアルファベット関連語彙の音調」『音

声研究』第 16 巻第 1 号、2012 年 4 月.
5.5　書き下ろし
第 6 章　書き下ろし
第 7 章　書き下ろし

公刊論文との異同を説明することは避けますが一点だけ言及しておきます。第 3 章に関しては 2008 年出版の英語論文をもとにしており、多くの一般化に関しては共通しているものの、結論に関しては大きく異なります。その理由として、2008 年の論文では中年層のデータのみを対象に分析していたことがあります。しかし、若年層まで含めたとき、やはり結論としては第 3 章にあるようにするのが最善であろうと考えています。

　本書の目的は長崎方言という日本語の一方言に見られる音調現象についてなるべく多くの語種を網羅的に観察し、一般化を行った上でそれらを 1 つの音韻過程として記述することにあります。本書における音韻体系の記述では順序づけされた規則を用いています。一方、現在の主流である最適性理論（Prince and Smolensky 1993/2004）では音韻過程は順序づけされた規則ではなく、序列化された制約群を仮定しており、そういったことを考えると本書で行っていることは「古い」記述かもしれず、その点では形式化に関しては課題として残っていると言えるでしょう。いずれにせよ、本書が理論的な枠組みを超えて音韻研究を進めるに耐えうる一般化を提供していることを願っています。

　本書の対象である長崎方言の音調現象に関する研究の出発点は、私が院生時代に在籍していた九州大学言語学研究室で 2000 年の秋頃に行っていたアクセントに関する勉強会までさかのぼります。ある回のこと、早田輝洋先生の提唱している複合語に関する法則（アクセントは後部要素を継承し、トーンは前部要素を継承する）について取りあげた際に、参加していた島原方言話者の東村亮平さんに協力いただき簡単な調査をしたところ、上述の法則に反するパターンが現れ、大変驚きました。当時は修士課程で上海語の分節音に関する研究をしましたが、その衝撃が忘れられず、追加調査を行った

後月5と呼ばれる自分の研究内容を研究室の全教員と院生の前で話すという授業で発表し、興味を持っていただいたことがその後につながりました。

　結局博士後期課程に進学した2002年に論文を1本書いて以降、上海語からは一切手を引き、島原方言、長崎方言の音調に関する研究を本格的に始めました。当初は東村さんに協力いただき調査を進めていましたが、やはり現地に行く必要性を強く感じていたところ、村岡諭氏より島原市の方を紹介していただき、2003年から2006年にかけて島原市にて調査を行いました。この調査では、舌間雅子、舌間洋二、織田澄人、伴伝右衛門、松坂秀應の各氏に特にご協力いただきました。この島原での調査は後の長崎での調査の基礎を成すものとなりました。

　そして、私的な事情で2007年より長崎市に場所を移して調査を行うことにしました。調査に先立ち協力していただける話者を探していたところ、笹栗淳子さんより髙木麻里子さんをご紹介いただき、そこからさらに髙木博、髙木ふさ子、森千代、浦川薫、田中重光、田中節子、河野泰子、森野クミ、板屋友里、吉賀美和の各氏をご紹介いただきました。長崎市での調査はおおよそ1か月につき1、2回の間隔で行うことができ、また、外来語や臨時語といった通常の方言調査では行わないであろう語彙についても協力的にご参加くださったおかげで資料として大変充実したものとなりました。特に髙木麻里子さん、髙木ふさ子さんには調査場所としてご自宅を使わせていただけただけでなく、話者との連絡や時間調整などをしていただくなど、快適な調査環境をご提供くださいました。これらの方々の献身的な協力なしには本書は成り立ちませんでした。また、博士論文を提出した2008年以降も引き続き調査にご協力いただけたことで、本書の内容はより充実したものとなりました。

　この他にも、学部・大学院として在籍していた時代に大変多くの方からご指導をいただきました。まず、指導教員である久保智之先生には、大学院入学以来、私の分かりづらい話を聞いていただき、多くの助言をいただきました。先生と日々激論を戦わせたことによって、博士論文の中身を発展させていくことができました。上山あ

ゆみ先生には、言語研究の方法論、考え方などについて、形になっていない話を丁寧に聞いていただき、貴重な助言をいただきました。また、菅豊彦先生、稲田俊明先生、田窪行則先生、坂本勉先生、高山倫明先生にも授業や面談、研究会を通じて言語の見方やデータの扱いについて様々な助言をいただきました。そして、学部時代の4年間を過ごした大東文化大学日本語学科の先生方には、言葉の構造について考える楽しさを教えていただき、その世界へ誘ってもらいました。特に、ゼミの指導教員であった早田輝洋先生は、授業で私に言語学の楽しさを教えていただき、また、授業や卒業論文の指導だけでなく外部の研究会にも連れていっていただくことで様々な刺激を受けることができました。先生の授業や指導によって言語学の楽しさを学ばなければ、現在の私はなかったと思います。また、寺村政男先生、中道知子先生には、私が大東文化大学を卒業した後も、折に触れ励ましの声をいただきました。

　大学院生時代に在籍した九州大学・言語学研究室の院生だった方々にも、発表前や論文執筆時に様々な機会に遅い時間まで話を聞いていただくなど、多くの面でお世話になりました。特に髙井岩生さんには様々な勉強会を企画していただいたことで、音声以外の経験に欠けていた私が院生生活を歩みはじめる際に非常に多くの助けになりました。ちなみに上で述べたアクセント研究会は髙井岩生さんの声がけで始まったものでした。また、村岡諭氏とはイントネーションが即時的統語解析に及ぼす影響について約4年にわたり共同研究を行っていき、その過程の議論で様々な発見もありました。この他のメンバー、特に東村亮平、向井絵美、田中大輝、増田正彦、水本豪、佐藤久美子、安永大地の各氏からは、様々な機会での議論や勉強会などを通じて、考え方や研究の姿勢を学ぶことができました。

　また、研究の内容を発展させる段階で、研究会、学会等にて多くの先生方に助言をいただきました。特に、上野善道先生、木部暢子先生、窪薗晴夫先生、Jennifer L. Smith 先生、五十嵐陽介さん、菊池清一郎さん、石原俊一さん、江口正さんから多くの貴重な助言をいただきました。また、小川晋史さんには二字漢語のデータベース

を提供していただきました。

　最後に、本書の執筆のみならず日常の研究活動を進めるにあたり、理解を示すと共に応援してきてくれた妻と子供たちに感謝します。

　なお、本書の刊行にあたり、北星学園大学後援会より出版助成を受けました。また、本書の内容の一部は日本学術振興会科学研究費（若手研究（B）・課題番号：22720164）「九州地方の二型音調方言における共通語音声の受容に関する実証的研究」、及び国立国語研究所共同研究プロジェクト「日本語レキシコンの音韻特性」によるものです。最後に、刊行に当たり、ひつじ書房松本功房主、渡邉あゆみさまにお世話になりました。以上の方々に改めて御礼申し上げます。

索引

F
F0　10, 11, 22, 27, 28, 29, 30, 31, 32, 33, 34, 35, 157

H
H*+L-メロディー結合規則　82, 119

Z
Zスコア　27

あ
アクセント指定書き換え規則　127
アルファベット頭文字語　16, 109, 111
アルファベット頭文字語アクセント規則　139
アルファベット複合語　16, 109, 160

い
一型　4, 8
韻律語　24, 28, 30

お
オノマトペ　163
音声実現　37
音声表示　10, 23, 24, 36, 79, 157
音節構造　62, 70

か
外来語　3, 11, 12, 13, 41, 107, 123, 130, 133, 142, 144, 150, 151, 153, 156, 158, 159
鹿児島方言　43, 44, 87, 108, 131, 135
漢語　3, 15, 16, 41, 108, 123, 143, 145, 160

き
聞こえ度　65, 70, 72, 76, 78, 149, 158
疑似複合構造　85
起伏式　22, 23, 25, 30, 41, 42, 58, 127, 131
基本アクセント　57, 58, 59, 145
逆3型規則　60, 61, 62, 63, 64
九州西南部式音調　4
強調上昇調　37
京都方言　7, 8, 99, 110, 147, 167

け
軽音節　12, 38, 53, 70, 73, 102, 131, 149

こ
語音調の類型　9
語種　2, 41
小林方言　8, 167
語末母音　70, 71, 72, 74, 75, 78

し
借用語の受容モデル　50

重音節　12, 65, 102, 127, 130, 149, 153
自立性階層　66
自律分節音韻論　23
自立モーラ　60
人名　16, 143

せ

接頭辞　151

そ

挿入母音　52, 53, 54
促音　15, 115, 116, 144, 160

ち

筑前式音調　4
長音　67, 68, 69

と

東京方言　1, 5, 6, 12, 14, 21, 30, 31, 38, 41, 43, 44, 47, 48, 49, 50, 51, 55, 56, 57, 58, 69, 74, 77, 80, 83, 96, 97, 107, 110, 118, 122, 123, 125, 138, 148, 158, 163, 167
トーン継承規則　100, 140
トーン変換規則　81, 96, 119
トーン連鎖モデル　23, 24, 30
特殊モーラ　38, 45, 60, 66, 67, 102, 103

に

二型　4, 5, 45, 47, 87, 104
二字漢語のアクセント規則　118

は

撥音　67, 68, 69, 78

ひ

標準語発音　165
平山の法則　88, 108, 112, 122, 131, 132, 152, 156, 161

ふ

複合語　3, 8, 13, 14, 17, 59, 63, 122, 134, 135, 140, 142, 144, 152, 160
複合語アクセント規則　100, 140

へ

平板化規則　128
平板式　15, 16, 17, 23, 25, 31, 41, 42, 44, 53, 57, 91, 98, 111, 125, 126, 131, 135, 139, 143, 148, 149, 160, 163
平板式条件　52, 54, 55, 56
北京語　6, 7

む

無型　8

も

森の一般化　48, 83

ら

ラテン語アクセント規則　61, 62, 64, 65, 72, 73, 76, 77, 118, 127, 158

る

類別語彙　113, 147

れ

例外的複合語　88, 92, 94, 95
連濁　91

わ

和語　3, 17, 41

松浦年男（まつうら　としお）

略歴

1977年東京都墨田区に生まれる。大東文化大学外国語学部日本語学科を卒業後、九州大学大学院人文科学府（言語学専修）に進学。博士（文学）。北星学園大学文学部専任講師を経て、現在、同大学准教授。
http://researchmap.jp/yearman

主な論文

「長崎方言におけるアルファベット関連語彙の音調」『音声研究』（2012年）、Position sensitivity in Nagasaki Japanese prosody, *Journal of East Asian Linguistics*（2008年）、「長崎方言における例外的複合語アクセントの生起条件」『音韻研究』（2008年）など。

ひつじ研究叢書〈言語編〉第120巻
長崎方言からみた語音調の構造
Word Prosodic Structure from the Perspective of Nagasaki Japanese
Toshio Matsuura

発行	2014年2月27日　初版1刷
定価	6800円＋税
著者	© 松浦年男
発行者	松本功
ブックデザイン	白井敬尚形成事務所
組版所	株式会社 ディ・トランスポート
印刷・製本所	株式会社 シナノ
発行所	株式会社 ひつじ書房

〒112-0011　東京都文京区千石2-1-2　大和ビル2階
Tel: 03-5319-4916　Fax: 03-5319-4917
郵便振替 00120-8-142852
toiawase@hituzi.co.jp　http://www.hituzi.co.jp/

ISBN 978-4-89476-681-5

造本には充分注意しておりますが、落丁・乱丁などがございましたら、小社かお買上げ書店にておとりかえいたします。
ご意見、ご感想など、小社までお寄せ下されば幸いです。

刊行のご案内

〈ひつじ研究叢書(言語編) 第105巻〉
新方言の動態30年の研究
群馬県方言の社会言語学的研究
佐藤髙司 著　定価8,600円+税

〈ひつじ研究叢書(言語編) 第111巻〉
現代日本語ムード・テンス・アスペクト論
工藤真由美 著　定価7,200円+税

〈ひつじ研究叢書(言語編) 第118巻〉
名詞句とともに用いられる「こと」の談話機能
金英周 編　定価4,800円+税